JN098252

ライブラリ 会計学 15講―⑩

非営利会計論15講

白山 真一著
鵜川 正樹・國見 真理子・松前 江里子
金野 綾子・川本 寛弥 著

Fifteen Lectures on Accounting

新世社

「ライブラリ 会計学15講」編者のことば

「21世紀も20年が過ぎ，経済社会の変化やIT技術の進化の影響から，会計学は新たな進展をみせており，こうした状況を捉え，これからの会計学の学修に向け，柱となる基礎科目について，これだけは確実に理解しておきたいという必須の内容をまとめたテキストと，そうした理解をもとにさらに詳しく斯学の発展科目を学んでゆく道案内となるテキストの両者を体系的に刊行する，というコンセプトから企画した」と新世社編集部企画者のいうこの「ライブラリ 会計学15講」は以下のように構成されている。

『簿記論15講』
『財務会計論15講――基礎篇』
『管理会計論15講』
『原価計算論15講』
『会計史15講』
『財務会計論15講――上級篇』
『国際会計論15講』
『会計監査論15講』
『経営分析論15講』
『非営利会計論15講』
『税務会計論15講』

この手の叢書は，諸般の事情（？）により，必ずしも予定通りに全巻が刊行されるとは限らないため，最初に全巻を紹介してしまうことは，あとで恥を掻く虞がある，という意味において賢明ではないかもしれないが，しかし，あえて明示することとした。

閑話休題。各巻の担い手については最適任の方にお願いしたが，大半の方（？）にご快諾いただくことができ，洵に有り難く思っている。

上掲の全11巻の構成は会計学における体系性に鑑みてこれがもたされたが，ただしまた，あえていえば，各氏には本叢書の全体像には余り意を用いることなく，能う限り個性的な作品を仕上げていただきたく，期待させていただいた。個性的な作品，すなわち一冊の書として存在意義のある作品を期待させていただくことのできる諸氏を選ばせていただき，お願いした，といったほうがよいかもしれない。

時を経て，ここに期待通りの，といったら僭越ながら，正に期待通りの作品をお寄せいただくことができ，その巻頭にこの「編者のことば」を載せることができ，洵に嬉しい。

友岡　賛

はしがき

本書は，我が国の政府及び非営利組織の会計をまとめて「非営利会計」として概念区分し，各法人の会計等について網羅的な視点から解説したものである。

非営利会計の会計学上の分類については第1講をご参照いただければと思うが，本書では，政府会計としては，国（中央政府）・地方公共団体（地方政府）及びそれらの出資法人を対象としている。また，非営利組織会計としては，公益法人，医療法人，学校法人，社会福祉法人，その他の非営利組織として，消費生活協同組合，農業協同組合を対象としている。

非営利会計は各領域で異なる観点から会計基準が形成されてきた経緯がある。そうした経緯を踏まえつつ，非営利会計の全体像とその考え方を理解することを本書の目的とした。そのため，本書では我が国の政府及び非営利組織を対象に，

① 対象法人の概要（設置法，制度変遷の経緯，運営管理体制及びガバナンス体制），
② 会計基準等の概要（会計基準設定主体，会計基準等の基本的な考え方，会計基準等の構成），
③ 会計基準の特徴及び財務諸表の構成と読み方（会計基準等の特徴とその根拠，財務諸表の構成，財務諸表の読み方のポイント），
④ 今後の課題

等について，「会計」を中心としながらもそれを支える法制度，ガバナンスなどにも触れ，社会的・政治的要因等により変遷する政府及び非営利組織の会計や制度について過去の経緯から今後の課題まで言及している。言い換えるならば，「過去」「現在」「未来」という組織を取り巻く環境の変化という時間的な視点と「法制度」「会計基準」「運営管理・ガバナンス」という組織

経営の根幹に係る**基盤的**な視点を複合的に意識したうえで，**実務的**な視点を中心におきながらも，背景にある**学術的**な視点を配慮しつつ記載したものである。これらの結果として，非営利会計について「**網羅的**」「**時間的かつ基盤的**」「**実務的かつ学術的**」な視点からコンパクトにまとまった，類書にはない特徴を有している。

ここで，「会計」が果たすべき社会的機能という観点から，非営利会計を学ぶことの意義を考えてみたい。

まず，「会計」の機能としては，その対象となる主体の行為を**認識**し，それを貨幣的手段により**測定**し，会計情報を**記録**したうえで**報告**（**開示**）するということがあげられる。したがって，その対象が企業ではなく政府及び非営利組織であれば，実体の行為が異なることから，「会計」の機能も異なるものになる。

主体の行為をまた，認識，測定，記録，報告（開示）することで当該会計情報をもって主体及び利害関係者の**意思決定**に影響を与えるという点では共通しているものの，企業会計では主として投資等の**経済的意思決定**が中心となるが，非営利会計では，当該主体のガバナンスを含めた**政治的意思決定**に影響を与えるという相違がある。

このような観点からすれば，政府及び非営利組織が行為する場として，多様な主張が混在する公共空間では，貨幣的手段による測定結果という客観性を有する非営利会計情報が，これらの多様性を調整していく際の**信頼性のある立脚点**になり，民主主義的な意思決定に重要な役割を果たすものと考えることができる。非営利会計を学ぶ際には，このような社会的機能を明確に識別しておくことが重要となる。

また，専門技術としての「会計」という観点から，非営利会計を学ぶことの意義を考えてみるならば，①政府及び非営利組織の会計基準等の表面的な理解に留まることなく，なぜ企業会計の基準と異なっているのか，その合理的根拠は何かなどを考えることを通じて，非営利会計が形成されてきた本源的要因の理解が深まること，②そのような本源的理解の反射的効果として，なぜ企業会計の基準は非営利会計の基準と異なっていたのか，企業会計の諸概念の本質的意義は何だったのか，という相互の本質的理解が深まることにより，**弁証法的な理解増進**がなされる点にあると考えられる。

本書は，会計・監査実務あるいは研究・教育業務にご多忙な中で，大変なご無理をお願いして執筆をいただいた執筆者の方々のご尽力の賜物である。また，本「ライブラリ会計学 15 講」を編集されている友岡賛先生の深甚なるご理解とご指導のもとで執筆が完成できたことを深く感謝申し上げたい。最後に，株式会社新世社編集部の御園生晴彦氏，谷口雅彦氏のご協力やご助言がなければ，本書は刊行できなかった。ここに執筆者を代表して，改めて御礼申し上げる。

2024 年 1 月

執筆者を代表して
白山　真一

目　次

第 **4** 講　国の会計　48

第 **5** 講　独立行政法人/特殊法人等の会計　68

第 **6** 講　国立大学法人の会計　89

＊各講末の練習問題の解答例は，新世社ホームページ（https://www.saiensu.co.jp）からダウンロードできる。（本書紹介ページより「サポート情報」欄を参照。）

凡 例

条文の番号表記は，以下のようにしている。

例：地方自治法4の2②二 → 地方自治法第4条の2第2項第二号

第 1 講

非営利会計の講義を始めるにあたり―スタートアップ―

1.1 はじめに

本書では非営利会計の全体像を網羅的に解説する。非営利会計はそれぞれの会計主体の目的や設置法令が異なることから，会計基準のみならずその背景にある基礎概念や会計基準の考え方も異なる。我が国においてこれらすべてを完全に理解している人はいないといっても過言ではない。本講では非営利会計の学習を始めるにあたり，前提となるいくつかの事項を簡単に解説する。

1.2 本書で想定する「非営利会計」の定義と範囲

最初に，本書で想定する非営利会計の範囲や定義をみていきたい。その前提として，そもそも「会計」の範囲をどのように考えるかが課題となる。「会計」の範囲の考え方には様々なものがあるが，一つの考え方として図表1.1のようなものがあげられる。

一般的に「マクロ会計」は国民経済計算（System of National Accounts：SNA）として経済学で取り扱われ，「ミクロ会計」は会計学において，企業会計に係

図表 1.1 「会計」の範囲

非貨幣計算的会計			
貨幣計算的会計	マクロ会計	国民所得会計及び地域所得会計（国民所得勘定） 投入産出会計（産業連関表） 資金循環会計（資金循環勘定） 国民貸借対照表 国際収支会計（国際収支表）	
	ミクロ会計	企業会計	財務会計 管理会計及び原価会計 計画会計及び期間予算会計
		政府会計	財務会計（発生主義会計） 予算会計（修正現金主義会計）
		非営利組織会計	
		家計会計	

（出典） R.マテシッチ，村越新三郎（監訳）（1972）『会計と分析的方法（上巻）』同文舘出版，p.181，図4–1をもとに筆者作成

る実務及び理論研究を中心に発展してきている。

実務上，「**政府会計**」は「公会計」とも呼ばれることが多く，我が国では1990年代後半から急激に実務及び理論研究が進展してきている。また，「**非営利組織会計**」については，我が国では古くから実務及び理論研究が継続されてきている。

本書では「非営利会計」の範囲として，上表のミクロ会計のうち，政府会計及び非営利組織会計について，財務会計の領域を中心として解説をしていく。具体的な主体としては，政府会計の領域では，**中央政府**及び中央政府が出資して設立された法人（**独立行政法人**，**国立大学法人**，**特殊法人**等），**地方政府**（**地方公共団体**）及び地方政府（地方公共団体）が出資して設立された法人（**地方公営企業**，**地方公社**，**地方独立行政法人**等）を対象とする。また，非営利組織会計としては，その主要なものとして，公益法人，医療法人，学校法人，社会福祉法人，その他の非営利組織を対象とする。

1.3　非営利会計と企業会計の相違

1.3.1　会計責任説と意思決定説

「会計」の考え方を大きく分けると「**会計責任説**」「**意思決定説**」に区分することができる。会計責任説とは，「**ある者の活動とその活動の帰結を他者の便益に対して説明する義務**」[1]である会計責任に焦点をあてる考え方のことである。他方，「意思決定説」とは，意思決定者にとって**有用な会計情報を提供**することに焦点をあてる考え方である。

アメリカ会計学会が1966年に発表した会計理論の基礎に関する研究報告である「**基礎的会計理論**」(A Statement Of Basic Accounting Theory：ASOBAT)以降，意思決定説を重視した会計の枠組みが形成されてきており，現在の**国際財務報告基準**（International Financial Reporting Standards：IFRS）においても意思決定説が会計責任説を包摂する形で展開されている。すなわち，企業の資源を使用する責任をどれだけ効果的かつ効率的に果たしたのかという会計責任の評価が，経営者の将来の行動の予測につながり，当該経営者を継続させるか否かの投資家による意思決定に有用であるとする考え方である[2]。

1.3.2　意思決定説の立場からみた企業会計と非営利会計の比較

このような意思決定説の立場から，企業会計と非営利会計を比較すると次のような相違がある[3]。

(1) 会計情報の主要な利用者の相違

企業会計では，会計情報の主要な利用者として「資本市場を前提とした投資家等」を想定している。しかし非営利会計では，会計情報の主要な利用者

---

[1] 井尻雄士，日本語版協力 菊地和聖（1975）『会計測定の理論』東洋経済新報社，pp.43–73。
[2] 岩崎勇（2019）『IFRSの概念フレームワーク』税務経理協会，pp.53–54。
[3] 以下は，IPSASB（2014）“The Conceptual Framework for General Purpose Financial Reporting by Public Sector Entities”.（日本公認会計士協会（2015）「国際公会計基準審議会『公的部門の主体による一般目的財務報告の概念フレームワーク』の仮訳について」（日本公認会計士協会公会計委員会訳））の記述を参考にしている。

としては，「議会制民主主義に基づく健全な市民社会に参画する**一般市民**等，医療・福祉・教育等の公共的サービスや上下水道等の**インフラストラクチャーからサービスを受益する利用者**，協同組合の**組織参加者**等」になる。非営利会計における会計情報の主要な利用者は，市場メカニズムに基づく財・サービスの需要・供給の範囲外において，公共的な財・サービスを需要する者であり，企業会計が想定する主要な利用者の行動に係る意思決定の考え方とは異なることが想定されている。

(2) 会計情報の目的の相違

企業会計では会計情報は資本市場における資源配分を想定した意思決定目的のための意思決定有用性概念が中心となり，企業が受託した資源の使用等に係る説明はその中に包含される形となる。

それに対して，非営利会計では会計情報は議会制民主主義に基づく健全な市民社会の運営や協同組合等における運営に関連して，非営利組織が資源提供者から受託した資源の効率的な使用に係る**受託責任を前提とした説明責任**を主要な目的とし，当該説明責任の対象となる情報が，資源提供者の意思決定有用性に間接的に寄与する形となる。

(3) 意思決定に有用な会計情報の内容の相違

企業会計では会計情報は，投資家が企業価値評価をする際の将来キャッシュ・フローを予測するのに役立つための重要な情報になる。それに対して，非営利会計における会計情報は，政府等や非営利組織の全般的な**財政状況の判断**，**公共サービスの提供に係る努力と成果**等に関する測定を行い，政府運営や組織運営の責任者の信任・不信任といった意思決定を行うための有用な情報となる。

換言すれば，企業会計における投資家等の意思決定は「**経済的意思決定**」が中心となるのに対して，非営利会計における市民等や組織参加者等の意思決定は「（組織運営に係る）**政治的意思決定**」が中心であることになる。

1.3.3　非営利組織に対する資本市場による市場メカニズムの影響

非営利会計の領域では，株式市場等の資本市場が原則として存在しないため，例えば，利益情報に基づいて株価が変動すること等により市場が当該主体の経営活動を評価するメカニズム，が存在しない。

企業会計では，活動成果は利益指標で表現され，利益を最大化する活動は，それ自体が組織運営の「有効性」を最大化していることを意味することになる。一方，非営利会計では，そもそも営利を目的として活動する領域が相対的に重要となることが少ないことから，原則として利益指標が存在せず，組織運営に係る「有効性」をどのように測定するかが課題となる。

また，企業会計では，会計情報が資本市場に提供されることによって株価が反応するため，会計情報と株価の相関関係を検証することにより，会計情報自体の有効性を検証するような実証研究の方法がある。しかし，非営利会計では，このような実証研究の方法について，必ずしも十分な蓄積がなされていない状況にある。そのような影響もあり，応用科学である会計学の特性から，政府及び非営利組織を研究対象とする政治学，行政学などの**隣接諸科学の概念や考え方**が，非営利会計の領域において特有な考え方として個別に論理展開をされ，独特の会計基準が形成されていくという特性も有している。

その結果として，非営利会計領域内におけるそれぞれの会計に関しても，その基礎概念や会計基準が異なる結果となってしまっている。また，我が国における非営利会計の会計基準の設定主体も当該非営利組織の所管省庁が設定するなどばらばらな状況にあることも，このような実状に拍車をかけているのが事実ではないかと考えられる。

1.4 会計基準の考え方に係る本書の立場

会計基準の考え方について，非営利会計（パブリックセクター）と企業会計（プライベートセクター）ではその目的や意思決定等が異なると考え，それらを写像する会計基準も異なるものであると考える「**セクター分離論**」の立場と，パブリックセクターもプライベートセクターもその目的や意思決定等については基本的に大きな相違はないと考える「**セクター中立論**」の立場がある。いずれの立場をとるかにより，会計基準設定の前提となる概念フレームワーク，設定される会計基準やその適用の考え方等が異なることになる。

本書では，前述したように各種の側面において，非営利会計と企業会計が根本的に異なる側面があるという考え方に基づき，セクター分離論の立場の観点から叙述を展開している。ただし，我が国における現行制度上の政府及び非営利組織の会計基準の設定に係る基礎的な考え方としては，原則として企業会計の考え方に基づくとされているのが実状である。そこで，本書では，現行制度としての非営利会計に係る会計基準の解説をしながらも，その根底にある企業会計とは異なる考え方をできるだけクローズアップするように留意しつつ，非営利会計に係る読者の理解を高めるように工夫している。

1.5　非営利会計の考え方に対する政治的潮流の影響

このように，昨今の非営利会計は，企業会計の考え方の影響を色濃く受けている。具体的には，企業会計の考え方を非営利会計に適用することを原則として，政府及び非営利組織の企業と異なる特性に基づき，企業会計の適用では不適切な部分あるいは企業会計では想定されていない部分のみを修正するという考え方で，非営利会計の基準が形成されている。

本書の立場からすれば，本来的には，政府及び非営利組織と企業組織はその目的等が異なることから，その活動実態を写像する会計の考え方も異なるべきと考えられるが，なぜこのような動きになっているのであろうか。

そのような疑問に対する一つの回答として，非営利会計に対する政治的潮流の影響が考えられる。政府及び非営利組織に係る会計改革は，政治的潮流や思想の影響の下，これらの組織形態や組織行動の変革に係るに法改正がなされ，その結果として非営利会計の改正がなされるという流れが多い。したがって，非営利会計を考えるうえでは，政治学や行政学の観点から，これらの潮流を理解しておくことが重要となる。以下では政府組織に焦点をあてて記載するが，基本的な発想は非営利組織においても同様である。

行政学におけるパブリック・マネジメントの変遷は，伝統的な従来のパブリック・マネジメント（Old Public Management と呼称される。以下，「OPM」という）から，**ニュー・パブリック・マネジメント**（New Public Management と呼称される。以下，「NPM」という）へ行政運営が転換され，昨今は，ニュー・パブリック・マネジメントの弊害を克服するべく，**ニュー・パブリック・ガバナンス**（New Public Governance と呼称される。以下，「NPG」という）という行政運営の考え方が台頭してきているものと整理されている[4]。

これらの理論的源泉として，OPM は従来からの政治科学の延長線上にあるのに対して，NPM は**新制度派経済学**及び**民間営利企業におけるマネジメント**の考え方をより積極的に行政領域に適用するものである[5]。また，NPG は**ネットワーク理論**の考え方をもとにしている[6]。

このような考え方の変遷に基づき，税財源などの資源配分に係るガバナンスの在り方に相違が生じることになる。OPM は法に基づいた行政機構の階層性・階統性（hierarchy）によるガバナンスにより予算配分がなされる。これに対して，NPM では行政機構も民間営利企業のような市場原理によるガバナンスを機能させるべきという政治的理念に基づき，行政機構に市場原理を疑似的に活用するガバナンスにより予算配分がなされることなる[7]。また，NPG では，行政機構と民間営利企業の目的や役割の相違を前提としたうえで，それらの相互のネットワークを活用したガバナンスとしての官民連携に

---

[4] 以下の記述は，主として Osborne, Stephen P.（2010）*"The New Public Governance? Emerging perspective on the theory and practice of public governance"*，Routledge，pp.1–16 及び西岡晋（2006）「パブリック・ガバナンス論の系譜」岩崎正洋・田中信弘（編）『公私領域のガバナンス』東海大学出版会，pp.10-19 による。

[5] 大住莊四郎（1999）『ニュー・パブリック・マネジメント――理念・ビジョン・戦略』日本評論社，pp.35–45，大住莊四郎（2002 年）『パブリック・マネジメント――戦略行政への理論と実践』日本評論社，pp.11–47，白川一郎・㈱富士通総研研究所（2001）『NPM による自治体改革――～日本型ニューパブリックマネジメントの展開～』経済産業調査会，pp.59–75 などを参照。

[6] ここでネットワークを，「行為者 1 人の責任では産出することができないような集約的な無形あるいは有形のアウトプットを産出するために，目標志向的なそれぞれが独立した立場の行為者の集合体」として定義し，パブリックセクターとプライベートセクターの異なった合理性と行為論理の統合，つまり両セクターが，行政的なヒエラルヒッシュな関係あるいは市場取引を通じた交換関係で向かい合わないような両セクターの絡み合いの中で生じる関係を記述する際に，ネットワーク概念を用いることに意味があると考えられている（野呂充・岡田正則・人見剛・石崎誠也（2019）『現代行政とネットワーク理論』法律文化社，p.20）。

[7] 従来の OPM のもとで行政機構が直接実施していた行政サービスについて，エージェンシー化（日本では独立行政法人化），市場化テスト，PPP/PFI などの疑似的な市場原理を導入することにより，予算配分の在り方が変更されることになる。

よる公共空間の運営に係るガバナンスに基づき，予算配分がなされる形となる。

結果的に，行政サービスを提供する主体の特性としては，OPMのもとでは**中央集権的**な行政機構となり，法に基づいて国民の福祉の向上のための政策を企画立案し確実に実施していくことになる。これに対して，NPMのもとでは行政機構間における**市場原理に類似した調整**が中心となり，税財源や行政の人的資源等及び行政サービスなどの業績に係る効率的なマネジメントに焦点があてられることなる。また，NPGのもとではそれぞれが独立した目的や役割を担う主体の**多元性**（pluralism）に基づくものとなるため，それぞれが有する価値観や存在意義などを基礎とした**相互交渉や対話**を重視することに重点が移ることになる。

また，価値基準としては，OPMのもとでは法に基づく**従属性**であるのに対して，NPMのもとでは市場原理に起因する**競争性・効率性**が中心となる。他方，NPGのもとでは官民連携等のネットワーク特性としての分散性に起因する**互恵性**や**議論性**に重点がおかれる形になる。

現在の非営利会計は，従来のOPMに基づく予算収支会計的な発想から，NPMの影響により，企業会計の考え方が大幅に非営利会計に導入されてきたものとなっている。その結果として，「原則として一般に公正妥当と認められた企業会計の基準」が非営利会計の会計基準を改革・形成する際の基本的な考え方となってしまう形となっている。しかし現在はNPMからNPGへと行政の在り方や市民社会との協働の在り方が変化をしてきており，従来の企業会計の基準を原則とする考え方から，非営利会計に特有の基礎概念や会計基準の考え方が模索されるべきではないかとも考えられる。

1.6　本書の特徴

これまで説明してきたように，非営利会計は企業会計とは大きく異なるものとなっている。そのため，非営利会計の解説にあたり，本書では次のような点が特徴となっている。

第一に，政府会計及び非営利組織会計について，一者ですべての領域を熟知している人はいないことから，非営利会計における各分野の会計ごとに，学術的な研究者や会計基準等の設定経験のある実務家等により分担して記載をしている。そのため，学術的要素と実務的要素がバランスよく記載されている。

第二に，大学等での講義に活用できるように全15講とし，前期のみ，あるいは各講を2回に分けて前期・後期の通期での活用も可能とするように各講の分量を設定している。また各講の末尾には演習問題を設定し，各非営利会計の領域において，重要となる考え方を復習・確認できるように配慮している。

第三に，本書では，政府会計及び非営利組織会計の双方を含む広義の「非営利会計」全般を網羅的に記載している。まず，非営利会計全体の基礎概念及び今後の方向性を記載したのちに，各分野において，政府及び非営利組織の制度概要・制度変遷から会計基準に至るまでも網羅的に解説している。

以上のように，**記載内容の質**，**講義での利用のしやすさ**，**組織概要を含む非営利会計全般の網羅的解説**の3点において，本書は他にない特徴を有している。

1.7　本書の構成

本講に続く，**第2講**及び**第3講**では，我が国における政府会計及び非営利会計について，その基礎概念と今後の方向性を全体的な観点から概観している。

以降の講は，非営利会計の分野ごとに，対象法人の概要（設置法，制度変遷の経緯，運営管理体制及びガバナンス体制），会計基準等の概要（会計基準設定主体，会計基準等の基本的な考え方，会計基準等の構成），会計基準の特徴及び財務諸表の構成と読み方（会計基準の特徴とその根拠，財務諸表の構成，財務諸表の読み方のポイント），今後の課題等の区分で，制度・会計・今後の課題がバランスよく記載されている。

第4講から第9講までは，政府会計について解説している。第4講では，国の会計として企業会計方式を採用して整備された中央省庁の会計について解説している。第5講では，政府が出資して設立された政府出資法人に係る会計の基本的な考え方となっている独立行政法人及び特殊法人の会計について解説している。第6講では，政府出資法人ではあるが，学生納付金や附属病院収入等の独自の財源を有し，憲法上の学問の自由の観点から，国からの一定の独立性を有する国立大学法人の会計を解説している。

第7講では，もう一方の政府会計である地方公共団体の会計について解説している。地方公共団体は複数の団体が存在することから，各団体の経営比較が可能であることなど国とは異なる環境にあることが会計情報の活用状況にも影響を及ぼしている。第8講では，地方公共団体が出資して設立された法人であり，住民生活に非常に密接に関連する上下水道，地方交通，医療など公共サービスを提供している地方公営企業及び地方独立行政法人の会計を解説している。第9講では，いわゆる地方三公社と呼ばれている，地方土地開発公社，地方住宅供給公社，地方道路公社について，それぞれの設立目的に対応した特色を有する会計について解説している。

続く第10講から第14講までは，非営利会計について解説している。第10講では，すべての非営利組織会計の基本的な法体系や考え方となっている，公益法人の会計について解説している。第11講では，今後の我が国の少子高齢化社会の到来に向けて，主要なプレーヤーの一つである病院等の医療法人の会計について解説している。第12講では，知識基盤社会における人的資本の形成に重要な役割を果たす学校法人の会計について解説している。第13講では，少子高齢化社会のもう一方の主役である社会福祉法人の会計について解説している。第14講では，その他の非営利組織の会計について解説している。その他の非営利組織としては様々なものがあるが，多くの人々の業務や生活において影響の大きい消費生活協同組合と農業協同組合を取り上げて解説している。

最後に，第15講では，これまで解説してきた非営利会計について，総まとめをするとともに，各非営利会計の将来展望や非営利会計研究に係る若干の方向性を示したうえで，締めくくっている。

なお読者の便宜に資するため，政府会計及び非営利組織会計の比較対照表を本書の付録として添付しているので参考とされたい。

●練習問題●

□1　貨幣計算的会計であるマクロ会計及びミクロ会計にはどのようなものがあるかについて簡単に説明しなさい。

□2　会計の考え方である会計責任説と意思決定説について説明したうえで，意思決定説の観点から，現在の企業会計と非営利会計の相違点について説明しなさい。

□3　現在の非営利会計制度において，企業会計の原則的考え方が基礎となっている理由について説明しなさい。

第2講

政府会計の基礎概念と今後の方向性

2.1　政府会計の概要

会計は大きく，民間部門（プライベート）と公的部門（パブリック）に分けられる。民間部門は，営利企業（ビジネス）と非営利組織（ノンビジネス）に分かれる。公的部門は，政府，地方公共団体，独立行政法人，国立大学法人，地方公営企業などが含まれる。

本書では，非営利会計の範囲として，民間部門の非営利組織会計と公的部門の会計を含んだものとしている。

第2講では，公的部門の会計のうち，政府・地方公共団体の会計（「**政府会計**」ともいう）について，その基礎概念と今後の方向性について説明する。

2.1.1　政府会計の種類

国際会計士連盟（International Federation of Accountants：IFAC）・公会計委員会（訳）(2000)「政府の財務報告――会計上の課題と実務」によれば，政府会計の種類は，**現金主義会計**と**発生主義会計**に分けられる。現金主義会計と発生主義会計の区分の基準は，「事象・取引の認識時点」（現金の収受か事象の発生）と「測定の対象」（財務資源か経済資源）による。

認識の時点は，**現金の収受か事象の発生か**によって区別される。

認識の対象は，**貸借対照表に計上される対象が現金か，財務資源か，経済**

図表 2.1　政府会計の種類

会計方式	事象・取引の認識時点（期間帰属の認識）	認識の対象（貸借対照表の計上項目）
現金主義会計	入金・出金の時点	現金預金
修正現金主義	入金・出金の時点。ただし，会計期間の末日以降の一定期間（出納整理期間）の現金収受をその会計年度の収支として反映させる。	現金預金
修正発生主義	事象または取引の発生時点	財務資源（現金・預金，未収入金，未払金，短期金融資産・負債等）
発生主義会計	事象または取引の発生時点	経済資源（現金・預金，未収入金，金融資産・負債，有形固定資産，投資，退職給与引当金等）

（出典） IFAC・PSC（2000）Study11 - Government Financial Reporting：Accounting Issues and Practices, para.63 をもとに筆者作成

資源かによって区別される。

現金主義会計は，**認識時点が現金の入出金の時点であり，認識の対象は現金預金になる**。発生主義会計は，**認識時点が事象または取引の発生時点であり，認識の対象は経済資源（現金・預金，未収入金，未払金，金融資産・負債，有形固定資産，投資，退職給与引当金等）になる**。

現金主義会計と発生主義会計の間に，**修正現金主義会計**と**修正発生主義会計**が存在する。修正現金主義会計は，認識の時点が現金の入出金の時点であるが，**会計期間の末日以降の一定期間（出納整理期間）の現金収受**をその会計年度の収支として反映させる。これは，会計処理上，期末における未収金・未払金を計上することはしないが，出納整理期間の入出金をその該当する会計年度に帰属させるという会計処理によって予算と実績を対応させるものである。我が国の政府・地方公共団体が採用している方法である。

修正発生主義会計は，認識の時点が事象または取引の発生時点であるが，**認識の対象は財務資源（現金・預金，未収入金，未払金，短期金融資産・負債）になるので，有形固定資産，投資，長期金融資産・負債は計上されない**。米国の州・地方政府のファンド会計は，修正発生主義会計を採用している（図表 2.1 参照）。

現金主義会計は，長い間，公的部門の会計として財務報告の主流である。多くの政府では，予算の使途の検討と承認のために，現在も現金主義会計を

採用している。現金主義会計のメリットは，**現金をベースにした予算管理に適している**ことであるが，それにもかかわらず，多くの国（政府・地方政府）では，政府部門の財務報告を改善するために発生主義会計が導入されている。その大きな理由は，現金主義会計では，**負債や，将来的な便益をもたらす資産に関する情報をほとんど提供しない**ためである。

発生主義会計は，政府部門の計画，財務管理，意思決定にとってより適した情報を提供することができる。発生主義会計は，**財務情報がより透明性を**もつために，**政府間の財務業績の比較可能性を向上**し，**政府部門のアカウンタビリティを充実させる**ことができる。また，発生主義会計は，**効率的であり，信頼性があり，利用者になじみやすい**という重要な特徴を持っている。

2.1.2　企業活動と政府活動の特徴及び相違

政府は，国民から選任された議員による立法機関（議会）において集合的に資源配分（予算）を決定して，その財源として非自発的拠出により税金等を徴収し，対価性のない公的サービスを住民に提供している。政府は，**民主的統制**の見地から，**議会による資源の調達と配分が事前に承認される**ことが必要であり，**予算原案作成と執行を担う政府（行政）との機能分担**がなされている。

図表2.2　企業活動と政府活動の特徴と相違

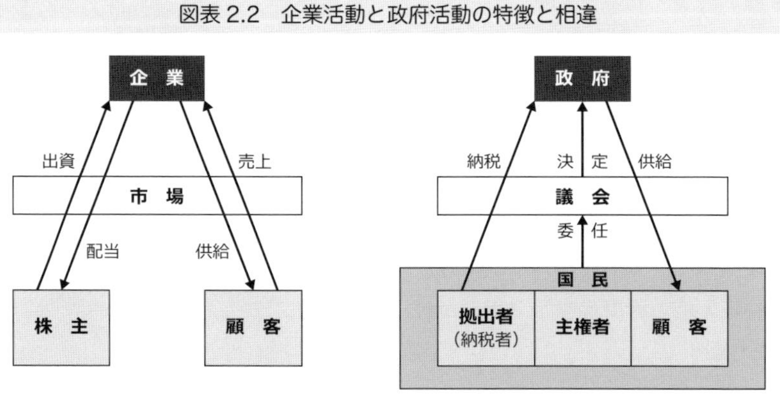

（出典）山本清（2005）『「政府会計」改革のビジョンと戦略――会計なき予算，予算なき会計は虚妄』中央経済社，p.214

図表 2.3　企業と政府の経済活動(資源の調達，配分，供給)における相違

	企業活動	政府活動
資源調達	株主からの自発的拠出	納税者からの非自発的拠出
資源配分	市場における供給者と消費者との交換取引	議会における集合的な意思決定(統制可能性)。提供されるサービスの受益と負担（納税）とは一致しない非交換取引。住民は，資源提供者（納税者）であり，サービス受益者であり，主権者であり参政権と選挙権をもつ。
資源供給	市場において調整される価格と量で提供	議会で決定された配分（予算）に従って供給(事前決定)

（出典）　山本清（2005）『「政府会計」改革のビジョンと戦略――会計なき予算，予算なき会計は虚妄』中央経済社，pp.229–230 より筆者作成

政府では，企業経営のような計画・予算・執行の一元的管理体制が設定されていない。さらに，行政活動の成果は，行政サービスの供給時点で把握することが困難であり，長期的な活動の累積として効果が発揮するものも少なくない。このように政府活動は，企業活動のように，**目的，計画，執行，評価を財務的尺度で統一的に把握することが困難である**という特徴がある（図表 2.2 及び図表 2.3 参照）。

2.2　官庁会計と企業会計の違い

2.2.1　単式簿記と複式簿記

会計とは，現金などの動きを識別し，測定し，記録するためのツールである。この基本的な考え方は民間企業でも政府においても同じである。しかし，実際の会計制度としては，企業会計が複式簿記・発生主義会計であるのに対して，政府は単式簿記・現金主義会計であり，異なる仕組になっている。

国・地方公共団体で採用されている会計（「**官庁会計**」ともいう）では，「現金」がどれだけ収入されて，どれだけ支出されたかを記録する，いわゆる現金主義会計となっている。

これに対して，企業会計では，「事象・取引の発生」という事実に基づい

図表 2.4　官庁会計と企業会計

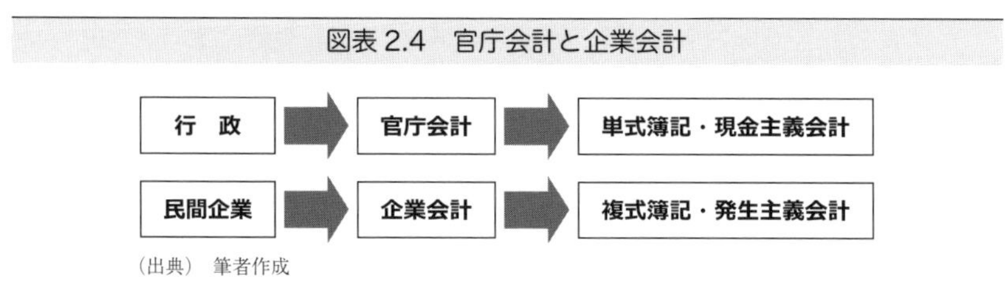

（出典）　筆者作成

図表 2.5　単式簿記と複式簿記との違いの例

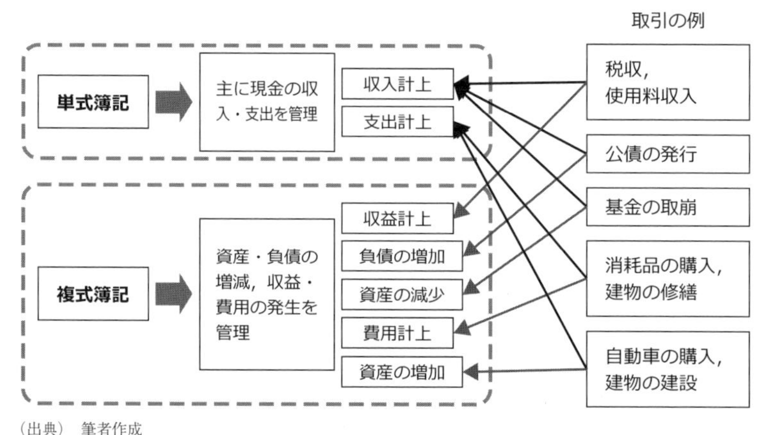

（出典）　筆者作成

て活動を測定・認識する立場をとっており，現金の収入・支出が伴わなくても収益・費用を計上するものと，また，収入・支出が行われたが収益・費用として計上しないものがある。

こうした現金主義と発生主義という基本的な考え方の相違があるため，実際の会計処理としても，現金主義の**官庁会計では現金の収入・支出を管理するための単式簿記**，発生主義の**企業会計では現金以外の収益・費用，資産・負債等の増減も同時に管理するための複式簿記**を採用している。

単式簿記では，取引が収入か支出に分類されるのに対して，複式簿記では取引が５つの要素に分類される。

つまり，現金主義会計では，取引は，**収入**と**支出**の２つに認識されるが，発生主義会計では，取引は，**収益**，**費用**，**資産**，**負債**，**純資産**の５つに認識される（図表 2.4 及び図表 2.5 参照）。

2.2.2　現金主義会計と発生主義会計

日本の官庁会計では，国・地方ともに，明治以来，1 世紀以上にわたって単式簿記・現金主義会計による処理が行われている。

国や地方公共団体の行政活動は，法令に基づきあらかじめ徴収した税金を予算により配分することで，住民福祉の向上に資するという特徴を持っている。

税金の配分については議会の議決を経てはじめて執行機関がその範囲内で予算を執行することが可能となる。民間企業と異なり政府にとってこうした予算統制は大変重要であり，その手段として，現金収支を厳密に管理する単式簿記・現金主義による会計手法が用いられてきた。

これに対して企業会計では，収入・支出を当該年度に帰属させるもの（収益・費用）と，翌年度以降のもの（資産・負債・純資産）に帰属するものに分けられる。また，減価償却費のような現金の収入・支出が伴わない費用もあ

図表 2.6　現金主義会計と発生主義会計との違いの例

機械を購入する場合

あるメーカーが 100 万円の機械を購入した。
その機械は 5 年間利用可能で，導入することで毎年 30 万円の収入（収益）が得られる。

現金主義の場合　（単位：万円）

	1 年目	2 年目	3 年目	4 年目	5 年目	合　計
収入額	30	30	30	30	30	150
支出額	100	0	0	0	0	100
収　支	△70	30	30	30	30	50

1 年目は 70 万円の赤字になるが，2 年目以降は 30 万円の黒字になる。

発生主義の場合　（単位：万円）

	1 年目	2 年目	3 年目	4 年目	5 年目	合　計
収益額	30	30	30	30	30	150
費用額	20	20	20	20	20	100
利　益	10	10	10	10	10	50

機械の購入額を 5 年間で均等割りした結果，毎年 10 万円の黒字になる。

（出典）筆者作成

り，各年度における損益計算を目的としている。

例えば，機械を購入する場合，この機械は通常５年利用することが可能なので，購入に関する記録を１年度のみに限定するのではなく，利用可能な年度に渡って費用として計上する（減価償却という）。これは，当事業年度の収益と費用を対応させて，どれだけ儲けたか（あるいは損したか）を測定認識することを目的とする立場をとっているためである（図表2.6参照）。

2.2.3　官庁会計と企業会計の相違

国や地方公共団体の官庁会計の場合，**歳入歳出決算書**及びそれに付随する資料が会計検査院や監査委員による監査を経て議会に提出される。これらは，**予算科目である款・項・目・節ごとに予算金額と決算額**が示されている。

また，**財産に関する調書**等により，**建物や土地などの公有財産の規模（ただし，金額情報はない），基金，有価証券，株式等の年度末の残高**を記載している。さらに，決算書等以外に法律で定められた財政状況に関する説明資料

図表2.7　官庁会計と企業会計の相違

項　目	官庁会計（国・地方公共団体）	企業会計（株式会社）
対象団体の目的	住民の福祉の増進	利潤の追求
財務報告の目的	行政目的どおりに予算が執行されたかどうかを監視，評価すること	企業活動の財政状態，経営成績を報告，説明すること
作成主体	首長	取締役会
利用者	住民（提出先は議会）	株主（提出先は株主総会）
承認及び説明責任	議会の承認 予算（事前）と決算（事後）の承認 適性な予算執行に関する説明責任	株主総会の承認 決算（事後）の承認 利益獲得の結果に対する説明責任
記帳方式	単式簿記	複式簿記
認識基準	現金主義	発生主義
決算書類	歳入歳出決算書 歳入歳出決算事項別明細書 （国） 国の債権の現在額総報告 国有財産増減及び現在額報告書 国の債務に関する計算書等 （地方） 実質収支に関する調書 財産に関する調書等	貸借対照表 損益計算書 株主資本等変動計算書 キャッシュ・フロー計算書

（出典）　筆者作成

（東京都では「財政のあらまし」）を年に2回公表している。

他方，民間企業では，決算は財務諸表により公表される。証券取引所の上場会社は，会計監査を受ける。財務諸表は損益計算書，貸借対照表，株主資本等変動計算書であり，連結決算においてはキャッシュ・フロー計算書も作成される。これらの財務諸表に加えて，附属明細表や注記，その他の事業報告書などにより経営情報が明らかにされる（図表2.7参照）。

2.3　官庁会計の限界と発生主義会計のメリット

政府・地方公共団体では，予算管理の目的から現金主義会計の官庁会計が採用されているが，財務業績や財政状態の報告という観点からは下記のような問題がある。

2.3.1　ストック情報とコスト情報の提供機能

官庁会計は，現金の収入と支出の事実に基づいて，一定期間における財源の受入とその使用の状況を明らかにすることはできるものの，地方公共団体が保有している将来の行政サービスに利用可能な資産の残高や，将来にわたって返済しなければならない負債の残高を会計記録からは明らかにすることができず，**ストック情報**を網羅的に提供する機能に限界がある。

また，行政サービスを提供するために取得した建物や道路などの固定資産は長期にわたり利用されることを通じて行政サービスに供されるものであるが，官庁会計では，これらの資産の費消実態を反映した各年度のコスト負担（減価償却費）を会計記録から明らかにすることができず，行政サービスに要した実質的な**コスト情報**を提供する機能に欠けている。

2.3.2　アカウンタビリティ（説明責任）

(1)　情報の網羅性・一覧性

官庁会計においては，歳入歳出決算とは別に公有財産台帳や物品台帳などのストック情報が作成されるが，国や地方公共団体によって取得額の把握状況が異なり取得に要した金額に関する情報把握が不十分・不揃いであることが多く，さらに網羅的かつ一覧性のある情報として提供されないため，住民や議会が国や地方公共団体の財政運営の適切性を判断するための情報提供としては不十分なものである。また，一定期間のコストを把握することに限界があり，行政活動の経済性，効率性，有効性の評価に資するための情報としては限界がある。

発生主義会計では，ストック情報に基づいて作成される**貸借対照表**により，**資産及び負債に関する網羅的かつ一覧性のある情報**として提供することができる。また，コスト情報に基づいて作成される**行政コスト計算書**により，**行政サービスに要した実質的なコスト**を一覧性のある情報として提供するこができる。

(2) 世代間負担の衡平性

政府・地方公共団体が**アカウンタビリティ**を果たすうえでは，予算の執行状況はもちろんのこと，**世代間負担の期間衡平性**を明らかにすることが重要である。

単式簿記・現金主義の歳入歳出決算書では，地方債や職員の退職手当などの将来負担額や当年度の将来世代への余剰の繰越状況を情報提供することに限界がある。

発生主義会計に基づく貸借対照表では，期末時点における**概括的な財政状況や地方債などの将来負担額を説明する**ための情報を提供し，また**純資産と負債の構成比率などをみる**ことで世代間負担の状況が把握可能になる。行政コスト計算書では，当年度の行政コストと税収等の収益を対比させることにより，**当該年度の収益により当該年度のコストが賄われたかどうか**，つまり**将来世代への負担の有無**などを判断するための情報を提供することができる。また，行政活動の**経済性**，**効率性**，**有効性**を評価するためのコスト情報を提供することができる。

このように複式簿記・発生主義に基づく貸借対照表，行政コスト計算書は，国や地方公共団体の**財政運営が適切に行われているかどうかを住民や議会への説明する**ための有用な情報となるのである。

(3) 財務マネジメント

官庁会計は，現金の収支に焦点があることから，債権，有形固定資産，基金などの資産の管理や，国債・地方債，退職給付引当金などの負債の管理が十分とはいえない。官庁会計では，ストック情報，コスト情報を十分に提供できないことから，これらの**財務マネジメント**に資する有用な情報を提供できないという限界がある。

発生主義会計では，網羅的なストック情報と正確なコスト情報に基づいて，正確な資産，負債の構成や事業別・組織別の行政コストを把握することがで

図表 2.8 官庁会計と企業会計の関係

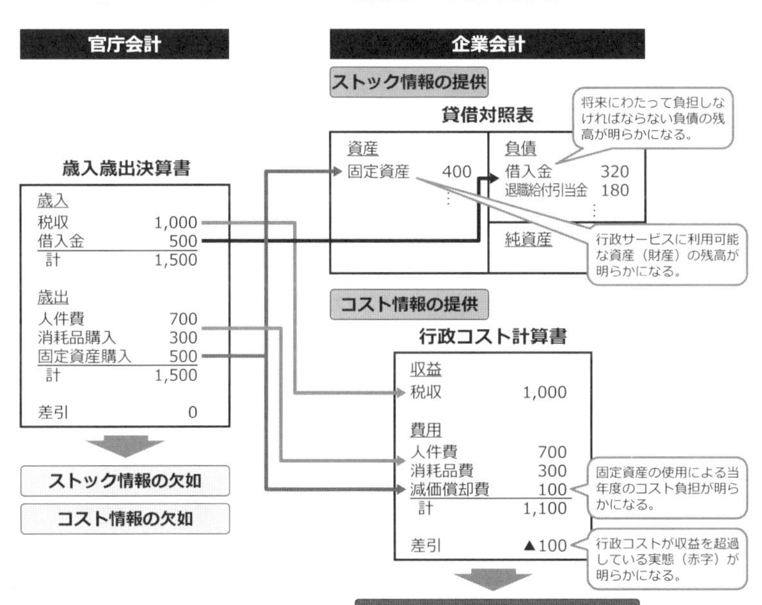

（出典） 筆者作成

きる。**政府の財政状態を理解し，行政活動の経済性，効率性，有効性を評価し，資源配分，予算編成のあり方を見直し，徴収した税金を有効かつ効率的に活用する**といった適切な財務マネジメントを実行することが可能となる。

官庁会計と企業会計の関係は図表 2.8 のようになる。

2.4　政府会計改革の概要

2.4.1　政府会計改革の目的

政府会計制度改革の背景には，**パブリック・アカウンタビリティ（公的説明責任）**の進展がある。政府・地方公共団体は，納税者からの税金で公的サービスを提供している。他方，住民は，サービスの受益者であり，資源（税金）の提供者であり，住民の代表者（議員）を選ぶ権利を有している。したがって，政府・地方公共団体には，住民に対するパブリック・アカウンタビリティがある。

パブリック・アカウンタビリティとは，**住民に信頼性の高い財務情報を提供する**ということ（透明性を確保すること）とともに，**国民に対する責務を果たす**ということを意味している。政府は，国民の福祉向上のために，徴収した税金を**効率的，効果的に執行する責任**がある。また，政府は，**財政運営を改善し，財政の持続可能性を維持する責任**がある。

国民は，そのような政府の説明責任を査定できる情報を求めている。予算の執行状況を報告する（官庁会計の予算・決算）だけでは説明責任を果たしたとはいえず，財政の改善状況をわかりやすく説明するとともに，国民へのサービス提供の努力（コスト）と成果を報告することが求められているのである。

現状の官庁会計では，決算は，予算の執行状況の報告であり，収入・支出の結果を一覧することができる半面，収入・支出という現金収支だけを管理しており，すべての経済的な資源（有形固定資産，投資など）を十分には管理しているとはいえない。そのため，

① ストック情報の欠如（資産・負債を一覧できない）

② コスト情報の欠如（行政サービスのコストがいくらか判らない）

という限界があり，その結果，

③ 住民への説明責任を十分に果たすことができない

④ 行政のマネジメント（意思決定）に有用な情報が提供できない

という課題がある。

これらの課題を解決するために，発生主義会計が採用されたのである。

発生主義会計は，**経済実体をフロー情報とストック情報で表現するもので**ある。フロー情報では，行政コスト計算書及び純資産変動計算書が，サービス提供のコストとその財源（受益と負担）を表している。資金収支計算書（キャッシュ・フロー計算書）では，官庁会計と同じ現金収支の情報であるが，資金の流れ（キャッシュ・フロー）を3つに区分（業務活動，投資活動，財務活動）して表すことにより，資金の使途と調達の関係をわかりやすく説明することができる。また，資金収支計算書は，官庁会計とのつながりや財務諸表全体の理解を補完することができる。ストック情報では，貸借対照表が，期末時点の資源の運用（資産）と調達（負債・純資産）の全体を表している。

このように発生主義会計は，官庁会計では不足しているストック情報とコスト情報を提供することにより，行政のマネジメント改革を支援し，住民へのアカウンタビリティを向上することができるものといえる。

2.4.2　政府会計情報の利用者とそのニーズ

政府部門の会計制度改革は，英国，米国など海外先進国において，行政におけるパブリック・アカウンタビリティの進展と，民間経営手法の導入による行政活動の効率化（ニュー・パブリック・マネジメント）を背景に進展してきた。

政府会計の利用者は，**議会，住民，行政の首長・マネジメント，債権者・与信者など多様な利害関係者（ステークホルダー）**がおり，それぞれ情報へのニーズがある。

住民は，納税者であり，公共サービスの受領者であり，有権者である。また，**議会は住民を代表する機関**である。住民は，立法や行政に対して，様々な意思決定をしている。例えば，首長・議員の選出など投票による意思決定，政府の財務業績の査定，政府が課す税金や料金の水準の評価，提供されたサービスの量と質の評価などがある。

住民や議会が必要とする情報ニーズには，資金が予算どおりに執行されたか，予算の超過や予算の執行残がないか，効果的なコスト抑制が実施されているか，提供されるサービスの質的・量的な改善がなされているか，個々の事業の内容はわかりやすく説明されているか，サービス提供能力の持続可能性はあるか，債務返済能力はあるか，子どもや孫への財政負担がないかなどである。

行政の首長やマネジメント（経営層）にとっても，**財務情報は，行政の基礎情報（資産・負債・費用の管理，予算編成・事業評価への活用）**であり，**財務情報の見える化**や，**住民と議会への説明責任**を果たすうえでも，必要な情報になる。行政のマネジメントにとっては，住民の視点から財務情報をわかりやすく説明することが大切である。

国債・地方債等の債権者・与信者にとっては，政府・地方公共団が借入金を約定どおり返済できるかどうか，**債務償還能力を評価**するために必要な情報になる（図表2.9参照）。

財務情報の主たるものは**財務書類**（財務諸表）になる。財務書類とは，**貸借**

図表 2.9　財務情報の利用と情報ニーズ

財務情報の利用者	意思決定	情報ニーズ
住民（納税者，公共サービスの受領者，有権者） 議会（住民の代表）	●首長・議員の選出や投票による意思決定 ●政府の説明責任と業績の査定 ●政府が課す税金や料金の水準の評価 ●提供されたサービスの量と質の評価	●資源が予算どおりに執行されたか，予算の超過や予算の執行残がないか。 ●効果的なコスト抑制が実施されているか。 ●提供されるサービスの質的・量的な改善がなされているか。 ●個々の事業の内容はわかりやすく説明されているか。 ●サービス提供能力の持続可能性はあるか。 ●債務返済能力はあるか。 ●子どもや孫への財政負担がないか。
行政の首長やマネジメント（経営層）	●行政の基礎情報（資産・負債・費用）を活用した管理，予算編成・事業評価への活用	●財務情報の見える化に努めているか。 ●住民と議会への説明責任を果たしているか。
債権者・与信者	●地方債の購入，資金提供	●債務償還能力はあるか。

（出典） 筆者作成

対照表（年度末における資産及び負債・純資産），**行政コスト計算書及び純資産変動計算書**（1 年間の行政活動に伴うすべての費用とその財源が均衡しているかどうかを表すもの，純資産の変動），**資金収支計算書**（キャッシュ・フロー計算書：1 年間の現金収支を業務，投資，財務の 3 区分で表示）からなる。

財務情報の活用のためには，財政状態及び財務業績の分析だけでなく，官庁会計（予算・決算）との関係，行政（事業）評価などの非財務情報を含めて総合的に分析することが，政府・地方公共団体の経営状況を理解するうえで重要になる。

2.5　海外諸国の政府会計改革の状況

2.5.1　国際公会計基準（IPSAS）の導入状況

海外の諸国（中央政府・地方政府）をみると，多くの国で発生主義会計が導入されている。国際会計士連盟（IFAC）の調査報告書（2021 Status Report）によれば，2020 年現在，49 カ国（調査対象国 165 カ国の 30%）の政府が発生主義会計を導入しており，66 カ国（同 40%）の政府は部分的な発生主義を導入している。現金主義の財務報告の政府は 50 カ国（同 30%）である。

発生主義を導入している 49 カ国は，下記のいずれかの方法で**国際公会計基準**（International Public Sector Accounting Standard：IPSAS）を利用している。

①　直接 IPSAS を採用している（4 カ国）
②　間接的に IPSAS を採用している（8 カ国）
③　IPSAS を参考とした国内基準を使用している（16 カ国）
④　国際財務報告基準（IFRS）を参考とした国内基準を使用している（3 カ国）
⑤　独自な国内基準を使用している（18 カ国）

この報告書において，日本は，⑤独自な会計基準に基づく発生主義会計を使用している国に分類されている。日本が，直接的あるいは間接的に IPSAS を採用することになるどうかは今後の課題である。そのためには，財務省や総務省ではなく，独立した会計基準の設定主体が必要ではないかと思われる。

2.5.2　予算制度と財務報告の関係

国際会計士連盟（IFAC）公会計委員会によれば，**予算制度と財務報告の関係**は，次の３つに分類できる。

①　予算と財務報告ともに発生主義会計に移行している**統合的なシステム**を採用している。

②　予算は現金主義会計だが，財務報告は発生主義会計という**デュアルシステム（2元的システム）**を採用している。

③　予算と財務報告ともに現金主義会計を採用している。

①の統合システムを採用している政府は，**英国，オーストラリア，ニュージーランド**が該当する。英国の場合，政府会計制度改革の背景には，議会と行政を１つの経営組織とみて，政府全体を統合的に経営するという思想があるといえる。

②のデュアルシステムを採用している政府は，**米国の連邦政府及び州・地方政府**や，**欧州の諸国**が該当する。財務報告は発生主義会計に移行しているが，予算・決算は修正発生主義（現金収支をベースにして未収・未払などの財務資源を認識する）のモデルといえる。財務会計システムとしては，**予算コントロールのために修正発生主義会計を採用**し，**財務諸表の作成のためには発生主義会計を採用する**ことになる。米国の州・地方政府では，**ファンド会計（基金会計）と政府財務諸表（発生主義会計）**という２つの財務情報を提供し，その調整表を作成することによって，２つの財務情報の関係性を説明している。２つの財務情報には，**ファンド会計は財政的な説明責任，財務諸表は事業経営上の説明責任という異なる目的がある**としている。それをどのように利用するかは，**利用者の判断に任せる**という賢明な方法ともいえる。

ヨーロッパの中央政府・地方政府は，デュアルシステムを採用しているところが多い。その有用性は現在も進展中であるといえる。

③の予算・決算及び財務報告も現金主義会計のモデルは，**日本の政府・地方公共団体**が該当する。我が国の場合は，**官庁会計の決算補足情報として独自の会計基準に基く**発生主義会計の財務諸表を作成している。

図表 2.10　予算制度と財務報告の組み合わせ

		予算・決算のベース		
		現金主義	修正現金主義・修正発生主義	発生主義
財務報告のベース	現金主義	＊		
	修正現金主義・修正発生主義		＊（日本：補足情報として発生主義の財務報告）	
	発生主義		＊（米国連邦政府，州・地方政府）	＊（英国，豪州，ニュージーランド）

（出典） IFAC（2004）Budget Reporting, p.13 をもとに筆者作成

予算制度と財務報告の関係については，議会の役割や，議会と行政府との関係，行政府の説明責任の考え方など様々な要因がある。国際的にみても，政府会計制度改革は，発生主義会計に基づく財務報告とともに，その財務情報をどのように行財政改革に活用するかがテーマになっているといえる（図表 2.10 参照）。

●練習問題●

□1　政府会計改革の目的について，官庁会計の限界，公的説明責任の拡大に触れながら，その理由を説明しなさい。

□2　公的部門に発生主義会計を導入することのメリットについて，利用者の情報ニーズに触れながら説明しなさい。

□3　我が国の政府・地方公共団体は，予算・決算は現金主義会計（官庁会計）であり，財務諸表は官庁会計の決算補足情報としての位置付けであり，財務省・総務省が作成した独自の会計基準に基く財務諸表を作成している。我が国の政府会計改革の今後の方向性について，国と議会・国民の関係や会計基準のあり方などに触れながら説明しなさい。

第 3 講

非営利会計の基礎概念と今後の方向性

3.1 非営利組織会計について

本講において「非営利会計」は，「政府会計」と「非営利組織会計」の双方を含むものとして定義している。これ以降，非営利組織会計について取り上げる。

3.1.1 組織における財務報告

① **非営利組織に対する社会的な課題解決への期待**　昨今，社会福祉その他の社会的課題解決への民間非営利組織の役割拡大の要請が高まっている。

我が国においては，公益法人，特定非営利活動法人（以下「NPO 法人」という），社会福祉法人，医療法人，学校法人といった様々な非営利組織（法人形態）が存在する。これらの組織は，その設立の目的，経緯からこれまでも多くの実績を残してきているが，民間の自発的な社会的サービスの提供や提言等，多様な価値の提供の主体へと活動の範囲が広がってきている。このような状況においては，今後，民間非営利組織が，社会から寄せられている期待に応えていくうえで，非営利組織の**自立と経営力を向上**させていくことが合わせて求められることと考えられる。

組織は，資源提供者及び債権者に対する受託者責任を負っている。したがって，わかりやすく正確な財務報告を作成することによって，**ステークホ**

ルダー（利害関係者）に対する説明責任を果たすことが求められる。

また，社会的責任を果たし，持続的に運営をし，その目的を達成するためには，基本的な財務規律を構築する必要がある。組織の規模やステークホルダー構造によって，求められる責任の大小や規律の厳格さ及び複雑性は少しずつ違うが，説明責任と財務規律は必要となる。説明責任を果たすことにより，組織に対する信頼を高め，運営に必要な財務その他の資源（資金，人材など）を確保して行くための基礎が構築される。

このような状況を踏まえると，**非営利組織における財務報告の在り方**を考えるうえでは，②③④の点が必要になる。

② 自立した資源調達と組織経営の必要性　以前は非営利組織の財務資源は補助金，助成金等の割合が高かったが，補助割合の低下などもあり，民間からの資源確保を増やしていくことが重要な課題となってきている。

また，2016年（平成28年）の社会福祉制度改革においては，社会福祉法人における財務規律を高めるとともに対外的な説明責任を強化することが求められた。

加えて，現在，政府の経済的な政策の話し合いの場である新しい資本主義の実現会議において，公益法人制度改革が求められ，その最終報告においては，公益法人が継続的・発展的に社会的課題解決に取り組んでいくためには，国民からの信頼を確保し，その支援・寄附に広く支えられていくことが重要である旨が明記された。

このような方向性から，非営利組織においては，**財務的な管理と外部への情報開示**を強化していくことが重要である。

③ 組織ガバナンス確立　非営利組織に対しても**ガバナンスの確立**への要請が高まっている。非営利組織には，企業と異なり株主等の持分権者が存在せず，受益者，資源提供者及び債権者，従業員，地域社会，政府等の多様なステークホルダーのニーズを反映し，健全な運営を実現し，組織目的を実現することが基本的な行動として求められる。そのため，組織の監督を実現する体制を構築する必要があるが，機関である評議員会，社員総会や理事会による監督機能発揮を担保するうえで，財務状況及び成果を適切な形で捕捉し，報告していくことが重要になる。

④　異なる法人形態間の事業及びステークホルダー　近年，各非営利組織の活動領域が広がり，法人形態の違いによる事業領域の違いが小さくなり，相互にオーバーラップするようになっている。例えば，病院事業を営む法人は，医療法人や社会福祉法人にとどまらず，学校法人や公益財団法人も含まれている。介護事業，教育事業についても同様の状況がある。このように法人形態が異なる場合でも，同種事業が実施されることも多くなり，各法人のステークホルダーも重複する傾向になってきている。このように，非営利組織が自ら広く資源を調達し，運営力を高め，組織ガバナンスを確立する観点から，財務報告の重要性が高まっている。さらに，法人形態間の差異が小さくなりつつあり，財務報告についても法人形態の枠を越えて，**非営利組織の横断的なプラットフォーム**を構築していくことが重要になっている。

3.2　我が国における非営利組織の仕組み

3.2.1　非営利組織の定義

民間企業や非営利組織は民間組織として，政府や地方自治体その他の政府関係機関は公的組織として位置付けられる。中央政府や地方自治体以外の組織であっても独立行政法人のように事業計画の承認や代表者任命権限を政府が持っている場合等，政府の直接的関与を通じて意思決定機能が掌握される組織は公的組織と区分して考えられる。

(1)　営利組織と非営利組織

民間組織は，営利を目的とする組織と営利を目的としない組織とに区分できる。営利を目的とする組織とは，事業活動を通じて稼得した利益を分配することを目的とする組織であり，株式会社などの企業がある。

一方，非営利組織は，**団体利益の構成員への分配を目的としない組織**である。事業活動を通じて稼得した資源は，組織目的を達成するために再投資され，利用される。我が国において，本定義に該当し得る組織には，公益法人，一般法人，NPO 法人，社会福祉法人，学校法人，医療法人，宗教法人，労働組合，消費生活協同組合を含む各種の協同組合及び任意団体等が考えられる。これらのうち，法令によって利益分配が認められない組織が非営利組織となる。

この中には一定の利益分配が認められる，または実質的に分配することが可能な組織も存在する。この場合は，将来の経済的成果を求める情報利用者（投資家等）が主に想定される組織を企業会計が適用される対象とし，経済的成果を重視しない（組織目的の達成を求める）情報利用者が主に想定される組織を非営利組織会計の適用対象と考えられる。

(2) 非営利組織の対象法人

(1) に記載の考えによると，非営利組織には，公益法人，社会福祉法人，学校法人，医療法人，特定非営利活動法人等が含まれる。

3.3 非営利組織の会計基準

3.3.1 非営利組織会計基準の現状と課題

非営利組織は，企業会計とは異なる会計規範が形成されてきた経緯がある。法人形態ごとに適用される会計基準が異なり，その設定主体も異なる。そのため，複数の異なる法人形態別の非営利組織の財務諸表を利用する際，同種事業を営んでいる場合であっても，その会計処理，財務諸表のひな型が異なるため，その横断的理解が難しい状況となっている。

法人形態ごとに会計が異なる背景には，各会計基準がその行政庁によってそれぞれ設定，改正されてきたこと，そして会計基準の設定，改正にあたっては，行政庁が管理監督する際の利便性が重視され，一般の情報利用者のニーズに応えるという視点に配慮されてこなかった側面もあると思われる。

事業内容やステークホルダーにおいて法人形態間の相違が小さくなり，また法人形態を越えた組織連携が求められる時代にあっては，会計の在り方も近づけていく方向に進むことが考えられる。法人形態を越え，ステークホルダーのニーズに応え得る組織横断的な会計枠組みの構築が求められるものと考えられるのである。

3.3.2　非営利組織における財務報告の在り方

一般利用者の情報ニーズに応えられる会計枠組みを構築するためには，非営利組織全体に共通する枠組みのもとで，理解しやすい財務報告モデルが構築される必要がある。「誰のため」の「どのような目的」の会計とするのか，そして，そのような会計は「どのような情報を提供すべきか」といった基本的な概念を明確にし，会計基準が必要である。また，様々な非営利組織に共通する基本的特性を反映したものであるべきである。

一方，高い公益性を求められる非営利組織の会計には，行政庁が法定の指導・監督を実施するうえで必要な情報を提供すること，財政的な健全性を担保するための社会的インフラとしての役割を果たすことも期待される。このような**特定の専門的ニーズと一般の情報利用者ニーズ**とを，どのように同時実現していくかも重要である。

3.3.3　財務報告の共通性を高めるアプローチ

実務上円滑に進め，各関係者の過剰な負担を回避するため，会計基準の継続性について十分な配慮をし，会計基準の共通性を高めることを基本的な方針としつつ，現行制度及び実務からの継続性を維持しながら，徐々に実現していくことが考えられる。

日本公認会計士協会は，2013年（平成25年）に非営利法人委員会研究報告第25号「非営利組織の会計枠組み構築に向けて」（以下「研究報告第25号」という）を公表し，非営利組織の財務報告における基礎的な概念を整理するとともに，これを基礎として非営利組織におけるモデル会計基準を開発するアプローチを提案している。最初に非営利組織の特性や財務報告の目的，情報利用者のニーズ等を整理し，非営利組織に共通する財務報告の概念を文書化している。そのうえで，現行実務との整合性を捉えつつ，非営利組織の会計上の基本的な取扱いを整理し，モデル会計基準として構築している。

また，日本公認会計士協会では，2019年（令和元年）7月に，非営利組織会計検討会報告「非営利組織における財務報告の検討～財務報告の基礎概

図表 3.1　モデル会計基準のイメージ

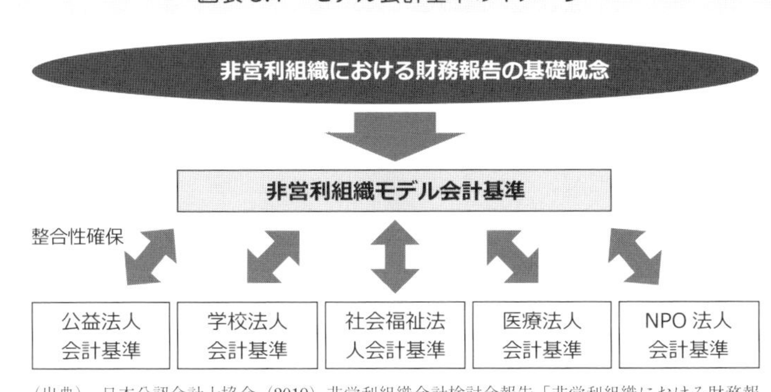

（出典）日本公認会計士協会（2019）非営利組織会計検討会報告「非営利組織における財務報告の検討～財務報告の基礎概念・モデル会計基準の提案～」p.6，図表 1

念・モデル会計基準の提案～」（以下，「2019 年報告」という）を公表し，**財務報告の基礎概念**と**モデル会計基準**を提案している。モデル会計基準は，個別の法人形態に適用すべき会計処理や表示の基準を表すものではなく，会計基準のモデルとして，制度上の会計基準が開発・改訂される際に参照されることを目的としたものとされている。非営利組織における財務報告の基礎的な概念が共有されるとともに，具体的な取扱いを示すモデル会計基準を参照した改訂が実施されていくことを通じて，基準間の相互整合性が高まるものと期待されている。

モデル会計基準のイメージは，**図表 3.1** のように示されている。

3.3.4　非営利組織会計の基本枠組み

研究報告第 25 号では，幅広い情報利用者のニーズに応え得る非営利組織に広く適用可能な会計枠組みを構築するため，会計の基本的な考え方を次のように整理をしている。①情報利用者の期待に応えるものであること，②非営利組織に固有の特性を反映したものであること，③一貫性が確保されていること，④一般の情報利用者にとって，わかりやすい会計であること，である。以上を重視しながら，財務報告目的と情報ニーズ，財務諸表の構成要素及び会計上の認識と測定の基本的な考え方が整理されている。

(1) 財務報告目的と情報ニーズ

財務報告の目的は，情報利用者の意思決定に有用な情報を提供することである。研究報告第25号では，非営利組織における情報利用者として，受益者や地域社会までも含む広範な利害関係者を想定した中で，会計情報に特に関心を持つ情報利用者を，資源提供者及び債権者と定義している。さらに，我が国において歴史的に行政が重要な情報利用者として位置付けられてきた経緯を考慮しながら，一般の情報利用者に幅広く利用可能な会計枠組みを構築されている。

(2) 財務諸表の構成要素

一般の情報利用者の情報ニーズは，①非営利組織の目的，②活動の方針及び計画，③継続的活動能力，④活動の努力及び成果に関する実績，によって構成され，この中で会計に期待されるのは，③と④を理解するための情報提供である。そして，非営利組織の財務諸表は資産，負債，純資産，収益及び費用という要素によって構成されるべきと考えられている。

非営利組織は，一般に持分がないため，資本は財務諸表の構成要素とならない。また，構成員への利益分配を目的としない非営利組織で，収益と費用の差額は組織の主たる成果を表すものでなく，財務諸表の構成要素とはならないのである。

(3) 認識と測定

非営利組織は公益または共益への貢献を目的としており，その目的達成に向けた活動のために，設備等の資産を保有している。これら資産は，その活動に直接利用されてサービス提供に貢献するものと，経済的便益獲得を通じて事業活動に間接的に貢献するものに分類することができ，**将来サービス提供能力または経済的便益**を有し，信頼性を持って測定できることを前提に，貸借対照表において認識され，歴史的原価を基礎として測定される。資産の持つ将来サービス提供能力または経済的便益が著しく下落した場合，適正なサービスコストを表示するために，その状況を反映させる必要がでてくる。

また，負債は，経済主体が負っている経済的負担である。借入金等の法律上の債務に限らず，いずれ負担することになる経済的負担で，合理的に測定可能なものは負債になる。経済的負担額は法律上の債務額または将来の経済的負担の貨幣額に基づいて合理的に測定される。

3.3.5　会計上の個別論点の検討

研究報告第25号では，次のような非営利組織に特徴的で会計上の取扱いにも影響の大きい論点についても検討している。

(1) 財務諸表の体系と各表の意義

財務諸表の構成要素を，その有機的な関係性とともに表すためには，資産，負債及び純資産の状態を表す貸借対照表と，収益及び費用とその差額によって計算される純資産増減を表す活動計算書が必要としている。

また，組織の財務健全性を理解するうえで，資金フローに関する情報を示すための書類としてキャッシュ・フロー計算書と収支計算書があるが，キャッシュ・フロー計算書を財務諸表の一つとしている。経済的資源に関するフロー情報を活動計算書が表すこと，資金範囲を統一すべきこと，貸借対照表と活動計算書との連動性を重視するとともに作成上の実務負担を最小化することがその理由とされている。

(2) 発生主義

組織の継続的活動能力，活動努力及び成果を適切に表現するためには，資源の変動時に会計上の認識を行う**発生主義**が不可欠である。組織への資源流入に伴う純資産の増加は収益として，資源の費消は費用として認識される。発生主義を採用することによって，資源の流入及び流出実態に対応する形で，貸借対照表におけるストック情報と活動計算書におけるフロー情報を的確に計上することができる。

また，非営利組織における活動成果は主に財務諸表外で報告されるが，活動努力としての資源獲得や費消が期間対応することによって，活動努力と活動成果を一体的に理解することにもつながる。

(3) 収益認識における実現主義

非営利組織の収益には，**売上等の交換取引収益**と，**寄付等の非交換取引収益**がある。このうち非交換取引収益については，財貨の移転または役務の提供がないため，企業会計における実現主義の要件をそのまま適用できないため，研究報告第25号では，実現主義の本質は，組織への資源流入が実質的に生じていることを確認できる時点において収益を認識するという考え方を採用し，その後，モデル会計基準では，非交換取引収益も含めて以下の要件に基づく実現主義が提案されている。

① 取引その他の事象の結果，非営利組織が**経済的資源**に対する権利を得る，または，経済的資源を移転する義務から解放されること

② 取引その他の事象が取り消される可能性が極めて低いこと（「**確実性**」という）

③ 信頼性をもって貨幣額によって測定できること（「**測定可能性**」という）

非営利組織固有の特性である使途に制約が課された資源の受領については，資源が提供された時点で一定程度の支配を獲得しており，「拘束資源の流入」として収益認識し，その後，拘束が実質的に解除されたと判断できた時点で「拘束の解除」として非拘束純資産への振替を行うこととなる。すなわち，資源流入と拘束解除それぞれの時点で段階的に収益を認識する。あわせて，貸借対照表上も使途拘束純資産と非拘束純資産というように組織の支配状況を区別して表示される。

(4) 純資産の拘束性と拘束別に区分した活動計算の考え方

純資産は，拠出資本がない一方，資源提供者からの使途制約が課されているものがある。純資産特性を適切に表すためには，**純資産を基盤純資産・使途拘束純資産・非拘束純資産の３区分に大別**し，それぞれについて区分した残高を貸借対照表上で表示するとともに，拘束区分別に活動計算を実施することが提案されている。**資源提供者による要請か法による要請かにかかわらず，拘束の有無と組織の基盤であるか否かによって区分表示する**ことになる。

また，活動計算の表示方式としては，拘束区分ごとに列を設ける様式として，拘束区分別の外部からの資源流入と拘束区分間の振替が明示される方法としており，主として資源提供者が見やすい様式としている。

(5) サービス提供の成果（業績）と報告

非営利組織の活動を理解するためには，活動努力と活動成果を表す情報が必要である。

活動努力は，活動の内容と活動への資源投入によって表され，その一部は財務報告によって提供可能な情報である。一方，活動成果は活動実績情報と，

その活動が目的とする公益・共益への貢献情報とに分類できるが，多くの場合，会計上測定することは非常に困難であり，非財務指標や説明的記述で対応すべきものと考えられている。また，事業報告という全体の情報開示枠組みの中で，これらの情報を有機的に関連付けて報告することも重要とされている。

3.4　諸外国（英国，米国）との比較

研究報告第25号によると，米国，英国では企業会計基準を基礎としつつ，非営利組織向けの会計基準が整備されている。

米国では，財務会計基準審議会（Financial Accounting Standards Board。以下「FASB」という）が公表する財務会計の概念書（Statements of Financial Accounting Concepts。以下「FASB概念書」という）の中で，「営利企業の財務報告の目的」と併せて「非営利事業体の財務報告の目的」が取り扱われ，これを基礎として，営利企業と非営利事業体の両方を対象とした「会計情報の質的特性」及び「財務諸表の構成要素」が形成されている。また，会計基準についても，米国GAAPである会計基準コディフィケーション（Accounting Standards Codification：ASC）の中に非営利事業体を対象とした産業別基準（Industry Topic）を設定している。

英国では，財務報告評議会（Financial Reporting Council。以下「FRC」という）の発行する企業会計基準が，チャリティ等の非営利組織に適用されるのを原則としており，非営利組織向けの会計基準は設定されていない。しかし，財務報告の概念フレームワークに当たる財務報告の原則書に，公益事業体（Public Benefit Entity：PBE）向けの解釈が示され，財務報告目的や想定利用者につき，企業会計の考え方に実質的な修正を施している。そして，本解釈書の考え方に基づき，公益事業体に属する非営利サブセクターの実務に沿った形で推奨実務書（Statement of Recommended Practice。以下「SORP」という）がガイドラインとして提供され，実務における実質的な基準がある。

米国，英国では，フレームワークや基準に直接的に反映するかどうかという違いはあるが，財務報告目的や想定利用者ニーズについての営利企業と非営利組織との違いに注目し，その違いを基礎に企業会計の財務報告フレームワークを一部修正し，会計基準の領域においても，一部，企業会計基準と異なる取扱いを定めている点で，同様のアプローチを採用しているといえる。一方，我が国においては，3.5.2 に記載のとおり，企業会計のフレームワークとは独立した形で，非営利組織のフレームワークが提案されている。

3.5　非営利組織に共通の会計基準の今後の在り方

民間非営利組織は，社会的な課題解決のために今後，活動の領域は広がり，法人運営者は，説明責任を果たすことが必要である。様々なステークホルダーへのわかりやすい説明をするため開示情報も非営利組織に共通のルールのもとで提供することが，ステークホルダーの理解を得やすいと思われる。2019 年報告は，将来の非営利組織の共通の枠組み及び会計基準として広く利用されることを期待して提案されている。

現行の非営利組織の制度は，各省庁が独立してそれぞれの法人形態における仕組みにおいて法人が活動をして行政庁が監督をしており，法人形態別の比較，連携は，制度上，予定されていない状況である。そのため，モデル会計基準の必要性については，いまだ，普及の段階であり，慣習として定められるには至っていないと思われるが，今後の非営利組織が果たすべき役割の中では，徐々に求められるものと考えられる。

3.5.1　財務報告の基礎概念

2019 年報告では，研究報告第 25 号をもとに非営利組織の組織特性，財務報告の目的，有用な財務情報の質的特性，財務諸表の構成要素，認識と測定といった財務報告の基礎となる概念を検討し，「非営利組織における財務報告の基礎概念」を取りまとめ，公表している。

図表 3.2　財務報告目的，情報ニーズ及び提供情報の体系的整理

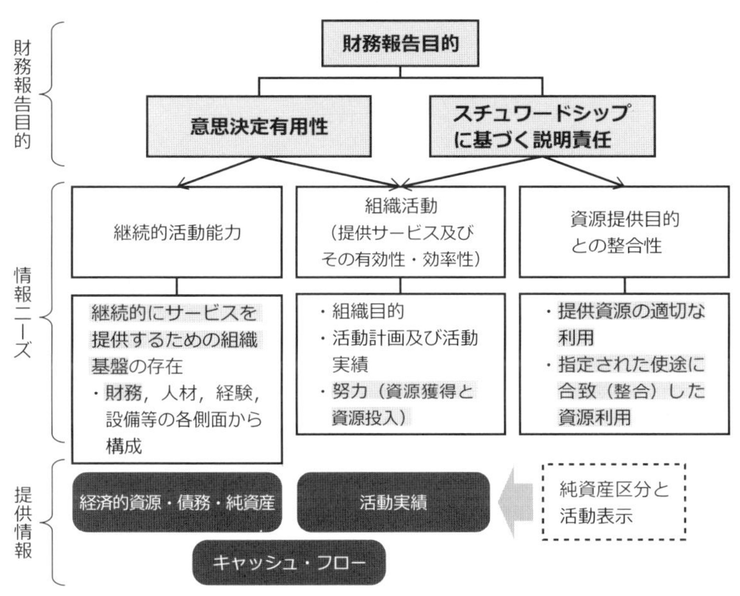

※情報ニーズのうち，財務報告に特に期待されるのは網掛け部分に対応する情報である。
（出典）　日本公認会計士協会（2019）非営利組織会計検討会報告「非営利組織における財務報告の検討～財務報告の基礎概念・モデル会計基準の提案～」附属資料 1 非営利組織における財務報告の基礎概念，p.6

財務報告の基礎概念は，会計基準を開発する際の基本的な指針となり，それによって一貫した考え方に基づき会計基準を開発し，明確な体系のもとに，財務報告の目的を達成することが可能となる。また，財務報告の基礎概念が文書化され，一般に共有されることによって，財務諸表の作成者や情報利用者が会計の前提となる考え方を理解することができるようになるため，会計基準の解釈や作成された財務諸表の理解にも資することとなる。

図表 3.2 では，**財務報告目的**，**情報ニーズ**及び**提供情報**の体系を整理している。

(1) 財務報告の目的

財務報告は，資源提供者及び債権者に代表されるステークホルダーの意思決定に有用な情報を提供することと併せて，非営利組織に提供された資源を

どのように利用したかについての説明責任を果たすことも目的にしている。

多くの非営利組織は，税制優遇の措置を受けており，間接的に国民や地域社会からも資源を付託されていると捉えられるため，広義の資源提供者まで考えると非営利組織の報告は，付託された資源が制度目的に沿って効率的かつ効果的に利用されていることを広く説明すること，すなわち，**スチュワードシップ**（財産を管理することを任された者の責務）に基づく説明責任を果たすための手段として位置付けられるものとされている。

(2) 想定したステークホルダーの情報ニーズ

資源提供者は，組織の目的に沿って，公益または共益的な活動を実施し，社会的サービス提供や，課題の解決に向けた成果を期待し，債権者は，非営利組織の与信情報，回収可能性の判断のための情報として，継続的な活動能力に関心を示すものと考えている。また，スチュワードシップに基づく説明責任を考えた場合，**提供した資源が提供者の意図に従って利用されているかに関心がある**と考えられている。

このような状況から，**財務報告に期待される情報ニーズは，継続的活動能力，組織活動，資源提供目的との整合性の３点から構成される**ものとしている。**図表 3.2** は，財務報告の目的を明示し，目的を達成するために必要となる情報，その情報を示す書類を体系的に示したものとされている。

3.5.2 企業会計との関係

2019 年報告書によると，民間非営利組織において非営利組織の財務報告目的を達成するための一貫した枠組みを実質的にも形式的にも構築すること，そして，基準の範囲を明確にすることによって非営利組織による会計基準の一貫した適用を担保する観点から，財務報告の基礎概念及びモデル会計基準に関する文書が，それ単独で成立するよう，企業会計の枠組みとは独立して構築されている。一方で個別論点の検討にあたっては，非営利組織の財務報告目的及び組織特性の反映を基軸としつつ，企業会計との整合性を考慮したものとなっている。

(1) モデル会計基準の構成

モデル会計基準は，財務報告の基礎概念を受けて，非営利組織において財務諸表を作成するためのルールを定めたものである。非営利組織の各現行制度，その下に運用されている各会計基準，実務上の取扱いを踏まえて整理をしたものであり，それぞれの事情が考慮され，ルール化されたものと理解することができる。

「Ⅰ 総論」において前提が示され，「Ⅱ 財務諸表の体系」において財務諸表全体の構成を示すことで，どのようなものを取り扱っているかが体系的に明確化されている。

また「Ⅲ 認識及び測定並びに関連する開示」では，財務諸表の構成要素に従い，資産，負債，純資産，収益，費用の順番で個別項目ごとに認識及び測定の方法を示し，補足のための情報として，必要な項目について注記事項がつけられている。さらに「Ⅳ 注記及び様式」では，財務諸表の注記事項と様式のひな型が提案されている。

(2) 財務諸表の体系

貸借対照表日におけるすべての資産，負債，純資産の状態を表す貸借対照表，一会計期間に属するすべての収益，費用及びその他の純資産増減を表す活動計算書，資金フローを表すキャッシュ・フロー計算書の三表によって，財務諸表は構成されることとされている。

①　貸借対照表の表示区分　ここでの特徴は，純資産の表示についてである。非営利組織において，組織基盤として継続して保持することが求められる純資産を明らかにすべきとの認識に基づき，基盤純資産という純資産区分を設けることとされている。また，使途拘束純資産が，資源提供者との合意又は組織の機関決定等により特定の資源が使途の拘束を受ける場合に計上される。非拘束純資産は，それ以外のものである。

②　活動計算書の表示区分　ここでの特徴は，**活動別の表示**を採用したことである。「経常的な活動により発生する収益，費用を表示する経常活動区分」，「その他の活動により発生する収益，費用を表示するその他の活動区分」，「これらの活動以外で純資産の変動が発生する純資産区分間の振替」の3区分で表示される。

加えて拘束区分別の表示がある。**拘束区分別に資源流入が表示される**ため，流入資源について使途制約の状況が把握できる。

(3) 認識及び測定並びに関連する開示

非営利組織の特徴として，「固定資産の減損」，「収益」がある。特に減損については，**保有する資産の特性や運営の特徴を考慮**して，保有する資産の性質に応じた最適な測定基礎を検討した結果，**資金生成資産と非資金生成資産に分けて，減損会計を適用**している。ここで資金生成資産とは，当該資産または資産グループの使用と直接結び付いて生み出される将来キャッシュ・フローにより，投資の回収を予定する資産または資産グループとされている。非資金生成資産とは，資金生成以外の資産または資産グループとされている。

加えて，減損損失を認識するかどうかの判定をすべての資産または資産グループについて実施することは実務上過大な負担となるおそれがあることから，減損の兆候のある場合のみ，減損損失を認識する判定を行うことなど，非営利組織に特有の会計処理が提案されている。

(4) 注記及び様式

モデル会計基準の貸借対照表と活動計算書について紹介する。

①　**貸借対照表の様式**　　流動固定分類により，資産の部，負債の部を並べ，純資産の部については，**拘束区分による３区分と評価・換算により発生する差額を区分**して表示している。

②　**活動計算書の様式**　　非拘束純資産，使途拘束純資産の増減を示す収益及び費用を各区分で表示し，収益及び費用の種類は，活動区分に分けて表示している。また，非営利組織の特徴的な活動である**無償または低廉な価格での人的サービスの提供等の情報を脚注記載**している。

貸　借　対　照　表

年　　月　　日現在

（単位：円）

資　産　の　部			負　債　の　部		
科　　目	当期	前期	科　　目	当期	前期
Ⅰ　流　動　資　産			Ⅰ　流　動　負　債		
現金及び預金			支払手形		
未収金			未払金		
貸倒引当金			前受金		
有価証券			預り金		
たな卸資産			短期借入金		
前払費用			未払費用		
Ⅱ　固　定　資　産			未払法人税等		
1．有形固定資産			前受収益		
建物			○○引当金		
構築物			Ⅱ　固　定　負　債		
車両運搬具			法人債		
土地			長期借入金		
建設仮勘定			繰延税金負債		
その他			○○引当金		
2．無形固定資産			負　債　合　計		
借地権			純　資　産　の　部		
ソフトウエア			科　　目	当期	前期
その他			Ⅰ　基盤純資産		
3．その他の固定資産			Ⅱ　使途拘束純資産		
投資有価証券			Ⅲ　非拘束純資産		
長期貸付金			Ⅳ　評価・換算差額等		
貸倒引当金			1．その他有価証券評価差額金		
繰延税金資産			2．繰延ヘッジ収益費用差額		
			純　資　産　合　計		
資　産　合　計			負債・純資産合計		

（出典）　日本公認会計士協会（2019）非営利組織会計検討会報告「非営利組織における財務報告の検討～財務報告の基礎概念・モデル会計基準の提案～」附属資料2 非営利組織モデル会計基準，p.44

活　動　計　算　書

年　月　日から　年　月　日まで

（単位：円）

	当期			前期
	非拘束	使途拘束	合計	合計
Ⅰ　経常活動区分				
経常収益				
受取寄附金				
受取助成金				
●●事業収益				
○○運用収益				
経常収益計				
経常費用				
○○事業費				
●●事業費				
管理費				
経常費用計				
経常収益費用差額				
Ⅱ　その他活動区分				
その他収益				
・・・				
その他収益計				
その他費用				
・・・				
その他費用計				
その他収益費用差額				
税引前収益費用差額				
法人税，住民税及び事業税				
法人税等調整額				
税引後収益費用差額				
Ⅲ　純資産間の振替区分				
振替				
基盤純資産との振替				
基盤純資産以外の純資産間の振替				
純資産変動額				
期首純資産額				
期末純資産額				

（注）無償または低廉な価格でのサービス提供がある場合には，内容，規模及び算定方法についての情報を付記する。

（出典）日本公認会計士協会（2019）非営利組織会計検討会報告「非営利組織における財務報告の検討～財務報告の基礎概念・モデル会計基準の提案～」附属資料2 非営利組織モデル会計基準，p.45–46

3.6　個別の非営利組織への普及状況

我が国では，先に記したように複数の法人形態が存在し，各法人形態には組織を監督する行政庁がある。そのため，非営利組織における財務報告の基礎概念やモデル会計基準の組織への普及は，各行政庁において，その必要性を認めたうえで，参考として，まず行政庁が，設定している会計基準に，その要素を取り入れ，会計基準等に表したうえで所管の法人に進めていくことが必要になる。

(1) 公益法人行政への普及状況

内閣府公益認定等委員会のもとに設置された「公益法人の会計に関する研究会」(以下「内閣府研究会」という）において公益法人会計基準が検討され，それをまとめたものとして，令和元年度報告書が2020年（令和2年）に公表されている。そこにはモデル会計基準を参考に結論を得た項目が記載されている。

①「継続組織の前提」について　公益法人会計基準における「継続事業の前提」という用語は，旧制度下（2006年（平成18年）以前設立）の公益法人から一般法人に移行した法人について用いられる概念にある「継続事業」と重なるなど，法人の個々の事業を意味するように誤解される懸念があることから，報告書ではモデル会計基準も参照し，「**継続組織の前提**」に呼称が変更されている。

また，公益法人会計基準には，「継続事業の前提に関する注記」が財務諸表の注記事項として規定されていたが，そもそも公益法人会計基準が継続事業を前提としたものである旨の明文の規定はなかった。国際的には，公的な部門における会計基準について定めたものであり，国際公会計基準（International Public Sector Accounting Standards：IPSAS）において，“going concern”が規定されている。

報告書では，非営利組織の分野で参照されることが多い公益法人会計基準に，他の非営利組織に先駆けて，従来から記載はなくても会計基準の適用の前提として考えられている「継続組織の前提」に関する明文の規定が追加された。

② 「正味財産増減計算書」から「活動計算書」への名称変更 正味財産増減計算書」の名称は，正味財産（純資産）の増減を示す書類であることを想起させるものであり，本来の役割を表すものになっていないと考えられ，法人の活動状況を収益・費用面から示すという，計算書の本来の役割が明確になるような名称への変更が検討された。その際，社会福祉法人，特定非営利活動法人等の非営利組織の収益・費用を示す計算書には「事業活動計算書」や「活動計算書」の名称が用いられていること，また，「モデル会計基準」でも「活動計算書」の名称が用いられていることを参考に，「活動計算書」へ名称を変更することが示されている。

(2) 社会福祉法人行政への普及状況

2020年（令和２年）に社会福祉法人会計基準が改正され，合併及び事業の譲渡又は譲受けが行われた場合の受入資産の評価方法及び記載すべき注記内容が新たに定められた。本改正は，日本公認会計士協会の非営利組織会計検討会による報告「非営利組織の財務報告の在り方に関する論点整理」に示された結合の考え方を参考に改正がなされている。

3.7 今後の課題

非営利組織は，法人形態ごとに目的が異なり，制度設計にも違いがある。そのため，会計基準もそれぞれ設定されている。行政の監督に必要な報告書を作成するための会計基準となっている。それが現在の非営利組織の置かれている環境であり，会計基準が複数存在する理由である。

このような環境の中で，社会的な課題解決に対応するためには，法人形態を越えた共通の財務報告の在り方，会計基準について検討し，法人間の比較可能性を高め，より，わかりやすい財務情報を提供することが求められてきている。そのため，法人形態別の制度は維持しながら，最大の効果があげられるよう，情報開示の側面においては，共通の会計基準のもとに，比較可能な情報を一般の利用者向けに提供していくことが望ましいと思われる。

非営利組織の共通の会計基準について，企業会計のフレームワークから独立したものとして，非営利組織の特徴を踏まえて財務報告の基礎概念からそれに基づくモデル会計基準の策定，提案について紹介した。国際的な会計基準と比較しても，英，米については，企業会計のフレームワークを基礎に非営利組織の分野の会計基準を作成しているが，我が国において提案されているフレームワークは，企業会計とは別に作成したものが提案されている点が異なる。このように国際的にも非営利組織の活動を十分に踏まえた基準となっているが，設定主体の問題等，現状の非営利組織の制度もまた，我が国独特の仕組みを備えており，非営利組織に共通の会計基準が普及するには，中長期の時間が必要と考えられる。

●練習問題●

□1　非営利組織の現行制度における財務諸表の作成目的と今後の方向性を考えた場合，望ましい方向性について説明しなさい。

□2　貸借対照表の純資産の部は，非営利組織の特徴を示しているが，純資産の部の中の3つの区分の名称と意味を説明しなさい。

□3　非営利組織の会計処理の特徴の一つに収益認識がある。非営利組織モデル会計基準で提案されている収益認識の3つの要件をあげなさい。

第 4 講
国の会計

4.1　国の経済活動と財政統制の概要

4.1.1　財　政

国は経済の様々な分野で多くの活動をしている。それは，一般的な行政事務や，国防，外交，治安維持などのほか，社会資本の整備，自然環境の保全，教育，社会保障などの活動が含まれる。国はこれらの活動に必要な財源を，租税，社会保険料，様々な料金，さらには国債などの手段によって民間部門から調達している。

このような国の経済活動は**財政**と呼ばれる。**国は国民の福祉の向上を図るなどの政策目的を達成する**ために，**租税を根源的な財源**として**市場性のないサービスを提供**している。

4.1.2　民主的な財政統制

日本国憲法は**財政民主主義**を基本原則の一つとして採用している。国の経済活動が国民の経済活動と密接な関係を持ち，国民の負担に直接関わるため，これを**国民の監視のもとにおくこと**は，民主的な財政制度にとって不可欠な要素となる。公会計は財政民主主義を実現するため，次のような会計情報を提供することが求められている。

(1) 予　算

国の財政活動は，一会計年度における国の収入支出の見積りである**予算**に基づき行われる。日本国憲法は，内閣は毎会計年度の予算を作成し，国会に提出して，その審議を経なければならないと定めている（憲法86）。また，国会は国の財政活動に充てる財源を調達したり，調達した財源を管理し，使用したりするために，財政に関する法律を制定し，予算執行と財産管理を行うにあたり準拠すべき会計処理の原則・手続きを定めている。

(2) 決　算

国の経済活動の結果は，**一会計年度における国の収入支出の実績**を整理した**決算**に表示される。日本国憲法は，国の収入支出の決算は毎年会計検査院がこれを検査し，内閣は次の年度に，その検査報告とともに，これを国会に提出すると定めている（憲法90①）。

決算を国会に提出するのは，単に報告するということではなく，財政民主主義の当然の帰結として，**国会が事前審査した予算に基づき現実に行われた国の財政活動について事後審査**を行うためである。

(3) 説明責任の履行

内閣は国の財政を処理する権限を有する一方で，その行使について国会に対して連帯して責任を負っている。**内閣は国会に対し国の財政に係る自己の行為を説明し，それを正当化する義務**が課せられている。日本国憲法は，内閣は国会及び国民に対し定期的に，少なくとも毎年1回，国の財政状況について報告を行うと定めている（憲法91）。また，国会が予算審議，決算審議等において的確な意思決定を行うためには，予算及び決算以外に，国の財政状況に関する十分な情報が必要になる。内閣が国会に対し**説明責任**を履行することは，**財政統制が有効に機能する**うえで不可欠な要素となっている。

4.1.3　会計制度と財務報告

(1) 会計制度

日本国憲法は，財政民主主義の原則を支出面から具体化するため，国費を支出し，または国が債務を負担するには，**国会の議決**に基づくことを必要とすると定めている（憲法85）。

財政法によると，収入とは，国の各般の需要を満たすための支払の財源となるべき現金の収納，支出とは，国の各般の需要を満たすための現金の支払とされている（財政法２①）。国会の議決は予算の形式でなされるため，予算の執行実績を整理した決算の作成は，**現金主義会計**で行われることになる。

会計法は，歳入徴収官，支出負担行為担当官等の会計機関は，政令の定めるところにより，帳簿を備え，かつ報告書を作成すると定めている（会計法47①）。予算の執行に係る帳簿の様式及び記入の方法は，**単式簿記**となっている。

このように公会計は，単式簿記による現金主義会計を採用しているため，決算の構成要素は，**現金の収入，支出及びその残高**となる。現金以外の資産及び負債については，会計記録の対象から除外され，別々の法体系で管理されている。

（2）財務報告

予算執行に関する財務報告として，「**歳入歳出決算**（財政法38①）」が作成されている。

財産管理に関する財務報告として，「**国の債権の現在額総報告**」，「**物品増減及び現在額総報告**」，「**国有財産増減及び現在額総報告**」，「**国の債務に関する計算書**」などがある。これらの計算書は，それぞれ別の法令で規定されており，統一された会計基準に基づいて作成されているわけではない。

4.2　国の財務書類と会計基準の概要

4.2.1　会計区分

国は，その役割として外交，国防，警察などのほか，社会資本の整備，教育，社会保障の充実など，様々な行政活動を行っており，そのための財源として税金や手数料・負担金を集めている。国の会計は，これら税金などの収入，つまり**歳入**と，その使途である**歳出**とがどうなっているかを明らかにするものである。こうした国の会計は，毎会計年度における**国の施策を網羅し**

て通覧できるよう，単一の会計，つまり，「**一般会計**」で一体として整理することが，**経理の明確化，財政の健全性を確保する**見地からは望ましいものとされている。

他方，現在のように，国の行政の活動が広範かつ複雑化してくると，受益と負担の関係が不明確になるなど，単一の会計ではかえって国の各個の事業の成績計算，資金の運営実績等について適切な計算，整理ができない結果ともなりかねない。このような場合には，一般会計とは別に会計を設け（特別会計），特定の歳入と特定の歳出を一般会計と区分して経理することにより，特定の事業や資金運用の状況を明確化することが望ましい。以上の趣旨から，我が国の会計は，財政法の規定において，一般会計の他に，**特定の歳入・特定の歳出をもって一般会計とは経理を別にする特別会計**を設置することとしている（財政法13①）。

しかし他方で，特別会計が多数設置されることは，予算全体の仕組みを複雑でわかりにくくし，財政の一覧性が阻害されるのではないか，その数が多数に上り国民による監視が不十分となって無駄な支出が行われやすいのではないかといった問題点が指摘されてきた。そこで，制度の根本に立ち返った特別会計の見直しが検討されて，2006年（平成18年）6月「行政改革推進法」が制定された。特別会計改革の基本的な方向性としては，次の3点があげられている。

① 特別会計の統廃合：2022年（令和4年度）には13となった。
② 財政健全化への貢献：2008年（平成18年度）から2012年（平成22年度）までの5年間において，合計29.8兆円程度を一般会計等に繰り入れた。
③ 国の財政状況の透明化：一覧性・純計ベースで示した所管別・主要経費別区分の書類を予算に添付する措置を講じた。

2021年（令和3年度）決算では，一般会計及び特別会計の財政規模は，純計で，歳入322.7兆円，歳出285.3兆円となっている（図表4.1参照）。

図表 4.1　国の財政規模

（単位：兆円）

事　項	歳入決済額	歳出決済額	収支差額
一般会計総額	169.4	144.6	24.8
特別会計総額	455.6	441.1	14.5
合計	625.0	585.7	39.2
うち重複額	159.5	157.5	1.9
差引額	465.5	428.2	37.3
うち控除額 （注1）	142.9	142.9	0.0
再差引純計額	322.7	285.3	37.3

（注1）　控除額（歳入：国債整理基金特別会計における借換えのための公債金収入額。歳出：国債整理基金特別会計における借換償還額。）
（出典）　財務省（2023）「令和3年度 国の財務書類」（一般会計・特別会計）より筆者作成

4.2.2　国の財務書類の作成目的

国の会計は，財政運営の必要性から一般会計と特別会計との区分経理を前提として，現金収支に基づく歳入歳出予算・決算に重点がおかれている。このような制度上の公会計情報が，民間の企業会計との対比において，

- ストックとしての**国の資産・負債に関する情報が不十分**であり，国の保有資産の状況や将来にわたる国民負担などの国の財政状況がわかりにくい。
- 予算執行の状況がわかるのみで，当該年度に費用認識すべき**行政コスト，事業毎のコストや便益が把握できない**ため，予算の効率的な執行を図る助けにはならない。

などの指摘から，企業会計の手法を適用した会計情報が作成・公表されてきた。財務省では，2000年（平成12年）に「国の貸借対照表（試案）」（1998年度（平成10年度）分），2004年（平成16年）に「省庁別財務書類」（2002年度（平成14年度）分）が作成・公表されて，2005年（平成17年）に，一般会計・特別会計を合算した「国の財務書類」（2003年度（平成15年度）分）が作成・公表されている。

財務省財政制度等審議会において，財務書類の作成・公表と並行して，公会計の活用について議論が継続されており，「公会計に関する基本的な考え

方」(2003年(平成15年)),「公会計整備の一層の推進に向けて〜中間取りまとめ〜」(2006年(平成18年)),「財務書類等の一層の活用に向けて(報告書)」(2015年(平成27年))が公表されている。これらの報告書における論点を振り返りつつ,「国の財務書類」の目的についてみていく。

(1)「公会計に関する基本的考え方」(2003年(平成15年)6月30日)

ここでは,「公会計の扱う財務情報は,議会の議決対象となる予算及びそれに対応して議会に報告される決算と,財務報告としての財務書類等に大きく分けることができる」としている。予算及び決算については,「議会による民主的統制」を直接の目的とし,財務報告としての財務書類等は,「情報開示と説明責任の履行」及び「財政活動の効率化・適正化」の機能を果たすとしているが,「財務報告として作成される財務情報を,単に情報開示と説明責任の履行にとどめることなく,予算の効率化・適正化にいかに活用し,聖域なき歳出改革につなげていくかが重要であることを指摘したい」としている。

すなわち,国の会計及び財務書類の目的は,下記の3点をあげている。

① **議会による財政活動の民主的統制**

② **財政状況等に関する情報開示と説明責任の履行**

③ **財政活動効率化・適正化のための財務情報**

①の議会による**財政活動の民主的統制**は,「**予算を通じて事前の資金配分を明確**にし,これを**国会の議決による統制の下**に置くこと,また,予算に基づく適正な執行を管理するとともに,その結果を**決算として事後的に整理し国会へ報告**すること」であり,公会計に不可欠なものである。

②の財政状況等に関する情報開示と説明責任の履行については,「行政府による説明責任の履行は,**統制の裏返しとして資源管理の改善を促す**側面がある点が重要である」また,「情報の開示に当たっては,国の財政状況について,議会に対する報告義務を果たすとともに,**広く国民に対する情報開示と説明責任**を果たすことが必要である」としている。

③の財政活動効率化・適正化のための財務情報については,「費用や便益に関する**客観的な情報を活用して歳出の合理化**を進めるとともに,**予算編成のプロセス**において,**事業の将来コストや予算の執行実績の状況**を的確に把

握し，それを予算の編成にフィードバックすることが重要となっている」としている。他方，「公共部門の活動は，必ずしも定量的な評価になじむ訳ではなく，また，財務情報をどのように評価するかという問題もあるため，より**実効性のある事後評価手法**の確立を含め，十分な検討が必要となる」としている。

(2)「公会計整備の一層の推進に向けて～中間取りまとめ～」(2006年(平成18年) 6月14日)

2005年（平成17年）に「国の財務書類」(2003年度（平成15年度）分）が公表されたことに伴い，ここでは具体的な分析や活用方法の検討がなされている。

①　**国民負担の意味**　　納税者の観点からみた場合における将来の国民負担については，基本的に**将来世代が税負担により償還することとなる普通国債残高**（2003年度（平成15年度）末で457兆円程度）が一つの目安となる。**資産・負債の差額**の数字そのものをもって将来の国民負担の水準と考えることは適当ではないとしている。

②　**負担と受益のバランス，世代間負担の衡平性の指標**　　業務費用合計が税収等の財源を上回っている状況は，当該年度において，**国民に国の行政サービスによる受益とそれに対する負担のバランスがとれていない**という見方ができ，業務費用に対する財源の不足分だけ将来への負担の先送りが生じていることを示している。

③　**財政法上の均衡の概念**　　財政法が想定している財政均衡は，同年度の**税収等によって利払費だけでなく債務償還費も賄っている状態**（現金ベース）である。

④　**資産・負債差額の意味**　　資産・負債差額の金額そのものは，将来の国民負担の水準を表しているものとはいえないが，その**経年変化を踏まえた分析**を行うことにより，国の財政状況がどのように**好転しているのか悪化しているのか**をみることができる。

⑤　**政策コスト分析の必要性**　　予算の執行責任を負っている省庁ごとや政策単位レベルでの財政活動の効率化・適正化を図っていくためには，予算書・決算書の表示区分を見直して**政策評価との連携を強化**して，一層の活用

を図っていくべきとしている。

なお，政策コスト分析はその対象範囲が広すぎることもあり，予算の効率化には寄与することができず，2015 年（平成 27 年）に廃止になっている。その代わり，**事業別フルコスト情報**の作成がなされている。

⑥　国民経済計算（SNA）と財務書類の関係　「国の財務書類」と「国民経済計算（System of National Accounts：SNA）」の関係では，例えば，公的年金債務や退職給付引当金といったものが前者では負債と認識されるのに対して，後者では負債とは認識されないなどといった相違がみられる。両者の性格の違いに留意しつつ，資産・負債の計上方法等について必要な調整が検討されるべきとしている。

国民経済計算は，基本的に，ある期間内に**企業や個人の経済活動の結果として新しく生産された財貨・サービスの付加価値を計測するもの**である。政府会計を財政活動の効率化・適正化の手法として活用しようとする場合には，国民が税という形で国のサービス提供に要する費用を負担しており，一時的には財政赤字を計上できるとしても，**世代間を通じてはその費用と負担（国の収入）をバランスさせなければならない**という意味において，国の会計を企業会計の考え方を活用して分析することが有用であるとしている。

(3)「財務書類等の一層の活用に向けて（報告書）」(2015 年（平成 27 年）4 月 30 日)

「国の財務書類」が作成・公表されてから，10 年が経過しており，この報告書では，実務的に役立つ活用方法として，3 つの分野での活用方法を提言している。

①　財務書類を用いた情報開示による活用　**発生主義会計**ならではの情報により，**将来における財政リスク**に対する認識を向上させることができないか。米国では，現行政策が継続した場合における収入及び支出の推移の予測や，債務残高の伸びの予測を公表するなど，**財政の持続可能性に関する説明**を行っている。

②　財務情報を財政の健全化に役立てることによる活用　財務状況に係る説明として，業務費用を財源で賄えない部分を「**超過費用**」としたうえで，サービス提供のコストを税金等の財源で賄えているかという観点から，**世代**

間負担の衡平性の評価に関する指標として活用できないか。

資産・負債差額は，その評価が難しいが，負債のみならず資産も勘案し，財政状況を把握すべきとの意見も相当程度あり，財政健全化を進めるにあたって**国民の理解を深める**うえでの情報として有用であるとしている。

③　行政活動の効率化・適正化のための活用　「政策別コスト情報」は予算のPDCAサイクルに活用されていないという実態に対して，会計記録の精緻化・細分化による**個別事業のフルコスト情報**の把握が可能となれば，**フルコストと定量化されたアウトプット・アウトカムとの比較・分析が可能となり，行政評価に資する**のではないか。

財務省では，「『国の財務書類』のポイント」という概要版や，「『国の財務書類』ガイドブック」という詳細な解説書を公表している。「ポイント」では，財務状況の説明と経年推移に加えて，資産・負債差額の増減要因，歳入歳出決算と財務書類の関係，資産の見方，社会保障財源と給付，公的年金についてなど議会・国民にわかりやすい説明に努めている。また，事業別フルコスト情報の作成・公表とともに，財務省において予算編成への活用を検証しているところである。

発生主義会計による資産・負債・純資産の情報が，政府全体の財政状況を包括的に理解することに役立つことや，世代間負担の衡平性の指標として役立つことが提言されている。

4.3　国の財務書類の会計基準の特徴と読み方

4.3.1　国の財務書類の会計基準の特徴

国の財務書類の会計基準としては，「省庁別財務書類作成基準」（財務省）が基本になっている。省庁別財務書類は，一般会計財務書類と特別会計財務書類から構成されており，省庁別財務書類をまとめたものが，国の財務書類（一般会計・特別会計）になっている。

省庁別財務書類の主な特徴は図表4.2のとおりである。

図表 4.2　省庁別財務書類の主な特徴

財務書類	主な特徴
貸借対照表	純資産部分は「資産・負債差額」の 1 科目で表示。
業務費用計算書	収益と費用の対比ではなく，費用の内訳を表示。
資産・負債差額増減計算書	前年度末と当年度末の資産・負債差額の増減内訳を示す。業務費用，財源，無償所管換等，資産評価差額，その他資産負債差額の情報を区分表示。
区分別収支計算書	業務収支，財務収支の 2 区分（ただし，業務収支をさらに業務支出と施設整備支出に 2 区分しているので，実質的には独自 3 区分である）。

（出典）日本公認会計士協会（2022）公認会計委員会研究報告第 28 号「国の財務書類の課題～国際公会計基準（IPSAS）との比較～」p.11

4.3.2　国の財務書類の特徴と今後の課題

日本会計士協会（2022）「国の財務書類の課題～国際公会計基準（IPSAS）との比較～」を参考にして，会計基準の特徴と今後の課題を整理したい。

(1)　財務書類の公表時期

国の財務書類は，貸借対照表日（3 月 31 日）から概ね 1 年が経過してから公表されている。決算日から 1 年を経過した財務情報は，適時性に乏しく，政策意思決定への利用局面が限られるという課題がある。貸借対照表日後 6 カ月以内の公表を目指すべきとしている。

(2)　出納整理期間

会計法において，「一会計年度に属する歳入歳出の出納に関する事務は，政令の定めるところにより，翌年度七月三十一日までに完結しなければならない」とされており（会計法 1 ①），決算において，収入及び支出について出納整理に関する規定が定められている（予算決算及び会計令第 3 条から第 7 条まで）。省庁別財務書類作成基準では，「出納整理期間中の現金の受払い等を終了した後の計数をもって会計年度末の計数とする（省庁別財務書類作成基準第 1 章 4 作成基準日）」とされている。したがって，3 月末時点での現金預金の実際残高と異なる金額が財務書類に表示されていることに留意が必要である。

(3) 国有財産の情報の精度

国有財産のうち，公用財産（庁舎等）は，貸借対照表上，国有財産台帳価格で貸借対照表に計上している。また，**公共用財産**（国道，河川及び港湾等の**インフラ資産**）は，**過去の事業費や取得費**を基に推計して貸借対照表価額としている。

公用財産について，**国有財産台帳の情報**のみでは，支出額と資産の取得額との整合性が確認できない。また，公共用財産（道路等）の台帳は地図情報等を記載した台帳であり，**取得価額情報が搭載されていない**ため，財務書類の基礎情報としては利用されていない。代替手段として，過去の事業費等を積み上げる方法により取得価額を推計している。

公用財産及び公共用財産の取得等についても，複式簿記を使用して個々の取引事実に基づき仕訳を作成する方法を採用すべきとしている。**個別資産の取得価額の精緻な把握により，当該資産の維持修繕等コスト算定にも資する**と期待される。また，公用財産及び公共用財産は主に税または建設公債が投下されて形成されてきたものであり，資金提供者の負託に応えるためにも，金額情報の記載された**固定資産台帳に基づき，現物管理を徹底する**ことが求められる。

(4) 財務書類の体系

省庁別財務書類の体系として，**貸借対照表，業務費用計算書，資産・負債差額増減計算書及び区分別収支計算書の4財務書類及び附属明細書**が定められている。

一般会計及び特別会計のいずれにおいても，「業務費用と財源の間に企業会計における費用と収益の対応関係と同様の関係がない」（省庁別財務書類作成基準前文3.(4)）ことから，企業会計における損益計算書（財務業績計算書）に相当する財務書類は作成されていない。しかし，国の財務書類においては，「**財務業績計算書**」として，**業務費用に要する財源と行政活動の結果たる業務費用を対応させる**ことが望ましい。昨今の単年度の税収を大きく超過する業務費用が発生している状況を踏まえれば，業務費用と財源を一表に示すことで，**超過費用（フロー計算書のボトムライン）を本表上で開示すること**は有用である。

(5) 税収等の表示

省庁別財務書類の作成基準では，業務費用は業務費用計算書に計上されており，一方，税収等は**資産・負債差額増減計算書の「財源」**に計上されている。そのため，業務費用計算書に示された**行政コスト（国民にとっての受益）が，財源（国民にとっての負担）によりどの程度賄われたのか**，一覧性に欠ける。財務業績計算書を一本化することで，行政コスト（国民にとっての「受益」）と財源（国民にとっての「負担」）の対応関係（**期間衡平性**）が明らかになる。また，業務費用を財源で賄えない部分は**特例公債純発行額**（発行額－償還額）**に概ね対応する**ことから，会計情報が財政規律の指標として寄与するといえる。

4.3.3　国の財務書類の読み方のポイント

(1) 財政の状況

国の財務書類を読むにあたり，その前段階として，国の財政状況を説明する。

①　**一般会計における歳出・歳入の状況**　我が国財政は，**歳出が税収を上回る状況**が続いている。**その差は借金（国債）によって賄われている**。2022年度（令和4年度）の一般会計歳出は139.4兆円に対して，一般会計税収等は69.4兆円となっており，その差額は70兆円にもなっている。毎年収支不足は拡大しており，大きく開いたワニの口と例えられたりしている（図表4.3参照）。

②　**債務残高の国際比較**　我が国の**債務残高の対GDP比**は，2022年（令和4年）に260%に達している。米国122%，英国103%，ドイツ67%となっており，我が国は，**G7諸国のみならず，その他の諸外国と比べても突出した水準**となっている（図表4.4参照）。

③　**財政健全化の必要性**　我が国では，**社会保障関係費の増大に見合う税収を確保できておらず，給付と負担のバランスが不均衡**の状態に陥っており，**制度の持続可能性**を確保できていない状態である。公債に依存する緩い財政規律のもとでは，財政支出の中身が中長期的な経済成長や将来世代の受益に資するかのチェックが甘くなりやすく，また，**国債や通貨への信認の低**

図表 4.3　一般会計における歳出・歳入の状況

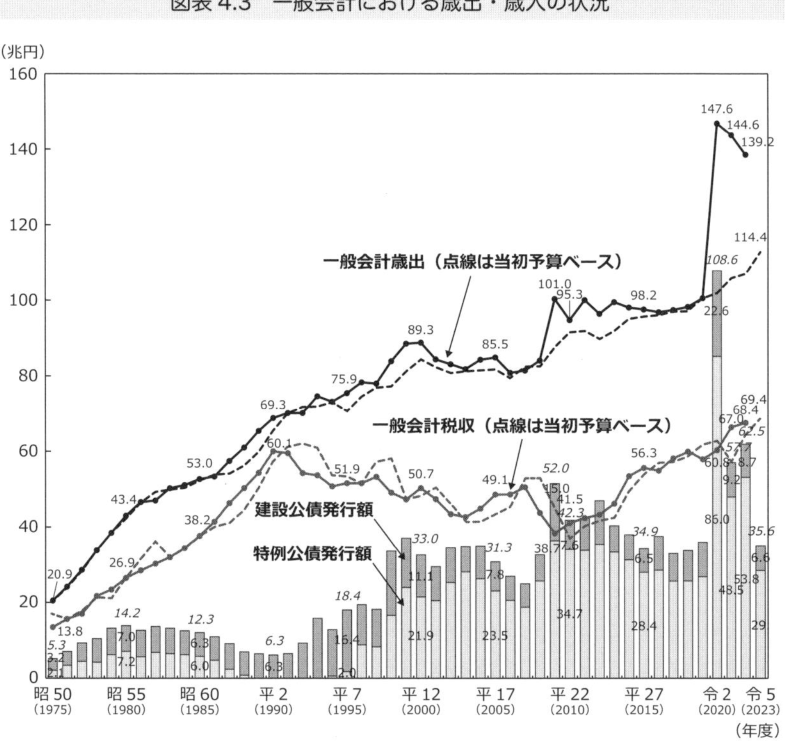

（出典）財務省（2023b）「日本の財政関連資料」p.3

下などのリスクが**増大**している。

(2) 社会保障分野の課題

我が国の財政赤字は，**少子高齢化を背景とする社会保障関係費の増大**という構造的なものが原因である。社会保障制度の基本は，**保険料による支えあい**ではあるが，一部は**公費（税金）を充てる**こととしている。しかし，実際には，必要な公費負担を税金で賄いきれておらず，借金に頼っており，**子どもや孫の世代に負担を先送り**している状況である。

1990 年（平成２年）と 2020 年（令和２年）を比較すると，社会保障の給付費は 47.4 兆円から 132.2 兆円と 84.8 兆円増加している。これに伴い，国が負担する公費が，16.2 兆円から 59.0 兆円への 42.8 兆円増加したが，財源で

図表 4.4　債務残高の国際比較（対 GDP）

<全世界における順位（172ヵ国・地域中）>

1	マカオ	0.0%
2	香港	1.9%
⋮		
108	ドイツ	68.6%
⋮		
113	中国	71.8%
⋮		
154	英国	108.1%
⋮		
158	フランス	112.6%
159	カナダ	115.1%
⋮		
164	米国	126.4%
⋮		
169	イタリア	149.8%
170	スーダン	187.9%
171	ギリシャ	200.7%
172	**日本**	**255.4%**

※ 数値は 2021 年（令和 3 年）の値。

<主要先進国の推移>

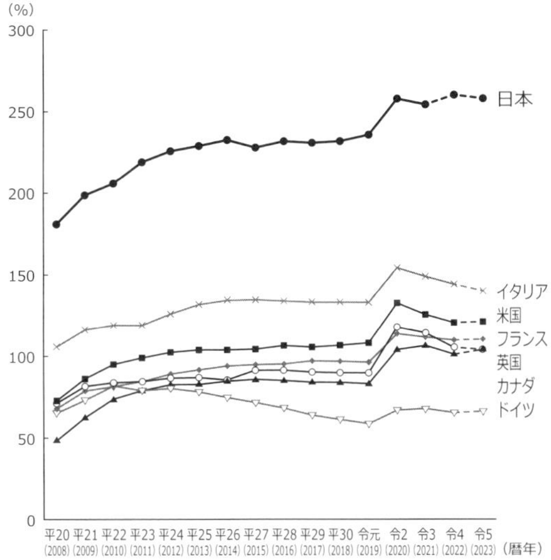

（出典） 財務省（2023b）「日本の財政関連資料」p.15

ある国の税収は 58.0 兆円から 69.4 兆円へと 11.4 兆円の増加に留まったため，特例国債（赤字国債）29.1 兆円を発行して収支を均衡させている（図表 4.5 参照）。

社会保障支出と国民負担率の関係をみると，我が国は一般政府の**社会保障支出の GDP 比**は，OECD 諸国と比較すると**中程度**であるが，**国民負担率が低いため，給付と負担のバランスが不均衡**となっている。フィンランド，デンマーク，フランスのような高福祉・高負担の国々があるが，他方，米国のような自助の精神が強く低福祉・低負担の国々もある。我が国でも，国民が望む姿を共有して社会保障制度を持続可能なものにする必要がある。

(3) 国の財務書類の読み方

①　令和 3 年度「国の財務書類」（一般会計・特別会計）の概要　資産合計は 723.9 兆円，負債合計は 1411.0 兆円，資産・負債差額は △687.0 兆円（前年度比 △31.9 兆円）となっている。

図表 4.5　社会保障分野の課題

	平成２年度	令和２年度
被保険者負担	18.5 兆円（28%）	38.7 兆円（21%）
事業主負担	21.0 兆円（32%）	34.8 兆円（19%）
公費	16.2 兆円（25%）	59.0 兆円（32%）
給付費	47.4 兆円	132.2 兆円

※かっこ書きは全体の財源に占める割合

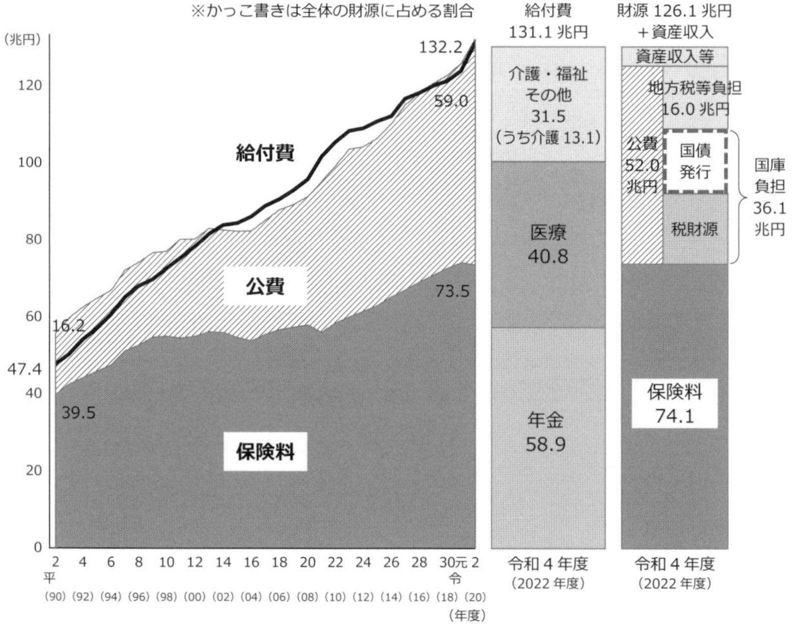

（出典）財務省（2023b）「日本の財政関連資料」p.27

業務費用は 180.1 兆円，財源は 139.3 兆円，超過費用（財源－業務費用）は△40.8 兆円となっている（図表 4.6 参照）。

②　資産負債差額と特例国債　資産負債差額の大部分は，過去における超過費用の累積であり，概念的には，将来負担の先送りである特例国債の残高に近いものになっている。超過費用以外の資産・負債の時価変動による資産評価差額，為替換算差額は，市場の外部環境の変動リスクを反映している。しかし，国民負担である公債の残高に影響するものでないことには留意が必要である（図表 4.7 参照）。

③　資産の見方　資産は 723.9 兆円計上されているが，その大半は売却

図表 4.6　国の財務書類の概要

貸借対照表

（単位：兆円）

	2年度末	3年度末	増▲減		2年度末	3年度末	増▲減
〈資産の部〉				**〈負債の部〉**			
現金・預金	69.5	45.3	▲21.2	未払金等	12.1	12.1	▲0.1
有価証券	119.7	123.5	3.8	政府短期証券	92.8	88.3	▲4.5
たな卸資産	4.1	4.2	0.1	公債	1,083.9	1,114.0	30.0
未収金等	12.7	11.6	▲1.1	借入金	32.9	33.6	0.7
前払費用	3.7	3.3	▲0.4	預託金	7.1	10.4	3.4
貸付金	120.1	123.2	3.1	責任準備金	9.5	9.3	▲0.2
運用寄託金	112.6	113.7	1.2	公的年金預り金	121.8	122.3	0.5
その他の債権等	5.2	10.7	5.5	退職給付引当金等	6.1	5.8	▲0.2
貸倒引当金	▲1.6	▲1.5	0.1	その他の負債	9.8	15.2	5.4
有形固定資産	191.3	193.4	2.1				
無形固定資産	0.4	0.4	0.0				
出資金	83.4	93.3	9.9	**負債合計**	1,376.0	1,411.0	35.0
				〈資産・負債差額の部〉			
				資産・負債差額	▲655.2	▲687.0	▲31.9
資産合計	720.8	723.9	3.2	負債及び資産・負債差額合計	720.8	723.9	3.2

業務費用計算書

（単位：兆円）

	2年度	3年度	増▲減
人件費	5.1	5.2	0.1
社会保障給付費	54.6	53.9	▲0.7
補助金・交付金等(注1)(注2)	85.3	78.5	▲6.8
持続化給付金等	7.2	1.1	▲6.1
地方交付税交付金等	19.4	22.4	3.0
減価償却費	5.1	5.4	0.3
支払利息	6.4	6.3	▲0.2
その他の業務費用	7.5	7.3	▲0.3
業務費用合計	190.7	180.1	▲10.6

資産・負債差額増減計算書

（単位：兆円）

		2年度	3年度	増▲減
前年度末資産・負債差額		▲591.8	▲655.2	▲63.4
本年度業務費用合計		190.7	180.1	▲10.6
	租税等収入	64.9	71.9	6.9
	社会保険料	55.2	56.3	1.1
	その他	11.6	11.2	▲0.4
財源合計		131.7	139.3	7.7
超過費用（財源－業務費用）		▲59.1	▲40.8	18.3
上記以外	資産評価差額	▲1.5	▲4.3	▲2.8
上記以外	為替換算差額	▲4.2	12.5	16.6
上記以外	公的年金預り金の変動に伴う増減	▲0.6	▲0.5	0.1
上記以外	その他資産・負債差額の増減	2.0	1.3	▲0.8
本年度末資産・負債差額		▲655.2	▲687.0	▲31.9

（出典）　財務省（2023a）「令和3年度『国の財務書類』のポイント」p.1

処分して他の財源に充てることができないものである。

運用資産と調達財源はほぼ連動しているものがある。外貨証券（122.7兆円）と外国為替資金証券（87.0兆円）。財政融資資金貸付金（113.5兆円）と財投債（104.7兆円）。運用寄託金（113.7兆円）と公的年金預り金（122.3兆円），などである。

図表 4.7　資産負債差額と特例国債

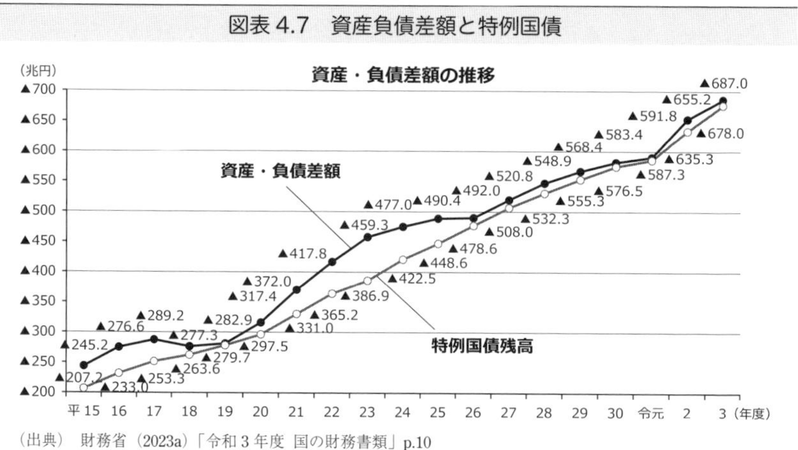

（出典）財務省（2023a）「令和３年度 国の財務書類」p.10

また，資産には売却して現金化を想定できないものがある。**有形固定資産**（193.4 兆円）は主に**インフラ資産と行政目的の資産**である。出資金（93.3 兆円）は主に**独立行政法人への出資金**であるが，その内容は現物出資した有形固定資産である（図表 4.8 参照）。

④　**公的年金**　　我が国の公的年金制度は，いま働いている世代（現役世代）が支払った保険料を仕送りのように高齢者などの年金給付に充てるという「**世代と世代の支え合い」という考え方**（これを**賦課方式**という）を基本とした財政方式で運営されている（保険料収入以外にも，積立金や税金が年金給付に充てられている）。

このような年金制度では，**積立方式の年金制度**（企業年金など）のように，既に保険料を支払った期間に対応する給付に見合った積立金を保有する必要はなく，各年の給付は各年の収入（保険料及び税）により賄われるという点で他の社会保障給付などと変わらないものである。

このため，財源となる将来の保険料収入や税収入を会計上の資産として認識しないことと併せて，公的年金給付も**会計上の負債として認識しないこと**としている。

ただし，過去に払い込まれた保険料等の一部が積み立てられた積立金など，将来の年金給付の財源に充てるために保有していることが明確な資産に対し

図表 4.8　資産の見方

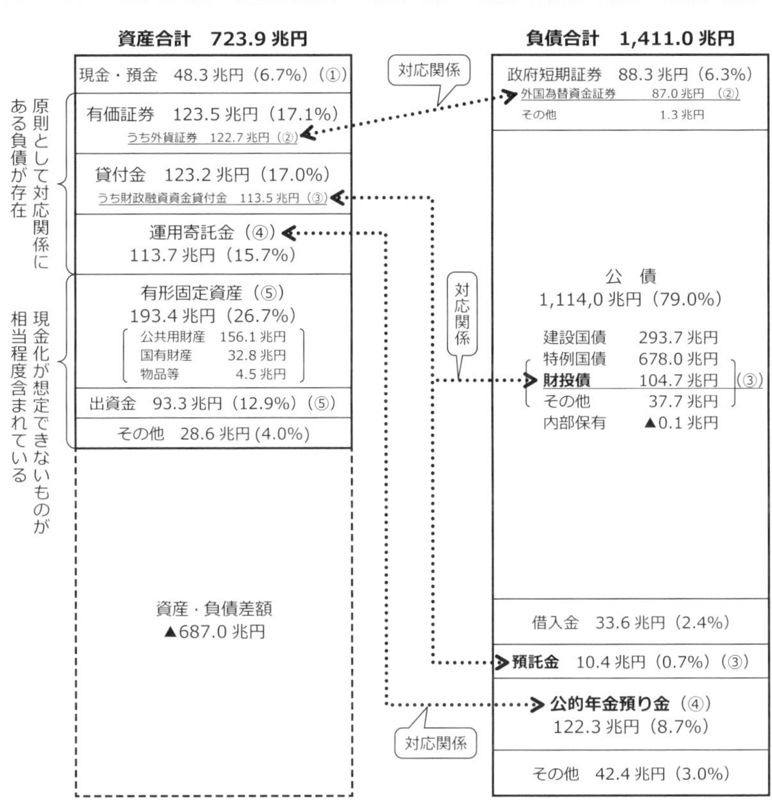

（出典）財務省（2023a）「令和 3 年度『国の財務書類』のポイント」p.21

て，当該資産に見合う金額を「公的年金預り金」として負債に計上している。2021 年度（令和 3 年度）の公的年金預り金は厚生年金では 114.1 兆円，国民年金では 8.2 兆円となっている。（財務省（2023a）「令和 3 年度『国の財務書類』のポイント」p.25 参照）

4.4　今後の課題

公的部門のガバナンスの観点から，**財政・会計制度は国民に対する情報公開と透明性を保証すること**が重要である。英国では，議会，財務省，会計検査院，予算責任局という異なる組織が相互牽制する仕組みを構築して，国民に対する情報の透明性を保証している。これにより，**国民は政府の説明責任の履行状況を判断すること**が可能になり，**国民が政府を賢く利用**したり，あるいは，**政府を選択**したりすることができる。我が国においても，財務報告の透明性と説明責任を高める仕組みを構築することが必要である。

今後の課題としては，次の点があげられる。

①　日本版独立財政機関の設立と，議会，財務省，会計検査院の相互協調　現在の日本には，英国の予算責任省（Office for Budget Responsibility：OBR）のような独立財政機関は存在していない。OBR は，**独立財政機関**であり，**財政に対する国民の信頼性を高める目的**で設立されている。独立財政機関は，40～50 年先までの財政の長期推計を国民や議会に提示することにより，**政治的なサイクルを超えて，長期的な財政の在り方**を考えさせることができる。

国民に対して，**世代間負担の衡平性**（現在世代が将来世代に損失を先送りしていないこと）**を評価できるような財政情報**が提供されており，国民は，その意味を理解して，その政策の意思決定に参加するという行動の連鎖が起きることが期待できる。

②　財務報告の法制化と監査の適用　国の財務書類は，財務省が自主的に作成しているため，会計検査院の監査は受けていない。**財務報告制度を法制化して，監査を義務化すること**により，財務情報の**透明性と説明責任**を向上させて，**国民に財政への信頼性**を高めることが必要である。

③　国と地方の会計基準の統合と IPSAS の活用　国の財務書類の会計基準は，財務省の「省庁別財務書類作成基準」に基づいており，地方公共団体の財務書類の会計基準は総務省の「統一的な会計基準」に基づいているが，その考え方や表示様式が相違していている。国と地方公共団体の会計基準を

統合して，**国際公会計基準（IPSAS）を参考にして，国際的にも比較可能性があるものに改善**を進めていくべきである。**第2講**でも解説したように，IPSASとは，国際会計士連盟（IFAC）の中にある国際公会計基準委員会（IPSASB）が開発している公的部門の発生主義ベースの会計基準であり，IPSASの開発を通じて，世界中の公的部門の財務報告の改善に取り組んでいる。

財務報告の透明性と説明責任を高める努力は今後も引き続き求められている。

●練習問題●

□1　国の貸借対照表では，債務超過となっているが，その主な原因を，社会保障制度に触れながら説明しなさい。

□2　国の財政は債務超過となっているが，財政の持続可能（これまでと同じサービス水準を維持できるか）について，消費税等の課税の水準に触れながら考えを述べなさい。

□3　我が国の社会保障制度（給付と負担）について，サービス給付に対して負担が過少となっており，財源不足は特例公債（赤字国債）によって賄われている。北欧のような高負担・高福祉の国があるが，他方，米国のような自己責任原則の国もある。これらの国と比較して，我が国にふさわしい社会保障制度のあり方を考えなさい。

第 5 講
独立行政法人/特殊法人等の会計

5.1　独立行政法人

5.1.1　対象法人の概要

5.1.1.1　設 置 法

独立行政法人とは，国の各府省の行政活動から，政策実施部門のうち一定の事務・事業を分離し，これを担当する機関に独立の法人格を与えて行政活動を行うことを目的とする法人のことである。各独立行政法人の運営等に共通する法律事項を定めているのが「**独立行政法人通則法**」(以下，通則法という）である。

この通則法は，独立行政法人制度以前から存在していた特殊法人等が，その都度個々別々の法律に基づき設立され，自律性・自主性の欠如，事業運営の非効率性・硬直性，経営内容の不透明性，組織・業務の自己増殖等の課題があり，その反省のうえで制定されたものである。

独立行政法人制度の特色としては，①行政活動に係る**企画立案機能**は各府省で行い，**業務実施機能**は独立行政法人で行うよう分離すること，②業務の公共性，組織の独立性，業務運営の自主性・透明性の確保を図り，業務の**質の向上**や**活性化・効率化**を推進すること，にある。

なお，2023 年（令和 5 年）4 月 1 日現在，独立行政法人は 87 法人となっている（**図表 5.1** 参照)。

図表 5.1 独立行政法人一覧（2023 年（令和 5 年）4 月 1 日現在）

所管省庁	法人名
内閣府	国立公文書館，北方領土問題対策協会，日本医療研究開発機構
消費者庁	国民生活センター
総務省	情報通信研究機構，統計センター，郵便貯金簡易生命保険管理・郵便局ネットワーク支援機構
外務省	国際協力機構，国際交流基金
財務省	種類総合研究所，造幣局，国立印刷局
文部科学省	国立特別支援教育総合研究所，大学入試センター，国立青少年教員振興機構，国立女性教育会館，国立科学博物館，物質・材料研究機構，防災科学技術研究所，量子科学技術研究開発機構，国立美術館，国立文化財機構，教職員支援機構，科学技術振興機構，日本学術振興会，理化学研究所，宇宙航空研究開発機構，日本スポーツ振興センター，日本芸術文化振興会，日本学生支援機構，海洋研究開発機構，国立高等専門学校機構，大学改革支援・学位授与機構，日本原子力研究開発機構
厚生労働省	勤労者退職金共済機構，高齢・障害・求職者雇用支援機構，福祉医療機構，国立重度知的障害者総合施設のぞみの園，労働政策研究・研修機構，労働者健康安全機構，国立病院機構，医薬品医療機器総合機構，医薬基盤・健康・栄養研究所，地域医療機能推進機構，年金積立金管理運用独立行政法人，国立がん研究センター，国立循環器病研究センター，国立精神・神経医療研究センター，国立国際医療研究センター，国立成育医療研究センター，国立長寿医療研究センター
農林水産省	農林水産消費安全技術センター，家畜改良センター，農業・食品産業技術総合研究機構，国際農林水産業研究センター，森林研究・整備機構，水産研究・教育機構，農畜産業振興機構，農業者年金基金，農林漁業信用基金
経済産業省	経済産業研究所，工業所有権情報・研修館，産業技術総合研究所，製品評価技術基盤機構，新エネルギー・産業技術総合開発機構，日本貿易振興機構，情報処理推進機構，エネルギー・金属鉱物資源機構，中小企業基盤機構
国土交通省	土木研究所，建築研究所，海上・港湾・航空技術研究所，海技教育機構，航空大学校，自動車技術総合機構，鉄道建設・運輸施設整備支援機構，国際観光振興機構，水資源機構，自動車事故対策機構，空港周辺整備機構，都市再生機構，奄美群島振興開発基金，日本高速道路保有・債務返済機構，住宅金融支援機構
環境省	国立環境研究所，環境再生保全機構
防衛省	駐留軍等労働者労務管理機構

（出典） 総務省ホームページ https://www.soumu.go.jp/main_content/000871325.pdf（最終参照 2023-9-30）

5.1.1.2 制度変遷の経緯

「中央省庁等改革基本法」（1998 年（平成 10 年）8 月 12 日）に基づき，独立行政法人通則法が定められ，2001 年（平成 13 年）4 月 1 日に当時の国の研究機関等が独立行政法人となることでスタートした（これらは一般的に「**先行独立行政法人**」と呼称されている）。独立行政法人の制度変遷の経緯に係る概要は以下のとおりである。

(1) 橋本内閣における行政改革

自由民主党橋本龍太郎内閣のもとで「財政構造改革の推進に関する特別措置法」（財政構造改革法）が成立し，2003 年度（平成 15 年度）までの特例公債発行からの脱却を目標とする財政健全化が志向された。そのためには，大規模な行政改革が必要となり，行政改革会議による本格的な議論がなされ，「行政改革会議最終報告」（1997年（平成9年）12月）が取りまとめられ，この報告書をもとに，中央省庁等改革基本法が成立し，現在の中央省庁の枠組みや独立行政法人制度等の様々な仕組みが形作られることとなった。

(2) 小泉内閣における特殊法人等整理合理化計画

小泉純一郎内閣のもとでは，経済財政諮問会議が発足し，財政健全化の動きが加速していく。「経済財政運営の構造改革に関する基本方針」のもとに予算編成が行われ，財政改革プログラム，政策プロセスの改革，国債発行を30兆円以下とすることなどが政策的に主張された時期である。また，「経済財政運営の構造改革に関する基本方針2003」（2003年（平成15年）6月）において，将来世代に責任が持てる財政の確立が主張された時期でもある。

行政改革の動きとしては，「特殊法人等改革基本法」（2001年（平成13年）6月）や「特殊法人等整理合理化計画」（2001年（平成13年）12月）に基づき，道路公団民営化，郵政民営化，政府金融機関の統廃合・民営化が進められ，「今後の行政改革の方針」（2004年（平成16年）12月）により，政府及び政府関係法人のスリム化，行政効率化の推進，行財政の制度及び運営の改善・透明化，地方分権の推進等が進められ，様々な特殊法人等が独立行政法人に移行することとなった（これらは一般的に「**移行独立行政法人**」と呼称されている）。

(3) 安倍内閣における独立行政法人改革

民主党政権の後を受けた第2次安倍晋三内閣では，財政健全化の取組みとして，2020年度（令和2年度）まで延期されたプライマリーバランスの黒字化やその後の債務残高の対GDP比の安定的な引下げなどを実現すべく「経済再生なくして財政健全化なし」の理念のもとで「経済・財政一体改革」が推進された。

特に第3次安倍晋三内閣では，財政健全化の取組みとして，「経済財政運営と改革の基本方針2015～経済再生なくして財政健全化なし～(「骨太方針2015」)」（2015年（平成27年）6月）や「経済・財政再生計画」（2015年（平成27年）6月）により，経済成長へと政策主眼がシフトし，デフレ脱却及び経済再生，歳出改革，歳入改革を3本柱としていた。

これを受け，これまでの改革の集大成としての特別会計改革及び独立行政法人改革などが行われた。

この独立行政法人改革の目的は，独立行政法人制度を導入した本来の趣旨に則り，大臣から与えられた明確なミッションのもとで，法人の長のリーダーシップに基づく自主的・戦略的な運営，適切なガバナンスにより，国民に対する説明責任を果たしつつ，法人の政策実施機能の最大化を図るとともに，官民の役割分担の明確化，民間能力の活用などにより官の肥大化防止・スリム化を図ることにあった。

そこで，独立行政法人を，**中期目標管理法人**（国民向けサービス等の業務の質の向上を図ることを目的とし，中期目標管理により高い自主性・自律性を発揮しつつ事務・事業を行う法人），**研究開発法人**（研究開発成果の最大化を目的とし，研究開発業務の長期性，専門性等に対応した特有の中長期的な目標管理により研究開発に係る事務・事業を主要な業務として行う法人），**行政執行法人**（国の相当な関与の下に国の行政事務と密接に関連した事務・事業を確実・正確に執行することを目的とし，役職員に国家公務員の身分を付与したうえで，国の単年度予算管理と合わせた単年度の目標管理により事務・事業を行う法人）に新たに区分した。また，主務大臣のもとでの**政策のPDCAサイクル**が十分に機能することが必要との観点から，主務大臣自らが業績評価を行うことなどの変更がなされた。

5.1.1.3 運営管理体制及びガバナンス体制

独立行政法人の役員としては，通則法第19条により，法人を代表し業務を総理（法人の所掌業務をつかさどり，総合して治めること）する「法人の長」としての理事長及び法人の業務を監査する監事が定められている。また，各法人の**個別法**[1] において理事長の職務を補佐する理事が定められている。

独立行政法人の運営管理においては，PDCAサイクルを機能させる**目標評価制度**が導入されていることが特徴の一つとしてあげられる。

まず，主務大臣から独立行政法人に対して**中長期目標等**（中期目標管理法人

[1] 独立行政法人通則法のもとに，各独立行政法人の名称，目的，業務の範囲等に関する事項を定めたものが独立行政法人個別法である。

においては3年以上5年以下の中期目標期間，国立研究開発法人においては5年以上7年以下の中長期目標期間，行政執行法人においては単年度の年度目標）が指示され，独立行政法人ではそれらに基づき**中長期計画等**（行政執行法人においては事業計画）を作成し，主務大臣の認可を受け，さらにそれらを各年度に**年度計画等**として主務大臣に届け出る（PLAN）。

これらの計画に基づき業務を執行（DO）したのちに，毎年度に業務の進捗状況について主務大臣の評価を受け，また中長期目標期間終了時には，法人の業務及び組織の検証や法人の存続の必要性（いわゆるサンセット条項）までを含む抜本的な評価（CHECK）を受ける。これらの評価を踏まえ，新たな年度計画等や次期中長期目標計画等を定め，業務の改善を図る（ACTION）。

また，中長期目標等に基づき法令等を遵守しつつ業務を行い，独立行政法人のミッションを有効かつ効率的に果たすため，法人の長が法人の組織内に整備・運用する仕組みとして，民間企業と同様の**内部統制制度**が構築されている。

なお，独立行政法人は利益獲得を目的とするものではないため，法令遵守や財務報告等の信頼性を阻害する要因だけでなく，法人のミッションを果たすために与えられた中長期目標等について，より高い水準で目標・計画を具体化させることを阻害する要因や，法人内において高い水準の目標・計画を設定してもそれらを効果的かつ効率的に達成することを阻害する要因を含むものを幅広く「リスク」と捉えているところが特徴となっている。

独立行政法人の財源としては，独立行政法人が業務執行を行うために必要な**財産的基礎**として政府からの**出資金**があり，個別法で定める場合を除き，長期借入金及び債券発行による資金調達は原則として禁止されている。また，毎年度の運営に係る財源は**運営費交付金**として国から予算措置がなされ，国の予算において建設国債を財源とするものに相当する固定資産の取得を独立行政法人が行う場合には，**施設費**（**施設整備費補助金**）として国から財源措置がなされる。さらに，投機的な金融取引による投資リスクを防止するため，余裕金の運用は原則として元本保証のある金融商品に限定されている。

独立行政法人のガバナンス体制としては，上述したPDCAサイクルに係る主務大臣の関与や監事の設置の他，一定規模以上（会社法と同様の資本金5

図表 5.2 独立行政法人の運営体制及びガバナンス体制

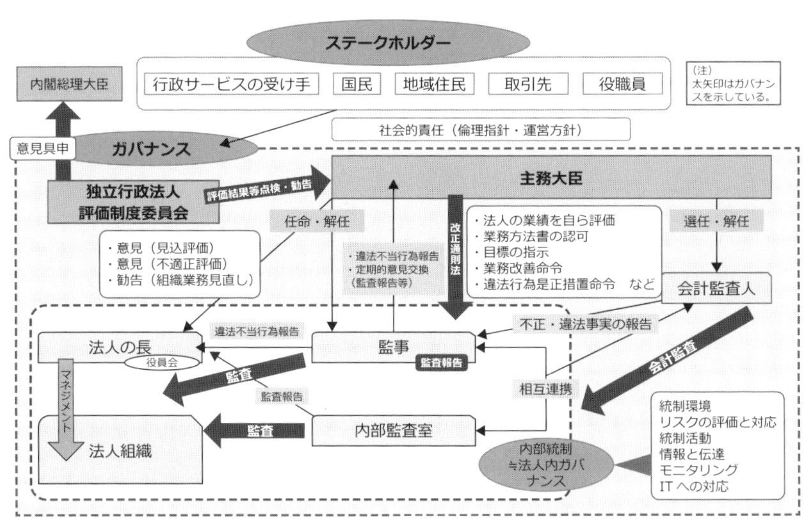

(出典) 総務省独立行政法人評価制度委員会決定(2022)「独立行政法人評価制度の運用に関する基本的考え方~独立行政法人の政策実施機能の最大化のために~」(令和4年4月8日), p.4

億円以上または最終事業年度末の負債総額200億円以上)の法人には**会計監査人**の設置が義務付けられている。また,主務大臣の評価等に対する**メタ評価**として第三者チェック機関である**独立行政法人評価制度委員会**が総務省に設置され,中長期目標期間等における業績評価や独立行政法人の存廃を含めた業務及び組織の全般にわたる見直し内容等について意見を述べることとされている。以上を図でまとめると**図表5.2**のようになる。

5.1.2 会計基準等の概要

5.1.2.1 会計基準設定主体

独立行政法人の会計に係る基準は,総務省独立行政法人会計基準研究会及び財務省財政制度等審議会財政制度分科会法制・公会計部会の共同ワーキングチームで設定されている。また,より詳細な規定は,このワーキングチームと日本公認会計士協会公会計委員会の共同にて設定されている。

5.1.2.2　会計基準等の基本的な考え方

独立行政法人の会計は，**原則として企業会計原則による**こととされている（通則法37）。そのため，国の官庁会計のような単式簿記・現金主義会計（収支会計）ではなく，**発生主義会計に基づく複式簿記**で会計処理がなされている。また，企業会計を原則とすることから，会計上の「認識」については取得原価主義及び収益に係る実現主義が採用されている。さらに，繰越損失を埋め，残余利益として積み立てるために毎事業年度の損益計算を行うこととされ，企業会計と同様に，費用配分の原則や費用収益対応の原則が定められている。

また，独立行政法人は基本的に営利を目的とする主体ではないため，通常の業務を実施した場合には，**損益が均衡するような会計処理**（**損益均衡の原則**）が採用されていることが大きな特徴である。独立行政法人の業務の効率化を推進するため，損益計算で生じた積立金のうち，独立行政法人の経営努力の結果として承認されたものについては，独立行政法人の判断で使途を自由に設定できる**インセンティブ制度としての目的積立金**（**通則法第44条第3項に基づく積立金**）が導入されている。なお，目的積立金以外の積立金は国庫納付（国に返納）される。

5.1.2.3　会計基準等の構成

独立行政法人会計の「概念フレームワーク」的な位置付けとして「独立行政法人の財務報告に関する基本的な指針」（2017年（平成29年）9月1日）がある。このフレームワークに基づき，「独立行政法人会計基準」及び「独立行政法人会計基準注解」があり，その詳細規定として「『独立行政法人会計基準』及び『独立行政法人会計基準注解』に関するQ&A」がある。

なお，各独立行政法人の業務の特性に応じてこれらの会計基準等とは異なる定めが必要な例外的な場合には，各独立行政法人の個別法の下位の法体系としての「業務運営，財務及び会計並びに人事管理に関する省令」において定めることとされている。

5.1.3　会計基準の考え方及び財務諸表の構成と読み方

5.1.3.1　会計基準の特徴とその根拠

独立行政法人の会計基準は上述した「損益均衡」の考え方に特徴がある。

(1) 財源の会計処理

独立行政法人の主たる財源には，運営費交付金，補助金等，寄附金があり，財源別に会計処理がなされるが，基本的な会計処理は共通している。

① 財源受領時

(借方) 現金預金　×××　(貸方) 運営費交付金債務 (預り補助金等)　×××

② 財源支出時

(借方) ○○費　×××　(貸方) 現金預金　×××
(借方) 運営費交付金債務　×××　(貸方) 運営費交付金収益　×××
　(預り補助金等)　(補助金等収益)

財源受領時には，当該財源を使用して業務を実施する義務があるものと考えて負債に計上し，業務が実施され費用及び支出が発生した場合には，当該義務が解除されたものとして，同額の負債が取り崩され，収益化される。その結果，費用額と収益化額（上記会計処理の下線部分）が同額となり，損益均衡（費用＝収益）となる。

(2) 固定資産の会計（見返負債処理，資本剰余金処理）

財源措置された予算を使用して固定資産を取得する場合の処理も，財源別に会計処理がなされるが，基本的な会計処理は共通している。

① 財源受領時

(借方) 現金預金　×××　(貸方) 運営費交付金債務 (預り補助金等)　×××

②-1 財源支出時 (償却資産を取得した場合)

(借方) 固定資産　×××　(貸方) 現金預金　×××
(借方) 運営費交付金債務　×××　(貸方) 資産見返負債　×××
　(預り補助金等)

②-2 財源支出時 (非償却資産を取得した場合または特定資産を取得した場合)

(借方) 固定資産　×××　(貸方) 現金預金　×××
(借方) 運営費交付金債務　×××　(貸方) 資本剰余金　×××

（預り補助金等）

③–1　**事業年度末**（償却資産を取得した場合）

（借方）減価償却費　×××　　（貸方）減価償却累計額　×××
（借方）資産見返負債　×××　（貸方）資産見返負債戻入　×××

③–2　**事業年度末**（非償却資産を取得した場合または特定資産を取得した場合）

（借方）損益外減価償却相当額　×××　（貸方）減価償却累計額　×××

償却資産と非償却資産を取得した場合には会計処理が異なる。償却資産を取得した場合には，取得財源について**見返勘定**を利用して，いったん負債に振替計上しておき，毎事業年度末に減価償却費を計上すると同時に同額を見返勘定から戻入をして収益化することにより，損益均衡（上記会計処理の下線部分）となる。

また，非償却資産を取得した場合または特定資産を取得した場合には，取得財源はすべて純資産としての資本剰余金勘定に計上し，減価償却相当額を費用処理せず，「**損益外減価償却相当額**」という名称で**資本剰余金のマイナス科目**として損益外で処理をするという，企業会計では想定できないような特殊な会計処理をする。なお，**特定資産**とは，営利目的ではない独立行政法人が保有する資産として，例えば将来キャッシュ・フローを生成しない資産等の特性を鑑み，減価に対応すべき収益の獲得が予定されないものとして特定された資産のことである。このように本来的には損益項目でありながら，独立行政法人の損益均衡の考え方を優先して損益計算に含めないことを「**損益外処理**」と呼んでいる。

(3)　引当金の会計

費用収益対応の原則が採用されており，企業会計とほぼ同様の負債概念が定められている独立行政法人会計においては，引当金の計上が必要となる。しかし独立行政法人会計では損益均衡の考え方の影響を受けて，次のような会計処理がなされる。

①　財源措置が中長期計画等または年度計画で明らかにされている場合

（財源措置以前の引当金計上時）

（借方）○○引当金繰入額　×××　（貸方）○○引当金　×××

（借方）○○引当金見返　×××　　（貸方）○○引当金見返に係る収益　×××

（運営費交付金等で財源措置された後の引当金取り崩し時）

（借方）現金預金　×××　　（貸方）運営費交付金債務　×××

（借方）○○引当金　×××　　（貸方）現金預金　×××

（借方）運営費交付金債務　×××　　（貸方）○○引当金見返　×××

② 上記以外の場合

（引当金計上時）

（借方）○○引当金繰入額　×××　　（貸方）○○引当金　×××

（引当金取り崩し時）

（借方）○○引当金　×××　　（貸方）現金預金　×××

中長期計画等または年度計画に照らして客観的に財源が措置されていると明らかに見込まれる引当金について，当該財源措置に相当する将来の収入については，資産の定義に照らし，①独立行政法人が支配している現在の資源であり，②独立行政法人のサービス提供能力または経済的便益を産み出す能力を伴うものが認識されるべきであることから，引当金に相当する額を「**引当金見返資産**」として資産に計上することとされる。また，引当金繰入額と同額の「**引当金見返に係る収益**」（上記会計処理の下線部分）が計上されることで，独立行政法人の損益均衡の考え方とも合致する会計処理となっている。財源措置後に引当金を取り崩した際には，財源に係る負債（例えば運営費交付金債務）と資産としての引当金見返を取り崩す。

また，財源措置が中長期計画等また当年度計画で明らかにされている場合以外には，企業会計における引当金の会計処理と同様である。

5.1.3.2　財務諸表の構成

独立行政法人では，財務諸表として，貸借対照表，行政コスト計算書，損益計算書，純資産変動計算書，キャッシュ・フロー計算書，利益の処分または損失の処理に関する書類，附属明細書が作成される。財務諸表の作成目的は**図表 5.3** のとおりである。

独立行政法人の財務諸表として特徴的な点について，簡単に解説する。

図表 5.3　独立行政法人の財務諸表と作成目的

	作成目的
貸借対照表	独立行政法人の財政状態を明らかにするため，貸借対照表日におけるすべての資産，負債及び純資産を記載し，国民その他の利害関係者にこれを正しく表示するもの。
行政コスト計算書	独立行政法人の運営状況を明らかにするため，一会計期間に属する独立行政法人のすべての費用とその他行政コストとを記載して行政コストを表示するもの。
損益計算書	独立行政法人の運営状況を明らかにするため，一会計期間に属する独立行政法人のすべての費用とこれに対応するすべての収益とを記載して当期純利益を表示するもの。
純資産変動計算書	独立行政法人の財政状態と運営状況との関係を表すため，一会計期間に属する独立行政法人のすべての純資産の変動を記載するもの。
キャッシュ・フロー計算書	独立行政法人の一会計期間におけるキャッシュ・フローの状況を報告するため，キャッシュ・フローを一定の活動区分別に表示するもの。
利益の処分または損失の処理に関する書類	独立行政法人の当期未処分利益の処分または当期未処理損失の処理の内容を明らかにするために作成するもの。
附属明細書	貸借対照表，行政コスト計算書及び損益計算書等の内容を補足するもの。

（出典）　筆者作成

(1) 行政コスト計算書

独立行政法人会計における行政コストとは，サービスの提供，財貨の引渡または生産その他の独立行政法人の業務に関連し，資産の減少または負債の増加をもたらすものであり，独立行政法人の拠出者への返還により生じる会計上の財産的基礎が減少する取引を除いたものとされている。

(2) 損益計算書

独立行政法人の損益計算書は，損益の状況を表すとともに，通則法第44条にいう利益または損失を確定することを目的とする。特に，利益の処分において目的積立金（通則法第44条3項に基づく積立金）は，独立行政法人の**経営努力**により生じたものとして主務大臣の承認を受けるために整理されるものである。

(3) 附属明細書

独立行政法人の附属明細書は非常に詳細なものが作成される。独立行政法人の重要な利害関係者は一般国民であることから，一方で，「**理解可能性**」が強く求められ，貸借対照表や損益計算書等はいたずらに複雑とならないことが求められる。他方で，「**明瞭性の原則**」や「**国民に対する説明責任**」の観点からは十分な情報開示が求められる。そのため，附属明細書に詳細な情報が開示されることになる。例えば，セグメント情報や個別の独立行政法人固有の会計処理に伴い生じた科目に関連する情報なども附属明細書に開示することが求められている。

5.1.3.3 財務諸表の読み方のポイント

独立行政法人の財務諸表は企業会計と異なる部分も多くあるため，まずは，図表 5.4 のような財務諸表間の関係を理解することが前提となる。

上表における「**行政コスト**」，「財産的基礎及び独立行政法人の拠出者への返還」，「業務に関連して発生した剰余金」に係る意義をきちんと理解しておくことが，財務諸表をみるうえでのポイントとなる。

(1) 行政コストの意義

行政コストは，独立行政法人が国民に対する行政サービスとしてのアウトプットを産み出すために使用したインプットとしてのコストであるという点

図表 5.4 独立行政法人の財務諸表の相互関連

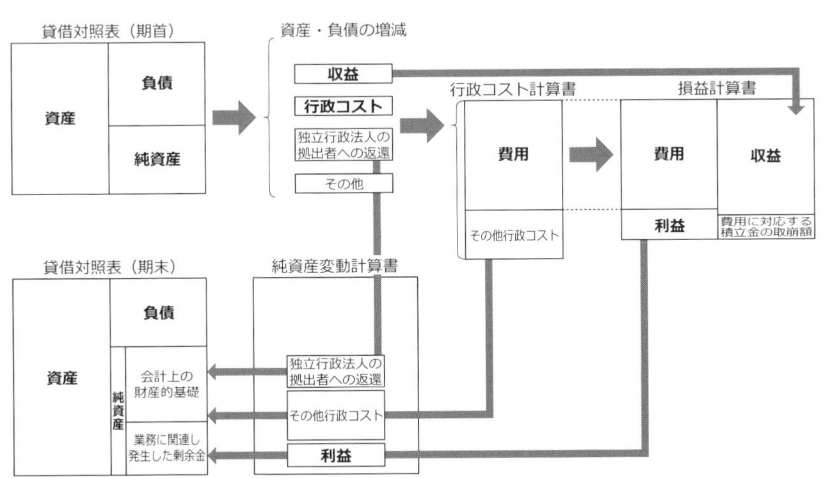

（出典） 総務省行政管理局・財務省主計局・日本公認会計士協会（2022）「『独立行政法人会計基準』及び『独立行政法人会計基準注解』に関するQ&A」（平成12年8月（令和4年3月最終改訂）），pp.52–53，Q42-1

を理解する必要がある。そのため，行政コストは企業会計と同様の費用以外に，「**その他行政コスト**」が認識されることになる。これは，独立行政法人の会計上の財産的基礎が減少する取引に相当するものの，独立行政法人の拠出者への返還により生じる会計上の財産的基礎が減少する取引には相当しないもののことであり，具体的には，先ほどの資本剰余金の減額に相当する減価償却相当額などが代表例である。また，行政コスト計算書には，独立行政法人の業務運営に関して**国民の負担に帰せられるコスト**（行政コストから自己収入等，法人税等及び国庫納付額を控除し，国または地方公共団体の資源を利用することから生ずる機会費用[2]を加算することにより算定されるもの）が注記されており，この数字が最終的に国民が負担することになるコストであるという点も重要である。

(2) 財産的基礎の意義

財産的基礎とは，公共上の見地から独立行政法人が確実に業務を実施するため，ストック面での健全性を確保することを目的として，土地・建物等の現物としての物的な基礎や金銭の出資を政府から受けたもののことである。また独立行政法人は効果的かつ効率的な業務運営が求められ，その財源の大部分が公費によって賄われているため，必要最小限の財務基盤で質の高い業務を確保していくことが必要であり，保有資産についても必要最小限とすること求められる。したがって，事後的に業務に必要のない財産（これを「**不要財産**」という）については，国庫に返納する必要がある。これは「独立行政法人の拠出者への返還」に該当する。

(3) 目的積立金の意義

業務に関連して発生した剰余金については，通則法第44条第1項の積立金と同条第3項の目的積立金がある。独立行政法人の業務に発生した剰余金をすべて不要財産と考え，国庫に納付することになれば，独立行政法人の業務の効率化に対するインセンティブが機能しない。そのため，通則法第44

---

[2] 機会費用とは，独立行政法人の業務活動に充てられる財源が他の用途に用いられていたならば，本来得られたであろう利益のことであり，経済学上のコストである。具体的には，国等の財産の無償または減額された使用料により賃貸取引から生ずる機会費用，政府出資等から生ずる機会費用，国等からの無利子または通常よりも有利な条件による融資取引か生ずる機会費用などがある。

条第3項の目的積立金として，独立行政法人の経営努力により生じたものについて，主務大臣の承認により，独立行政法人が自主的に業務に使用することができるようになっている。

5.1.4　今後の課題等

(1) 統一的運営と区分経理

独立行政法人には法律の定めに基づき，特定の業務がその他の業務から分離区分されて経理される「**区分経理**」が存在する。原則として「区分経理」間では資金の融通ができず，いわば「区分経理ごとのカネに色がついている」という状態になっている。区分経理が求められる背景としては独立行政法人への財源措置元が国の一般会計のみではなく複数の国の特別会計に跨っていることや，それらが所管省庁ごとに異なっているというような財源措置元の要請によるものである。このような「区分経理」は「カネ」のみならず「ヒト」，さらには業務上の意思決定までも「区分」されることにつながりかねず，独立行政法人という単一の主体の中に複数の疑似的な法人がある運営がなされ，区分経理間の経営管理上のシナジーが機能しないというリスクが存在している。

(2) 機能していないインセンティブ制度

上述したような目的積立金がインセンティブ制度として導入されているが，これらが十分に機能していない実態がある。経営努力の認定は，主務大臣と財務大臣の協議事項とされ，また，経営努力の認定のための手続き，理由などを詳細に精査することにより，厳格な認定がなされるスタンスがとられている。これを整理するならば，以下のような**コスト・ベネフィット関係**において，「**シグナリングコスト**」+「**モニタリングコスト**」を上回るような「ベネフィット」がなければ，経営努力認定制度は合理的には成立しないと考えられる。

このようなシグナリングコスト及びモニタリングコストを逓減する観点から，経営努力認定の要件を緩和すべく，従来の総務省通知「独立行政法人の経営努力認定について」(2006年（平成18年）7月 総務省行政評価局）を改め，「独立行政法人の経営努力認定について」(2014年（平成26年）6月27日 総

図表 5.5　独立行政法人のインセンティブ制度のコスト・ベネフィット

独立行政法人が経営努力認定の基礎的財務データ作成のために要するコスト（経営努力の測定等に要する事務コスト及び経営努力の挙証のために要するコスト）	**シグナリングコスト**
主務省庁（主務大臣）や財務省（財務大臣）が経営努力を認定するために，情報収集・検討・評価等に要するコスト	**モニタリングコスト（ボンディングコスト）**
独立行政法人に目的積立金が認定されることにより，中期計画に定める剰余金の使途に自由に財源投入ができること	**ベネフィット**

（出典）筆者作成

務省行政管理局）が発出され，経営努力により運営費交付金で賄う費用を節減したこと（当該事業年度において新規に生じた法人の自主的な活動による費用の削減であること）を法人が合理的に説明できる場合に，それにより発生した利益は，その一定割合（原則として5割）を経営努力として認めることとされている。

(3) 国の予算制度（官庁会計）との関係

独立行政法人会計の実務は，国からの財源措置がなされることから，国の官庁会計である現金主義会計（収支会計）を基礎としつつ，そこから企業会計と同様の発生主義会計としての財務会計が形成される**二重会計構造**となっている。

そもそも，現金主義会計に基づく収支会計の枠組みでは，予算配分額は資金管理・統制のための予算配分単位における支出見積りに基づく資金資源配分額を意味する。また予算執行額は予算配分単位における支出実績額となる。これらは法人内部における資金資源の配分として，理事長等の意思決定に基づく自律的マネジメントそのものである。資金資源を有効に活用してアウトカムを最大化する成果を出すためには，資金余剰が見込まれる予算配分単位から資金不足が見込まれる予算配分単位へ迅速かつ機動的に資金資源配分の変更がなされるべく，予算配分額の「伸縮性」が求められる。他方，発生主義会計に基づく財務会計の枠組みでは，予算配分額は原価管理・統制のための予算配分単位における費用見積りに基づく総費用目標額を意味する。これに対応する形で財務会計上の費用実績が記録され，目標値と実績値が対比されることにより，インプット管理がなされる。これはまさに予定原価管理であり，目標値である予算配分額はある程度の「硬直性」が求められる。

このように両者の考え方は異なっている。独立行政法人の実情としては，予算配分額は資金資源配分額という「枠」の機能が重視され，収支会計が財務会計よりも優先される形となっており，発生主義会計である企業会計が形骸化している。これをどのように調和させて，それぞれを意味のあるものとするかが課題であると考えられる。

5.2 特殊法人等

5.2.1 対象法人の概要

5.2.1.1 設 置 法

政府が必要な事業を行う場合，その業務の性質が企業的経営になじむものであり，これを通常の行政機関に担当させても，各種の制度上の制約から能率的な経営を期待できないとき等に，国家的責任を担保するに足る特別の監督を行うとともに，その他の面では，できる限り経営の自主性と弾力性を認めて能率的経営を行わせるために，特別の法律によって独立の法人である

図表 5.6 特殊法人一覧（2023 年（令和 5 年）4 月 1 日現在）

所管省庁	法人名
内閣府	沖縄振興開発金融公庫，沖縄科学技術大学院大学学園
復興庁	福島国際研究教育機構
総務省	日本電信電話㈱，東日本電信電話㈱，西日本電信電話㈱，日本放送協会，日本郵政㈱，日本郵便㈱
財務省	日本たばこ産業㈱，㈱日本政策金融公庫，㈱日本政策投資銀行，輸出入・港湾関連情報処理センター㈱，㈱国際協力銀行
文部科学省	日本私立学校振興・共済事業団，放送大学学園
厚生労働省	日本年金機構
農林水産省	日本中央競馬会
経済産業省	日本アルコール産業㈱，㈱商工組合中央金庫，㈱日本貿易保険
国土交通省	新関西国際空港㈱，北海道旅客鉄道㈱，四国旅客鉄道㈱，日本貨物鉄道㈱，首都高速道路㈱，阪神高速道路㈱，本州四国連絡高速道路㈱，東京地下鉄㈱，成田国際空港㈱，東日本高速道路㈱，中日本高速道路㈱，西日本高速道路㈱
環境省	中間貯蔵・環境安全事業㈱

（出典） 総務省ホームページ https://www.soumu.go.jp/main_content/000876791.pdf（最終参照 2023-9-30）

図表 5.7　日本政策金融公庫のガバナンス体制

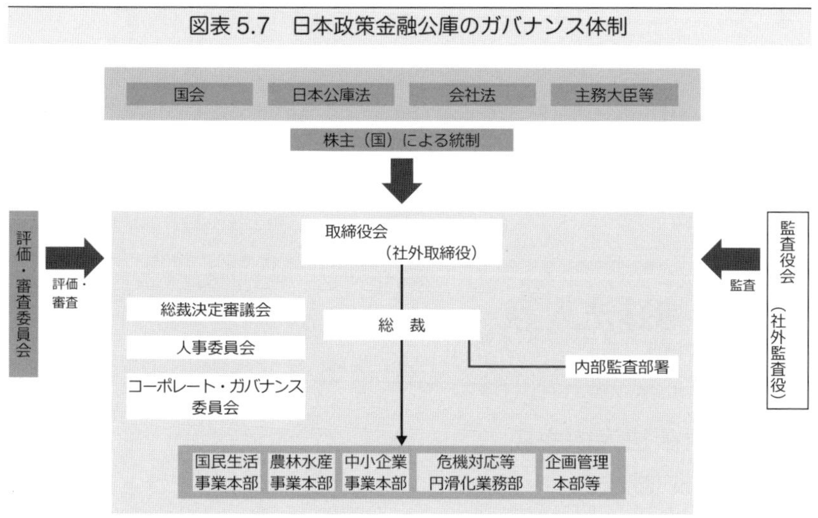

（出典）日本政策金融公庫ホームページ　https://www.jfc.go.jp/n/company/governance.html（最終参照 2023-9-30）

「特殊法人」が設置される。2023年（令和5年）4月1日現在，特殊法人は34法人となっている（図表5.6参照）。

5.2.1.2　運営管理体制及びガバナンス体制

特殊法人は株式会社形態をとっているものも多く，一般の株式会社と同様の運営管理及びガバナンス体制が構築されている。しかし，発行済株式の相当数を政府が保有していることから，国による強い統制を受けている。具体的には，①会社法等に基づく株主としての統制，②主務省等による統制（金融庁・会計検査院検査を含む），③予算等に係る国会による統制，があげられる。例えば，日本政策金融公庫では図表5.7のようになっている。

5.2.2　会計基準等の概要

特殊法人等の会計基準の設定主体は，財務省財政制度等審議会財政制度分科会法制・公会計部会である。特殊法人等の会計基準としては企業会計原則を基礎とする「特殊法人等会計処理基準」があり，さらに個々の特殊法人等の特性から，一部企業会計原則と異なる会計処理が省令等で定められている。しかし，国民に対する説明責任の確保と透明性の向上の観点から，このような個々の特殊法人等の特性を捨象し，特殊法人等が民間企業として活動を行っていると仮定した場合の財務諸表（**民間仮定財務諸表**）も「特殊法人等に係る行政コスト計算書作成指針」に基づいて作成されている。

なお，これらの会計基準等が適用される範囲は，次に掲げる法人のうち，国の出資または補助金等（業務の円滑な運営に資するための補助金等に限る）の交付がなされている法人とされている（以下の特殊法人と認可法人を合わせて「特殊法人等」と呼称されている）。

① **特殊法人**　総務省設置法（平成11年法律第91号）第4条第15号に規定する法律により直接に設立される法人または特別の法律により特別の設立行為をもって設立すべきものとされる法人（株式会社及び独立行政法人は除く）。

② **認可法人**　特別の法律に基づいて関係事業者等の発起人により主務大臣の認可を受けて設立される法人。

特殊法人34法人のうち，23法人は株式会社であるため，特殊法人等会計処理基準ではなく，一般に公正妥当と認められる企業会計の基準が適用されることになる。

5.2.3　会計基準の考え方及び財務諸表の構成と読み方

5.2.3.1　特殊法人等会計の特徴とその根拠

特殊法人等会計処理基準は1987年（昭和62年）10月に，特殊法人等に係る行政コスト計算書作成指針は2001年（平成13年）6月に制定され，いずれも直近の改訂は2007年（平成19年）11月になされている。

特殊法人等会計処理基準の設定当初の目的は，事業目的・内容の多様性から，主務大臣が定める規則等により，個々それぞれに会計処理が行われていた実態に鑑み，当時の公益法人会計基準を参考にしつつ，できるだけ企業会計原則の処理に沿って，財務諸表の作成に関する統一的な会計処理基準を設けることであった。しかし，特殊法人等会計処理基準の制定後も，各特殊法人等の特性に応じた個別の会計処理が継続したため，特殊法人等に係る行政コスト計算書作成指針が作成されたという経緯がある。なお，当時の特殊法人等の大部分はその後独立行政法人となっており，可能な限り特殊な会計処理は削減される方向となっている。

しかし，現在の特殊法人等でも，個別の主務省令により特殊な会計処理は残存している状況である。そもそも，実施されている業務が特殊であり，経済的事実を写像する会計という考え方からは，特殊な会計処理となってしまうことは必然なのかもしれない。

特殊法人等会計処理基準の特徴の一つとして，補助金等を財源として取得した固定資産の会計処理がある。これは，企業会計で定められている圧縮記帳による直接減額をしてしまうと貸借対照表上，固定資産が明示されず，補助金等で取得した固定資産の使用実態が不明確になるおそれがあることから，補助金等によって固定資産を取得した場合には，補助金等相当額を負債に計上し，後年度に減価償却費に相当する額を取り崩して収益に振り替えていく方法である。この考え方は前述したような現在の独立行政法人会計基準等に引き継がれている。

また，特殊法人等に係る行政コスト計算書作成指針では，行政コスト計算書が定められている。これは，民間仮定損益計算書に計上された費用から業務収入を控除し，さらに国有財産の無償使用に伴うコストを近隣の地代や賃借料等を参考に算出したり，政府出資等に係るコストを例えば10年もの国債の利回りに基づき，資金調達コストとして算出したりするなど，民間企業における経済環境と同様に考えた場合に想定されるコストを機会費用として加算することにより算定される。現在は廃止されたが，従前の独立行政法人会計基準における行政サービス実施コスト計算書の考え方の源流となるものである。

5.2.3.2　財務諸表の構成と読み方のポイント

特殊法人等の財務諸表や民間仮定財務諸表等の見方のポイントは企業会計と大きな相違はない。ただし，特殊法人等の予算は**認可予算**として国の統制を大きく受けることから，財務会計と予算会計が密接に結びついた特別な体系を有している。すなわち，現金主義会計に基づく収入支出会計と発生主義会計に基づく収益費用会計の連動である。具体的には新世社ホームページ（https:// www.saiensu.co.jp）の本書サポート情報欄に掲載している Web 資料「A～C 表」のようなイメージとなる。

特殊法人等では，まず収入支出決算が最初に行われる（Web 資料「A 表　収入支出決算（見込）額算出表」参照）。これは完全現金主義に基づく決算である。次に，これに前年度の未収金や繰越が振り戻され，当年度の未収金や次期繰越が計上されることで資金収支等の見込みが計算される。これは修正現金主義あるいは修正発生主義に基づく決算である（Web 資料「B 表　収入支出決算（見込）と資金収支（見込）等との関連表」参照）。最後に資金収支に関連しない減価償却費や引当金繰入額の計算が加えられる（Web 資料「C 表　資金収支（見込）と貸借対照表，損益計算書の関連表」参照）。これは完全発生主義に基づく決算である。

特殊法人等によっては，A 表及び B 表を作成する決算事務を「収支決算」，C 表を作成する決算事務を「財務決算」と呼ぶなど，予算会計が優先し，その後に財務会計に変換されていくという二重構造になっている。これは，国の予算会計が現金主義会計で行われ，その影響を非常に強く受ける特殊法人等の実態を前提として，発生主義会計に基づく財務会計に基づく財務諸表を作成しなければならないというような，いわばこれらの狭間におかれた特殊法人等において創出された，実務上の知恵というべきものなのではないかと思われる。

5.2.4 今後の課題等

特殊法人等については，事業の採算性が高く，かつ，国の関与の必要性が乏しい法人，企業的経営による方が事業をより効率的に継続実施できる法人または民間でも同種の事業の実施が可能な法人は，原則として国が保有する株式の市場への売却による**完全民営化**の方向にあると考えられる。

しかし特殊法人等は国の重要な社会的インフラの運営を担う法人が多いことから，一定の国の関与は必要である。一方，特殊法人等もグローバルな企業間競争の中にあり，国の制約の存在がこのような特殊法人等の**競争阻害要因**にもなりかねない。このバランスをどのように考え，国の関与レベルを考えていくかという点が重要になる。

また，国家財政の大幅な赤字の中で，国が保有している特殊法人等の株式を売却することにより得られる資金の**安定財源化**という財政的観点からの動きもあり，状況は非常に流動的である。

●練習問題●

□1　独立行政法人の最も基本的な会計の特徴とその理由を説明したうえで，その特徴を踏まえた固定資産の会計処理について具体的な仕訳を示しなさい。

□2　独立行政法人の行政コストとは何か，また，機会費用を注記する理由な何かについて説明しなさい。

□3　現金主義会計（予算会計）と発生主義会計（財務会計）の二重決算を実施する特殊法人等では具体的にどのように財務諸表を作成しているのかについて，いわゆるＡ表，Ｂ表，Ｃ表のそれぞれについて説明したうえで，その事務フローを簡単に説明しなさい。

第 6 講
国立大学法人の会計

6.1　対象法人の概要

6.1.1　設 置 法

国立大学法人は，独立行政法人法を準用して制定された**国立大学法人法**に基づき設置される法人である。

法人化の趣旨としては，国の行政組織であった国立大学及び大学共同利用機関を国の組織から分離することで，諸規制を緩和して自律的な運営を可能とし，教育研究活動のより一層の活性化を図ることとされている。その際には**日本国憲法第 23 条に定める学問の自由**の趣旨を踏まえ，大学の自主性・自律性等の特性へ配慮しつつ高等教育・学術研究に対する国の責任を果たす観点から，①国立大学法人の学長の任命は国立大学法人の申出に基づいて行うこと，②文部科学大臣が中期目標を定める際には国立大学法人から意見を聴取しそれに配慮すること，③国立大学法人の評価は文部科学大臣の評価ではなく，国立大学法人評価委員会によるものとし，教育研究については独立行政法人大学改革支援・学位授与機構が行う専門的な教育研究評価の結果を尊重すること，などがあげられる。このように，独立行政法人の制度設計とは一部異なる仕組みが定められている[1]。

[1] 2023 年（令和 5 年）の第 212 回国会において国立大学法人法の改正が可決され，このような制度設計の一部が変更される可能性がある。

図表 6.1 国立大学法人等一覧（2023 年（令和 5 年）4 月 1 日現在）

【国立大学法人】 北海道大学，北海道教育大学，室蘭工業大学，北海道国立大学機構，旭川医科大学，弘前大学，岩手大学，東北大学，宮城教育大学，秋田大学，山形大学，福島大学，茨城大学，筑波大学，筑波技術大学，宇都宮大学，群馬大学，埼玉大学，千葉大学，東京大学，東京医科歯科大学，東京外国語大学，東京学芸大学，東京農工大学，東京芸術大学，東京工業大学，東京海洋大学，お茶の水女子大学，電気通信大学，一橋大学，横浜国立大学，新潟大学，長岡技術科学大学，上越教育大学，富山大学，金沢大学，福井大学，山梨大学，信州大学，静岡大学，浜松医科大学，東海国立大学機構，愛知教育大学，名古屋工業大学，豊橋技術科学大学，三重大学，滋賀大学，滋賀医科大学，京都大学，京都教育大学，京都工芸繊維大学，大阪大学，大阪教育大学，兵庫教育大学，神戸大学，奈良国立大学機構，和歌山大学，鳥取大学，島根大学，岡山大学，広島大学，山口大学，徳島大学，鳴門教育大学，香川大学，愛媛大学，高知大学，福岡教育大学，九州大学，九州工業大学，佐賀大学，長崎大学，熊本大学，大分大学，宮崎大学，鹿児島大学，鹿屋体育大学，琉球大学，政策研究大学院大学，総合研究大学院大学，北陸先端科学技術大学院大学，奈良先端科学技術大学院大学
【大学共同利用機関法人】 人間文化研究機構，自然科学研究機構，高エネルギー加速器研究機構，情報・システム研究機構

（出典） 文部科学省ホームページ https://www.mext.go.jp/a_menu/koutou/ichiran/mext_00006.html（最終参照 2023-9-30）

なお，2023 年（令和 5 年）4 月 1 日現在，国立大学法人等は国立大学法人 82 法人，大学共同利用機関法人 4 法人となっている（図表 6.1 参照）。

6.1.2 制度変遷の経緯

(1) 国立大学等の法人化までの経緯と目的

知識基盤社会への移行による教育研究機能に対する社会的期待の増大，18 歳人口の急激な減少等を背景に，これに対する大学の改革方針として，1998 年（平成 10 年）に大学審議会から「21 世紀の大学像と今後の改革方策について」が答申された。以後，その基本的な考え方を踏まえて，国立大学法人制度等の構造的な改革が開始され，2004 年（平成 16 年）から国立大学法人法が施行されることとなった。国立大学等の独立行政法人化に関する調査検討会議最終報告「新しい『国立大学法人像』について」によれば，法人化による改革のポイントは，①大学ごとに法人化し，自律的な運営を確保，②民間的発想のマネジメント手法の導入，③学外者の参画による運営システムの制度化，④非公務員化による能力主義人事の徹底，⑤第三者評価の導入による事後チェック方式への移行，という点があげられている。

(2) 中央教育審議会「我が国の高等教育の将来像（答申）」（2005年（平成17年）1月）

この答申では，大学の機能として，①世界的研究・教育拠点，②高度専門職業人育成，③社会貢献機能（地域貢献，産学官連携，国際交流等），等があげられた。各大学の個性・特色の明確化と人財育成と学術研究の両面での使命を積極的に果たすため，大学教員の職制が「教授・准教授・助教・助手」に改められ，また，各大学の教員の適切な役割分担と相互連携体制の確保，教育研究上の責任体制の明確化などが図られた。

(3) 教育基本法改正（2006年（平成18年）12月）

21世紀を切り開く日本人の育成を目指すための教育の理念や原則を明確にするため，教育基本法が改正された。これにより大学は，学術の中心として高い教養と専門的能力を培い，深く真理を探究して新たな知見を創造し，その成果を広く社会に提供する社会貢献を果たすことが明示された。

(4) 中央教育審議会大学分科会「大学のガバナンス改革の推進について」（2014年（平成26年）2月）

各大学が教育研究機能を発揮していくためには，学長のリーダーシップのもとで，戦略的に大学をマネジメントできるガバナンス体制を構築することが不可欠であるとされた。そのため，①学長を補佐する副学長の職務の明確化，②教授会の機能の明確化（学長等の教育研究に関する重要な決定への意見陳述等），③学長等の選考は学長選考会議等の定める公表された基準により行うこと，④国立大学法人等の経営協議会の委員の過半数は学外委員でなければならないこと，等が定められた。

(5) 独立行政法人に関する改革の影響

第3次安倍晋三内閣による独立行政法人通則法の改正の影響を受け，国立大学法人法も改正され，独立行政法人と同様に，監査機能やガバナンス機能がさらに強化された。ただし教育研究の特性や大学の自治に配慮し，役員人事や評価の在り方については，基本的に従前の仕組みと同様となるよう国立大学法人固有の制度が整備された。

(6) 最近の動き

① **一法人複数大学制度**　経営基盤の強化と効率的な経営の推進等のた

め，1つの国立大学法人が複数の大学を設置し，大学の長をそれぞれに分担して設置することが可能な**一法人複数大学制度**が可能となるように，2019年度（令和元年度）において国立大学法人法が改正された。この制度を活用して，2020年（令和2年）4月に国立大学法人東海国立大学機構（岐阜大学・名古屋大学），2022年（令和4年）4月に国立大学法人北海道国立大学機構（小樽商科大学・帯広畜産大学・北見工業大学）及び奈良国立大学機構（奈良教育大学・奈良女子大学）が設立されている。また，東京科学大学（東京工業大学・東京医科歯科大学）も2024年度（令和6年度）中を目途として，2023年（令和5年）8月には大学設置・学校法人審議会から設置認可を受けている。

②　指定国立大学法人制度　**指定国立大学法人制度**とは，世界最高水準の卓越した教育研究活動を展開し国際的な拠点となり得る国立大学法人を指定し，特例として規制緩和等を実施しつつ，高等教育全体としての改革を牽引し，我が国の成長とイノベーションの向上を目指すというものであり，2016年（平成28年）の国立大学法人法改正により創設された。東北大学，筑波大学，東京大学，東京医科歯科大学，東京工業大学，一橋大学，東海国立大学機構名古屋大学，京都大学，大阪大学，九州大学が文部科学大臣から指定されている。

6.1.3　運営管理体制およびガバナンス体制

国立大学法人の運営管理体制及びガバナンス体制の概要は**図表6.2**のとおりであり，図に記載されている各機関等の役割は**図表6.3**のとおりである。

6.2　会計基準等の概要

6.2.1　会計基準設定主体

国立大学法人の会計に係る基準は，文部科学省国立大学法人等会計基準検討会議で設定されている。また，より詳細な規定は，この検討会議と日本公

図表 6.2 国立大学の運営管理体制及びガバナンス体制

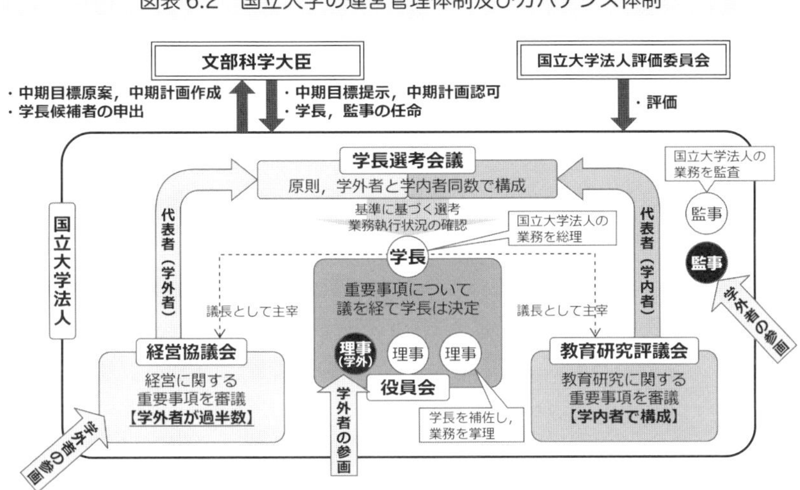

（出典） 文部科学省高等教育局国立大学法人支援課（2014）「国立大学法人の組織及び運営に関する制度概要について」（平成26年12月15日），p.5

図表 6.3 各機関等の役割

学 長	教育と研究の一体的運営のため学校教育上の学長として大学の包括的な最終責任者としての職務と権限を有するとともに法人を代表する。
学長選考会議	経営協議会から選出された学外委員及び教育研究評議会から選出された委員からの同数をもって構成される学長を選考する機関。
理 事	学長を補佐して国立大学法人の職務を掌理するとともに学長に事故があるときはその職務を代行する。
監 事	国立大学法人の業務が適正に行われているかについて業務監査及び会計監査を実施する。
役員会	意思決定プロセスの透明性の確保，役員間の適切な責任分担による一体的な運営，適正な意思決定の担保の観点から，学長及び理事で構成される合議制の機関。
経営協議会	国立大学法人の経営面に関する重要事項を審議するもので，委員のうち過半数は学外委員から構成される。

（出典） 筆者作成

認会計士協会公会計委員会の共同にて設定されている。

6.2.2 会計基準等の基本的な考え方

国立大学法人の会計は，企業会計による複式簿記及び発生主義会計が採用され，原価主義，費用配分の原則，費用収益対応の原則が適用されることや，損益均衡の原則の考え方や目的積立金などの経営努力に係るインセンティブ制度が導入されていることは独立行政法人の会計と同様である。

しかし，国立大学法人の主たる業務が教育・研究であり，学生納付金や附属病院収入等の運営費交付金以外の多額の自主的財源を有すること，**複数の国立大学法人間の統一的取扱いや比較可能性の保持**が求められることなど，独立行政法人と異なる会計環境にある。

したがって，国立大学法人としての公共性の観点から事業の持続性や安定性を確保する会計処理や開示が求められると同時に，収益性という経営成績を加味した運営状況を把握し，開示することが求められている。そのため，セグメント情報として附属病院の運営状況の開示，国立大学法人の研究を基礎としたベンチャー企業（一般に，**大学発ベンチャー**といわれている）へ資金を供給する国立大学法人が運営するベンチャーキャピタルの運営状況の開示，ベンチャーキャピタルを連結対象とした連結財務諸表の作成などが求められている。

6.2.3　会計基準等の構成

国立大学法人会計には，独立行政法人会計と同様に「国立大学法人の財務報告に関する基本的な指針」（令和4年2月10日国立大学法人会計基準等検討会議）が「概念フレームワーク」として設定されている。一方，国立大学法人法により準用される独立行政法人通則法第37条において「原則として企業会計原則による」とされていることから，広く会計公準及び企業会計原則が原則適用されるが，国立大学法人法施行規則により，上記の「概念フレームワーク」を基礎とした「国立大学法人会計基準及び国立大学法人会計基準注解」が優先適用されることとされている。さらに，国立大学法人法・独立行政法人通則法・その他文部科学省令による規定を踏まえ，より詳細な実務規定として，「「国立大学法人会計基準」及び「国立大学法人会計基準注解」に関する実務指針」（以下，「実務指針」という）が定められている。

6.3　会計基準の特徴及び財務諸表の構成と読み方

6.3.1　国立大学法人会計の特徴とその根拠

国立大学法人会計基準は，当初設定時は独立行政法人会計基準の基本的な考え方を取り入れていたが，教育研究を主たる目的とする観点や国立大学法人の社会的役割の変化等から，昨今は，双方の会計基準の隔たりが徐々に大きくなってきている。以下では，独立行政法人会計基準との差異に焦点を当てて解説する。

(1) 資産見返負債の会計処理

独立行政法人会計基準では，損益均衡の観点から，償却資産を運営費交付金，補助金，寄附金等で取得した際に資産見返負債を計上し，減価償却費の計上に応じて当該負債を取り崩して収益化する会計処理が行われている。

しかし，国立大学法人会計基準では，独立行政法人会計基準のような損益均衡の考え方から乖離する方向となっている。すなわち，運営費交付金，授業料及び寄附金等を財源として償却資産を取得した場合には，取得後は引き続き何ら債務を負うものではなく，取得時点で資金拠出者からの負託に応えたものとみなして，当該償却資産の取得時に，その財源である運営費交付金債務，授業料債務等を一括で収益化する。

ただし，補助金等を財源としている場合には，取得後一定期間内に当該償却資産を処分した場合等に補助金交付元への返還義務が生じる場合があることや，国際財務報告基準でも補助金等を財源として償却資産を取得した場合には耐用年数にわたって収益を認識することとされている等から，財源相当額を**長期繰延補助金等**として負債に計上し，償却資産の減価償却に応じて毎期収益化することとされている。

〈運営費交付金及び授業料を財源とする償却性資産の取得〉

①　財源受領時

（借方）現金預金　×××　　（貸方）運営費交付金収益（授業料収益）　×××

②　**財源支出時**（償却性資産を取得した場合）

（借方）固定資産　×××　　（貸方）現金預金　×××

③　**事業年度末**（償却性資産を取得した場合）

（借方）減価償却費　×××　　（貸方）減価償却累計額　×××

〈補助金等を財源とする償却性資産の取得〉

①　**財源受領時**

（借方）現金預金　×××　　（貸方）長期繰延補助金等　×××

②　**財源支出時**（償却性資産を取得した場合）

（借方）固定資産　×××　　（貸方）現金預金　×××

③　**事業年度末**（償却性資産を取得した場合）

（借方）減価償却費　×××　　（貸方）減価償却累計額　×××
（借方）長期繰延補助金等　×××　　（貸方）補助金等収益　×××

(2)　損益外コスト等の損益計算書への一元開示

国立大学法人会計基準では，独立行政法人会計基準と同様に，償却資産のうちその原価に対応すべき収益の獲得が予定されていない特定資産に係る減価償却相当額は，損益外減価償却相当額として資本剰余金の減額計上とする損益外処理が採用されている。

一方，従来の独立行政法人会計基準で採用されていた，将来財源措置が想定される退職給付費用相当額を引当外として帳簿外の処理に基づいて開示すること等も容認されている。このように，国立大学法人会計基準では引当金見返の概念はなく，現行の独立行政法人会計基準とは異なる。

これらの資本剰余金を減額する損益外のコストや引当外退職給付増加見積額としての帳簿外のコストは損益計算書には計上されないが，国民の視点からは国立大学法人の運営に要するコストであることから，損益計算の情報と一元的に表示することが有用であるため，損益計算書への注記がなされている。

(3)　引当特定資産に関する会計処理

国立大学法人は，教育研究の水準を維持するため，保有する施設整備の更新を定期的に行う必要があり，その資金を計画的に留保する必要がある。このような資金の確保は経営努力認定を受けた目的積立金のみでは必ずしも十分とはいえない。また，施設整備等の資金調達のために国立大学法人等債券を発行することも可能となっているが，このような法人では，債権者保護のため，債務の償還に必要な資金を計画的に留保する必要がある。

国立大学法人は授業料や附属病院収入等の自主的な財源を有することから，損益均衡を原則とする独立行政法人とは異なる財務構造を有している。そのため，これらの資金を留保する観点から，学校法人会計基準等を参考に，当該留保資産を**減価償却引当特定資産**及び**国立大学法人等債償還引当特定資産**とすることが認められている。

①　減価償却引当特定資産

〈減価償却引当特定資産への繰入時〉

(借方) 減価償却引当特定資産　×××　　(貸方) 現金預金　×××

〈固定資産取得時〉

(借方) 固定資産　×××　　(貸方) 現金預金　×××

(借方) 現金預金　×××　　(貸方) 減価償却引当特定資産　×××

②　国立大学法人等債償却引当特定資産

〈国立大学法人等債による資金調達及び国立大学法人等債償却引当特定資産への毎期の繰入時〉

(借方) 現金預金　×××　　(貸方) 国立大学法人等債　×××

(借方) 国立大学法人等債償却引当特定資産　×××　　(貸方) 現金預金　×××

〈償還直前期におけるワンイヤールールによる振替〉

(借方) 国立大学法人等債　×××　　(貸方) 一年以内償還予定国立大学法人等債　×××

(借方) 一年以内償還予定国立大学法人等債償還引当特定資産　×××　　(貸方) 国立大学法人等債償却引当特定資産　×××

〈償還時〉

(借方) 現金預金　×××　　(貸方) 一年以内償還予定国立大学法人等債償還引当特定資産　×××

(借方) 一年以内償還予定国立大学法人等債　×××　　(貸方) 現金預金　×××

(4) 認定ベンチャーキャピタル等に係る特定の有価証券の会計処理

国立大学法人等の技術に関する研究成果を社会実装していくため，産業競争力強化法第21条に基づき，当該成果を事業活動において活用する事業者について，文部科学大学及び経済産業大臣が認定し，国立大学法人が当該事業者に必要な資金の出資，人的及び技術的援助の業務を行うことができることとされている。これが国立大学法人等によるベンチャーキャピタル等への出資といわれているものである。この**認定事業者**（**認定ベンチャーキャピタル**）は国立大学法人以外からの出資も募ることから，国立大学法人も有限責任組合員となる投資事業有限責任組合を組成して資金調達をしていくこととなる。

これらの出資により国立大学法人が取得する有価証券のことを「**特定の有価証券**」という。これらの出資は国立大学法人等の財務状況に与える影響が大きく，利害関係者や国民に対して適切な情報開示をする必要がある。これらの出資により取得した有価証券に関する会計処理として，投資事業有限責任組合損益に相当する額，評価損に相当する額，財務収益に相当する額及び売却損益に相当する額について，実際に国立大学法人に現金の収受がなされるまでは国立大学法人等の学長に損益責任を帰属させないとの観点から，国立大学法人等の損益計算に含まれず，「有価証券損益相当累計額（その他)」という科目で資本剰余金を直接増減する損益外処理をすることとされ，現金の収受がなされた際に「有価証券損益相当累計額（確定)」という科目で損益計算に含める。

実務指針 Q79–2 より抜粋（一部形式修正）して会計処理を示すと以下のようになる。

【設例 1】　国立大学法人が投資事業実施会社へ出資する場合

〈前提条件〉
① A 国立大学法人が B 投資事業実施会社へ出資，② A 国立大学法人の B 投資事業実施会社に対する出資金額は 800 で，持分比率は 80％（B 投資事業実施会社の資本金は，1,000)。

(1)　X1 年度の会計処理

①　出 資 時

（借）関係会社株式　800　　（貸）現金及び預金　800

②–1　決算時：B 投資事業実施会社の財務諸表の純資産額が 1,200 の場合

〜仕訳なし〜

②-2　決算時：B 投資事業実施会社の財務諸表の純資産額が 900 の場合

（借）有価証券損益相当累計額（その他）80　（貸）関係会社株式　80（※）

（※）（純資産額 900 − 取得原価 1,000）× 80% = △80

関係会社株式は，純資産額に持分比率を乗じて算定した額が取得原価よりも下落した場合のみ，当該算定額をもって貸借対照表価額とする。

（2）X2 年度の会計処理

①-1　洗替処理：B 投資事業実施会社の前期末純資産額が 1,200 の場合

～仕訳なし～

①-2　洗替処理：B 投資事業実施会社の前期末純資産額が 900 の場合

（借）関係会社株式　80　（貸）有価証券損益相当累計額（その他）80

②　B 投資事業実施会社は，A 国立大学法人へ 100 の配当を行った。

（借）現金及び預金　100　（貸）有価証券損益相当累計額（確定）100

（3）XY 年度の会計処理

①　B 投資事業実施会社の清算時において A 国立大学法人へ清算配当（960）を実施。

（借）現金及び預金　960　（貸）関係会社株式　800

（貸）有価証券損益相当累計額（確定）160

【設例 2】　国立大学法人が投資事業有限責任組合へ出資する場合

〈前提条件〉

① A 国立大学法人は，B 投資事業有限責任組合へ出資，② A 国立大学法人の B 投資事業有限責任組合に対する出資金額 100，持分比率は 50%，③ B 投資事業有限責任組合の契約期間 X1 年度から X4 年度まで，④ A 国立大学法人は有限責任組合員，⑤ B 投資事業有限責任組合における各年度の経費はゼロとする，⑥分配は，B 投資事業有限責任組合の解散後に一括して行う。

（1）X1 年度の会計処理

①　出 資 時

（借）その他の関係会社有価証券　100　（貸）現金及び預金　100

②　B 投資事業有限責任組合が C ベンチャー企業の株式を取得（150）した。

～仕訳なし～

③　決算時：B 投資事業有限責任組合持分の取込処理（C ベンチャー企業の株式（上場株式）の決算日の時価 170）

（借）その他の関係会社有価証券　10　（貸）有価証券損益相当累計額（その他）　10（※）

（※）（時価 170 − 取得原価 150）× 50% = 10

（2）X2 年度の会計処理

①　洗替処理

（借）有価証券損益相当累計額（その他）　10　（貸）その他の関係会社有価証券　10

②　B 投資事業有限責任組合が C ベンチャー企業の株式を売却（200）し，D ベンチャー企業の株式を取得（100）した。

～仕訳なし～

③　決算時：B 投資事業有限責任組合損益の取込処理（②により発生した損益を取り込む。）

（借）その他の関係会社有価証券　25　（貸）有価証券損益相当累計額（その他）　25（※）

（※）（投資収益 200 − 投資原価 150）× 50% = 25

④　決算時：B 投資事業有限責任組合持分の取込処理（D ベンチャー企業の株式（上場株式）の決算日の時価 90）

（借）有価証券損益相当累計額（その他）　5　（貸）その他の関係会社有価証券　5（※）

（※）（時価 90 − 取得原価 100）× 50% = △5

（3）X3 年度の会計処理

①　洗替処理

（借）その他の関係会社有価証券　5　（貸）有価証券損益相当累計額（その他）　5

②　B 投資事業有限責任組合が D ベンチャー企業の株式を売却（60）し，E ベンチャー企業の株式を取得（40）した。

～仕訳なし～

③　決算時：B 投資事業有限責任組合損益の取込処理（②により発生した損益を取り込む。）

（借）有価証券損益相当累計額（その他）　20　（貸）その他の関係会社有価証券　20（※）

（※）（投資収益 60 − 投資原価 100）× 50% = △20

④　決算時：投資事業有限責任組合持分の取込処理（Eベンチャー企業の株式（上場株式）の決算日の時価40）

～仕訳なし～(※)

（※）（時価40－取得原価40）×50％＝0

(4) X4年度の会計処理

①　決算時：B投資事業有限責任組合損益の取込処理（投資事業有限責任組合がEベンチャー企業の株式を40で売却している。）

～仕訳なし～(※)

（※）（投資収益40－投資原価40）×50％＝0

②　清算時：B投資事業有限責任組合は，契約期間が終了したため解散し，A国立大学法人に対して分配を行った（105とする）。

（借）現金及び預金	105	（貸）その他の関係会社有価証券	105
（借）有価証券損益相当累計額（その他）	5	（貸）有価証券損益相当累計額（確定）	5

投資事業有限責任組合から分配金を受け取ることにより資金が裏付けられたため，投資事業有限責任組合への投資額を上回って得られた分配金5は，「有価証券損益相当累計額（その他）」（損益外処理）から「有価証券損益相当累計額（確定）」（損益処理）に振り替える。

6.3.2　財務諸表の構成と読み方のポイント

(1) 財務諸表の体系

国立大学法人会計基準では，独立行政法人会計基準と異なり行政コスト計算書の定めはない。そのため，企業会計と同様に，貸借対照表，損益計算書，純資産変動計算書，キャッシュ・フロー計算書，附属明細書から構成され，準用通則法の定めに基づく利益及び損失の確定，経営努力認定の必要から，利益の処分または損失の処理に関する書類が追加されるような財務諸表の体系となっている。

(2) セグメント情報の重要性

国立大学法人等においては，各法人間における比較可能性の確保の観点から，「一定のセグメント情報」については共通に開示する必要があるものとされている。国立大学法人に共通に開示すべきセグメント区分としては，学

図表6.4 セグメント情報の開示事例―東京大学―

（単位：千円）

区分	大学	医学部付属病院	医科学研究所付属病院	付属学校	空間情報科学研究センター	出資事業等	法人共通	合計
業務費用								
業務費	132,755,987	63,855,940	6,013,344	628,109	609,279	1,175,754	14,076,540	252,325,471
教育経費	7,994,548	85,332	—	71,356	17	10,549	3,026,451	11,251,335
研究経費	28,959,488	1,876,310	75,909	897	138,698	940,765	2,843,624	47,320,930
診療経費	—	32,217,072	4,012,885	—	—	—	—	36,229,957
教育研究支援経費	814,260	215,685	—	—	—	—	117,246	4,994,402
受託研究費	24,327,258	3,898,199	22,135	1,469	116,529	—	106,038	35,458,174
共同研究費	8,832,499	1,015,428	23,453	—	153,794	—	622,212	11,519,525
受託事業費等	539,263	295,456	2,236	4,995	300	—	198,083	1,113,028
人件費	61,288,669	24,252,454	1,876,724	549,390	199,939	224,439	7,162,883	104,438,115
一般管理費	2,486,273	844,360	13,464	10,575	2,742	—	4,392,160	8,534,662
財務費用	138,281	120,140	10,416	—	2,060	—	489,581	855,266
雑損	81,368	49,633	2,292	10	91	—	86,889	231,731
小計	135,461,910	64,870,074	6,039,517	638,695	614,174	1,175,754	19,045,171	261,947,132
業務収益								
運営費交付金収益	52,555,333	3,280,784	1,477,814	504,542	280,332	—	7,312,005	82,719,473
学生納付金収益	16,319,863	—	—	44,978	—	—	156,921	16,527,880
授業料収益	13,935,063	—	—	40,694	—	—	5	13,980,936
入学金収益	2,116,353	—	—	112	—	—	—	2,117,312
検定料収益	268,446	—	—	4,171	—	—	156,916	429,631
附属病院収益	—	49,739,319	3,989,937	—	—	—	—	53,729,257
受託研究収益	28,875,314	4,671,194	34,766	1,301	130,995	—	3,972,318	45,713,026
共同研究収益	11,843,675	1,275,458	29,167	—	167,937	—	2,283,755	16,716,347
研究関連収益	3,026,017	104,198	—	—	5,261	—	367,769	4,989,492
受託事業等収益	626,041	322,414	2,236	4,995	341	—	352,541	1,384,786
寄附金収益	5,870,131	1,254,017	24,530	14,858	39,752	—	658,887	8,430,798
施設費収益	302,460	962	—	—	—	—	434,214	943,970
補助金等収益	5,327,555	4,848,271	666,019	1,515	26,365	—	1,119,014	13,777,453
財務収益	2,984	0	—	—	—	—	135,456	138,441
雑益	2,576,914	1,407,781	98,412	39	27	—	3,036,970	8,036,935
資産見返負債戻入	6,828,785	900,581	51,576	9,306	6,040	—	752,502	10,994,894
小計	134,155,076	67,804,985	6,374,460	581,538	657,055	—	20,582,357	264,102,758
業務損益	△1,306,834	2,934,911	334,942	△57,156	42,880	△1,175,754	1,537,185	2,155,626
土地	738,281,361	71,757,900	10,534,400	18,186,278	—	—	—	883,397,266
建物	131,150,303	45,034,354	2,364,729	856,412	591,624	81,790	37,036,856	240,684,790
構築物	9,721,698	2,105,801	5,748	141,727	—	—	—	22,101,314
関係会社株式	50,000	—	—	—	—	90,000	334,088	474,088
その他の関係会社有価証券	—	—	—	—	—	21,737,196	—	21,737,196
その他	84,456,138	20,694,176	1,715,927	61,369	256,948	873,005	178,718,652	317,021,686
帰属資産	963,659,502	139,592,232	14,620,806	19,245,789	848,573	22,781,992	216,089,597	1,485,416,342

（出典） 東京大学ホームページ「令和3年度財務情報」（一部抜粋） https://www.u-tokyo.ac.jp/ja/about/public-info/zaimu-2021.html（最終参照 2023-9-30）

部，研究科，附属病院，附属学校等があり，学内の資源配分（予算・人員配置・資産等）の可視化を促進する観点から，少なくとも，①学部・研究科，②附属病院，③共同利用・共同研究拠点，④附属学校，⑤産業競争力強化法第21条の規定に基づき国立大学法人等が行う出資事業，等を区分して開示する。

また，一法人複数大学制度を採用する国立大学法人でも，共通に開示すべき「一定のセグメント情報」は，上記セグメント区分と同様であり，原則として大学ごとに開示する。

学部・研究科は，原則として設置する学部（当該学部を基礎とする大学院の研究科等を含む）ごとに開示される。また，当該セグメントにおいて行われ

図表 6.5　国立大学法人の財務指標等

人件費比率	人件費が法人の業務費に占める割合を示す指標。この数値が高いほど，学内の教育・研究・診療等の業務が主に教職員等の人材に依っていると解釈できる。
自己収入比率	法人の経常的な収益（科研費等を含む）のうち，自身で稼得する自己収入等（学生納付金，受託研究および受託事業収益，附属病院収益，寄附金，科研費等など）が占める割合を示す指標。この数値が大きいほど財務の自立性が高いと判断できる。
教育経費比率	教育活動で消費される人件費を除いた経費（教育経費）が大学の経常的な経費に占める割合。数値が大きいほど教育活動に投じられた物件費等が大きいと解釈できる。
研究経費比率	研究活動で消費される人件費を除いた経費（研究経費）が大学の経常的な経費に占める割合。数値が大きいほど研究活動に投じられた物件費等が大きいと解釈できる。
学生一人当たり教育経費	学生当たりの教育経費であり，この数値が大きいほど学生一人当たりにかけられた教育目的の物件費等が大きいことを示している。
教員一人当たり研究経費	常勤教員当たりの研究経費であり，この数値が大きいほど教員一人当たりにかけられた研究目的の物件費等が大きいことを示している。
附属病院業務費用回収率	附属病院の業務費用のうち，附属病院収益で賄われる比率を示す指標。この数値が高いほど，病院経営の自立性が高いと解釈できる。
減価償却累計率	有形固定資産（土地，美術品・所蔵品を除く）について，減価償却がどの程度終わっているかを示す指標。建物や設備，構築物などの老朽化度を示す。
附属病院資産収益率	附属病院の帰属資産に対する附属病院の業務収益計の大きさ。保有資産の使用効率を見るもの。
附属病院債務償還負担度	附属病院収益に対して，長期借入金の返済負担の重さを見ている。
教員一人当たり学生数	常勤教員一人当たりの学生数であり，この数値が低いほど，学生に対する教育業務が手厚く行われていると解釈できる。
大学院生割合	大学院生対学部生の比率を示す指標。この数値が高いほど，研究に重点をおいて活動が行われていると解釈できる。

（出典）　独立行政法人大学改革支援・学位授与機構ホームページ　https://www.niad.ac.jp/support/university_finance/（最終参照 2023-9-30）

る一切の活動に係る損益及び帰属資産についても開示される。

(3) 国立大学法人の財務指標等

同種の業務を実施する国立大学法人が複数存在することから，財務状況をクロスセクショナルに比較分析する手法が経営管理上有用となる。国立大学法人の財務指標として有用と考えられる代表的なものは，独立行政法人大学改革支援・学位授与機構が定める図表 6.5 のような財務指標等がある。

6.4　今後の課題等

今後の国立大学法人は，人類社会全体の発展に寄与する普遍的使命のもと，その機能を拡張して公共を担う経営体へ転換し，我が国の成長戦略の切り札としての貢献が強く求められている。そのため，これまでの国との関係を自

図表 6.6　国立大学法人と国との関係（見直し前後の比較）

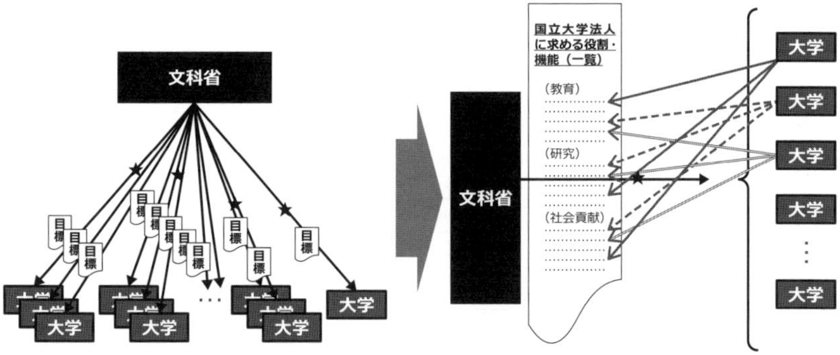

<現行制度>

1. 国は（国立大学法人が作成した原案を尊重し）**それぞれの国立大学法人の経営全般にわたる中期目標**を提示（★）
2. 国立大学法人は，国から示された中期目標を達成するための中期計画を作成

<自律的契約関係>

1. 国は**国立大学法人全体に求める役割や機能に関する基本的事項（一覧）**を提示（★）
2. 国立大学法人は，1 の中から，自らの大学経営の目標に照らして，自身のミッションとして位置付けるものを選択し，中期目標素案を作成
3. 国は，（2 を踏まえつつ）中期目標を提示
4. 国立大学法人は，中期目標を達成するための中期計画を作成

（出典）　文部科学省国立大学法人の戦略的経営実現に向けた検討会議（2020）「国立大学法人の戦略的な経営実現に向けて～社会変革を駆動する真の経営体へ～最終とりまとめ【概要】」（令和 2 年 12 月）

律的な契約関係へと転換し，**経営裁量の拡大**を可能とする規制緩和策が行われていくべきとされている。

そのため，以下のような方向性が出されている。

① 国立大学法人の評価全体を簡素化するため，毎年度の年度評価の廃止し，代替的に国立大学法人ガバナンス・コードへの適合状況等の積極的な公表と自己評価を充実すること

② 国は国立大学法人に置くべき組織や構成，役割の大枠を示し，その他の事項は法人の経営判断に委ねるとともに，内部統制などの牽制機能を可視化すること

③ 全国の知のネットワーク・ハブである公共財として，組織の新陳代謝やリソースの戦略的再配分を可能とする高い経営力の実行性を一層高めるとともに，ステークホルダーへの徹底した情報公開と厳しいモニタリングを経て，我が国に眠っている資金を動かすことで新たな資金を呼び込み，さらにそれを循環させることで社会変革をもたらすべく，さらなる大学改革の検討が必要であること

④ 国が，ガバナンスを含め抜本的強化を行う国立大学法人に対して支援を行う大学ファンド[2]の創設の動向も踏まえつつ，世界に類のない「公共を担う経営体」に相応しい新たな法的枠組みの在り方について，大学経営のニューノーマルの日本発モデルを創り出すこと

このように国立大学法人は戦略的な経営を実現することにより，**世界最高水準の教育研究**の先導，**イノベーションや知の多様性**の源泉となる学問分野の継承・発展，全国的な**高等教育の機会均等**などの普遍的使命が求められている。また公共を担う経営体として全国の知的インフラのネットワークの集積機構を活かし，我が国の成長戦略の切り札としての新たな役割が期待されている。

これらのダイナミックな動きに対応して，国立大学法人会計基準も順次検

---

[2] 科学技術振興機構（JST）に設置され，10兆円程度の元本の運用益を活用し，研究大学における将来の研究基盤への長期・安定投資を実行するものであり，参画大学は，国際卓越研究大学として世界トップ研究大学に相応しい制度改革，大学改革，資金拠出にコミットし，ファンドは50年の時限，将来的に大学がそれぞれ自らの資金での基金運用するための仕組みを導入することされている。

討・修正されていくことが想定される。

●練習問題●

□1　国立大学法人会計基準の償却資産の取得に係る会計処理及び引当特定資産の会計処理について，独立行政法人会計基準と異なる点を述べ，なぜそのような相違があるのかについて理由を説明しなさい。

□2　国立大学法人会計基準における「特定の有価証券」とは何かについて説明したうえで，当該有価証券に係る損益取引について，損益外処理をする理由について説明しなさい。

□3　国立大学法人会計基準において開示することとされているセグメント情報について説明し，なぜ詳細な開示がなされるのかについて理由を説明しなさい。

第 7 講

地方公共団体の会計

7.1　地方公共団体の制度と財務会計制度の概要

7.1.1　地方自治制度の概要

日本国憲法において，「**地方公共団体**の組織及び運営に関する事項は，地方自治の本旨に基いて，法律でこれを定める。」（第 92 条）とされている。そして，**地方自治法**において，「この法律は，地方自治の本旨に基いて，地方公共団体の区分並びに地方公共団体の組織及び運営に関する事項の大綱を定め，併せて国と地方公共団体との間の基本的関係を確立することにより，地方公共団体における民主的にして能率的な行政の確保を図るとともに，地方公共団体の健全な発達を保障することを目的とする。」（第 1 条）とされている。

「国と地方の役割分担」について，地方公共団体は，**地域における行政を自主的かつ総合的に実施する役割を広く担う**ものとされ（地方自治法（以下「法」という）1 の 2①），**地域における事務及び法令で定められたその他の事務を処理**する（法 2②）ものとされている。

国は，国が本来果たすべき役割を重点的に担うとされており，次の 3 類型を例示している。①国際社会における国家としての存立に関わる事務，②全国的に統一して定めることが望ましい国民の諸活動もしくは地方自治に関する基本的な準則に関する事務，③全国的な規模でもしくは全国的な視点に立って行わなければならない施策及び事業の実施，である。

そのうえで，住人に身近な行政はできる限り地方公共団体に委ねるとされている。都道府県と市町村の役割分担については，**都道府県は，市町村を包括する広域の地方公共団体**として，①広域にわたるもの，②市町村に関する連絡調整に関するもの，③その規模または性質において一般の市町村が処理することが適当ではないと認められる事務を処理することとされている（法2⑤）。**市町村は，基礎的な地方公共団体**として，都道府県が処理するものとされているものを除き，一般的に，「地域における事務及び法令で定められたその他の事務」を処理することとされている（法2③）。

7.1.2 地方財政の役割

我が国の内政を担っているのは地方公共団体であり，国民生活に密接に関連する行政は，そのほとんどが地方団体の手で実施されている。その結果，政府支出に占める地方財政のウェートは国と地方の歳出決算・最終支出ベースで56％となっている。

他方，国と地方の財財源配分と地方歳入の状況をみると，2021年度（令和3年度）において，国民の租税（租税総額113.3兆円）の内訳は，国税（71.9兆円，63.4％），地方税（41.4兆円，36.6％）であるが，歳出では，国の歳出（97.3兆円，44.3％），地方の歳出（122.6兆円，55.7％），国と地方の歳出合計219.9兆円となっている。**地方における財源不足分は，国から地方交付税と国庫支出金（補助金）として財政調整されている**（図表7.1参照）。

7.1.3 地方財務会計制度の概要

(1) 地方財務会計制度の考え方

地方公共団体の民主的統制の保障と適正な財務処理を確保するため，財務会計事務の手続の基本ルールを定めている。その基本的な考え方は下記のとおりである。

① **議会による民主的統制**：議会による予算の議決。執行に当たっての各款項間の流用禁止，会計年度独立の原則。総計予算主義の原則。

② **適法性，正確性の確保**：議会による決算のチェック，監査委員による

図表 7.1　地方財政の役割

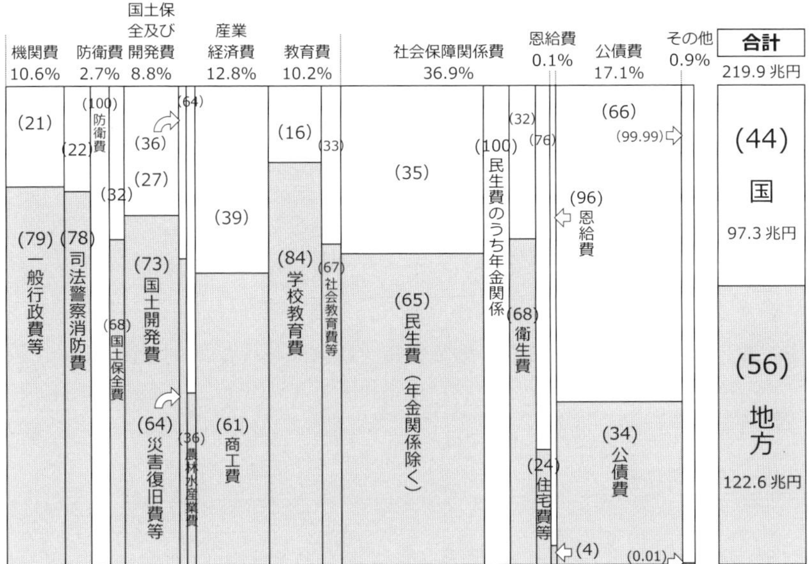

（注）（　）内の数値は，目的別経費に占める国・地方の割合。計数は精査中であり，異動する場合がある。
（出典）総務省「地方財政の果たす役割」より抜粋

財務処理のチェック，住民によるチェック機能（住民監査請求，住民訴訟）の確保。

③　**現金主義と単式簿記**：議会の事前統制の手段，予算の執行管理の手段として，明確性とわかりやすさが必要。現金収入である歳入を予算に基づき配分するものとして，現金ベースの統制を採用。現金ベースの予算管理において，簡便な記帳方式の単式簿記を採用。

④　**情報開示と説明責任の履行**：財政状況等についての住民等に対する説明責任を十分に確保（予算・決算書類，財政状況の公表等）。

⑤　**命令機関と執行機関の分離**：会計事務の適正な執行を確保するために内部牽制の仕組みを採用（支出に係る「長」の命令行為と「会計管理者」の確認行為の分離）。

国と地方公共団体とが財政運営上密接な関係にあることから，国の財務会計制度と連動した制度を設けている。

(2) 予算について

予算については，次のような原則が規定されている。

① **会計年度及びその独立の原則**　普通地方公共団体の会計年度は，**毎年4月1日に始まり，翌年3月31日に終わる**ものとする（法208①）。各会計年度における歳出は，その年度の歳入をもって，これに充てなければならない（法208②）。

② **総計予算主義の原則**　一会計年度における一切の収入及び支出は，すべてこれを歳入歳出予算に編入しなければならない（法210）。

③ **予算の調製及び議決**　**普通地方公共団体の長は，毎会計年度予算を調製し，年度開始前に，議会の議決を経なければならない**（法211①）。普通地方公共団体の長は，予算を議会に提出するときは，政令で定める予算に関する説明書を併せて提出しなければならない（法211②）。

④ **繰越明許費**　歳出予算の経費のうちその性質上または予算成立後の

図表7.2　歳入・歳出予算のイメージ

議決科目（款項）（法216）	議決科目（款項）（法216）
① 道府県民税，分担金，使用料のように収入の性質別に区分 ② 款に大別し，かつ，各款中においてこれを項に区分 （款）市町村税 （項）1 市町村民税 2 固定資産税 3 軽自動車税　等	① 公債費，小学校費等のように支出目的別（当該経費によって実現しようとする目的別）に区分する ② 款項に区分 （款）土木費 （項）1 土木管理費 2 道路橋りょう費 3 河川海岸費　等
執行科目（目節）（法220）	**執行科目（目節）（法220）**
(1) 目は，項を区分したもの (2) 節は，目を細分化したもの （項）市町村民税 （目）1 個人 2 法人 （節）1 現年課税分 2 滞納繰越分	(3) 目は，項を区分したもの (4) 節は，目を細分化したもので，地方自治法施行規則で定められている節のいずれかに区分する。 （項）道路橋りょう費 （目）1 道路橋りょう総務費 2 道路維持費 3 道路新設改良費　等 （節）1 報酬 2 給料 3 工事請負費　等

（出典）総務省資料より筆者作成

事由に基づき年度内にその支出を終わらない見込みのあるものについては，予算の定めるところにより，翌年度に繰り越して使用することができる。これを**繰越明許費**という（法 213）。

歳入・歳出予算は，法施行規則 15 条などに基づき，**議決科目（款項）と執行科目（目節）と細分化されて分類**される。**歳入は性質別分類であり，歳出は目的別分類だが，節は性質別分類**となっている。

歳入・歳出予算のイメージは図表 7.2 のようになる。

(3) 決算について

決算認定の流れについて，会計管理者は，毎会計年度，政令で定めるところにより，**決算**を調製し，出納の閉鎖後 3 カ月以内に，証書類その他政令で定める書類と併せて，(普通) 地方公共団体の長に提出しなければならない（法 233 ①）。地方公共団体の長は，決算及び証書類その他政令で定める書類を**監査委員の審査**に付さなければならない（法 233 ②）。地方公共団体の長は，監査委員の審査に付した決算を監査委員の意見を付けて次の通常予算を審議する会議までに議会の認定に付さなければならない（法 233 ③）。

歳入歳出決算書の世田谷区の事例（図表 7.3）を参照されたい。

7.2　地方公会計改革と「統一的な基準」の概要

7.2.1　地方公会計改革の現状

総務省が，2014 年（平成 26 年）4 月に「今後の新地方公会計の推進に関する研究会報告書」を公表して，**統一的な会計基準**の設定，**複式簿記の導入**，**固定資産台帳の整備**を進めることとなった。2015 年（平成 27 年）1 月には，「**統一的な基準による地方公会計マニュアル**」が公表されて，地方公共団体は 2017 年（平成 29 年度）までに，統一的な基準による財務書類の作成を要請されたところである。

なお，東京都は，国や総務省に先行する形で，官庁会計を保持しつつ，2006 年（平成 18 年度）より複式簿記・発生主義会計を導入している。その

図表 7.3　歳入歳出決算書の事例

世田谷区令和 3 年度決算

（単位：百万円）

	令和 3 年度
歳入総額	346,579
歳出総額	356,762
歳入歳出差引額	19,817
翌年度繰越財源	2,806
実質収支	17,011

歳入・歳出決算書

歳　入

（単位：百万円）

款	項	予算現額	調定額	収入済額	不納欠損額	収入未済	予算現額と収入済額との比較
1 特別区税		128,388	131,513	128,773	535	2,245	384
	1 特別区民税	124,008	126,748	124,048	529	2,211	40
	2 軽自動車税	343	394	353	5	34	10

歳　出

款	項	予算現額	支出済額	翌年度繰越額	不用額	予算現額と収入済額との比較
3 民生費		174,056	160,044	5,372	8,639	14,012
	1 社会福祉費	74,307	65,234	4,281	4,522	8,803
	2 児童福祉費	77,738	72,960	1,090	3,687	4,778

（出典）　世田谷区の決算資料より筆者作成

後，大阪府，愛知県，町田市，江戸川区等が複式簿記を導入して，財務諸表を公表している。

総務省（2023）「統一的な基準による財務書類の作成状況等に関する調査」（令和 5 年 3 月 31 日時点）によれば，2021 年度（令和 3 年度）決算に係る一般会計等財務書類の作成状況は，全自治体 1,788 のうち，作成済 1,676（93.7%），作成中 90（5.0%）であり，98.7%の自治体が作成済・作成中である。

他方，財務書類の活用状況について，総務省によれば，要約した財務書類を作成し住民に説明した，あるいは，各種指標の分析を行ったという自治体は多いが，議会への説明，公共施設管理計画への活用，施設別・事業別行政コスト計算書の作成等は，まだ取組みが少ない状況といえる。今後とも，財務書類の活用が課題といえよう。

7.2.2　統一的な基準の概要

(1) 統一的な基準の目的

総務省（2014）「今後の新地方公会の推進に関する研究会報告書」では，これまでの取組みの問題点を指摘して，新しい公会計制度を提言した。

① **発生主義・複式簿記の導入が進んでいない**　総務省は，2005年（平成18年）に改訂モデルと基準モデルという2つの会計モデルを提示したが，本格的な発生主義・複式簿記の導入が進んでいなかった。

② **固定資産台帳の整備が進んでいない**　固定資産は，簡便的に決算統計の数値で計算していたため，固定資産台帳の整備が進んでいなかった。また，有形固定資産を時価評価するという考え方があり，企業会計との乖離があった。

③ **複数の会計基準が並存している**　総務省には基準モデルと改訂モデルが並存しており，また，東京都が日々仕訳による複式簿記を導入し，国際公会計基準（IPSAS）を参考にした会計基準を設定しており，我が国に複数の会計基準が並存していた。そのため，比較可能性や理解可能性に問題があった。

④ **財務書類を作成したが，活用が進んでいない**　財務書類を作成することが目的となり，財務情報に基づく財政運営や事業評価，予算編成への活用が十分に行われていなかった。

(2) 統一的な基準の概要

総務省では，上記の課題を解決するために，次のような公会計制度の整備と統一的な基準が提示された。

① **固定資産台帳の整備**　現状の公有財産台帳は，固定資産の物量情報（面積等）の管理が中心であり，価格情報の記載がまちまちであった。そこで，固定資産台帳を作成して，取得価額の情報を記載することとした。そして，固定資産台帳と公有財産台帳等を統合・連携して，財務書類作成の補助簿とすることとなった。固定資産台帳の取得価額の情報は，将来の公共施設等のマネジメントに活用することができるものである。

② **複式簿記の導入**　正規の複式簿記は，帳簿体系の基礎であり，取引の検証機能（取引の記帳者以外の他の者が取引の適正性を確認できる）がある。

図表 7.4　統一的な基準の主な特徴

財務書類	主な特徴
貸借対照表	純資産部分は「固定資産等形成分」と「余剰分（不足分）」の2科目で表示。
行政コスト計算書	収益と費用の対比ではなく，費用の内訳を表示。
純資産変動計算書	前年度末と当年度末の純資産の増減内訳を示す。純行政コスト，財源，固定資産等の変動（内部変動），資産評価差額，無償所管換等，その他の情報を区分表示。
資金収支計算書	業務活動収支，投資活動収支，財務活動収支の3区分。これに歳計外現金の残高を加えて現金預金案高としている。

（出典）筆者作成

また，固定資産残高の実在性の検証，事業別のフルコスト情報の作成にも有用である。原則としては，**日々仕訳が望ましい**が，システム費用や小規模団体への配慮もあり，**期末一括変換方式も認容**することになった。複式簿記のシステムを導入していない団体に対しては，総務省が一括変換のソフトウェアを提供することになった。

③　統一的な会計基準の特徴　統一的な会計基準が必要であり，従来の改訂モデルや基準モデルをベースとしつつも，東京都方式や国際公会計基準などを参考にしながら，総務省が新しい会計基準を設定した。その特徴としては，図表 7.4 にあげた点がある。

7.3　統一的な基準の特徴及び財務書類の構成と読み方

7.3.1　統一的な基準の特徴と課題

統一的な基準には次のような特徴と課題がある。

(1) 財務書類の体系

東京都や大阪府等の方式は，企業会計や国際公会計基準に準じた形で，財務業績計算書として，行政コスト計算書の中で一会計期間のすべての収入と費用を対応させて，行政コストが税収等によって賄われているかどうかを示す形になっている。

これに対して，統一的な基準では，行政サービスの提供等によって直接収益を生み出すわけではないことから，まずは行政サービスの提供等にどの程度の経常的な費用が必要であったかを**行政コスト計算書**で示すことに重点をおき，それが税収等の財源によってどのように賄われているかを**純資産変動計算書**で示すことにしている。さらに，純資産の変動の要因を固定資産の形成分とその他に区分して，財務業績を評価するという表示方法が採用されたが，理解可能性に課題を残している。

(2) 有形固定資産の評価

有形固定資産の評価基準は**取得原価**とすること（**時価評価**はしない）になった。

開始貸借対照表の資産評価では，原則的に取得原価とされた。ただし，地方公共団体が保有する道路資産の土地については，地方債の償還期間（30年）が経過したもの（1984年（昭和59年）以前のもの）や，取得価額が不明なものは1円で評価するという簡便な方法を採用した。

地方公共団体にとって，道路資産は大きな比重を占めるものだが，これまで価格情報を把握してこなかったことから，その評価方法については，種々の意見があった。その中で，土地の基準地価等を参考にして取得価額を推計する方法も検討されたが，地域によっては取得価額情報が不足している状況を配慮して，1円評価が採用されたのであった。その結果，道路資産の評価は，自治体によりまちまちとなり，比較可能性を欠くことになってしまった。

(3) 出納整理期間

地方自治法第235条の5で「普通地方公共団体の出納は，翌年度の五月三十一日をもって閉鎖する」旨が定められている。4月1日から5月31日までの期間は**出納整理期間**とされ，この期間中に3月末までに確定した歳入の調定や支出負担行為について，未収・未払となっている現金出納を整理するという特殊な会計処理が行われている。現預金残高は，**形式収支**（歳入と歳出の単年度収支差額）を表している。

出納整理があることによって，3月31日を基準日として作成される貸借対照表の現金預金，基金，地方債等の残高は3月31日の実際の現金預金，基金，地方債等の残高を表しておらず，また，出納整理期間の閉鎖日である5月31日の一時点の残高も表してはいない。

(4) 財務書類の活用について

現在は，ほとんどすべての自治体が，統一的な基準に基づく財務書類をホームページで公表しており，総務省のホームページでは各団体へのリンク先が公表されている。

東京都のように独自方式で作成している団体に対しては，統一的な基準の財務書類とは別に，独自基準に基づき作成して，**創意工夫でわかりやすい情報の提供**を行うことは認めており，財務報告書や財政白書等が公表されている。東京都等では，統一的な基準に基づく財務書類もホームページで公表されている。

現在は，統一的な基準のマニュアル作成と，期末一括仕訳システムの整備がなされており，財務情報の活用の充実，人材育成が課題といえる。

7.3.2　財務書類の構成と関係

財務書類の関係をみる場合，**図表 7.5** にあげたように，**資金収支計算書**（キャッシュ・フロー計算書）からみるとわかりやすい。資金収支計算書（キャッシュ・フロー計算書）は，**官庁会計の歳入・歳出決算書を業務活動，投資活動，財務活動の3区分に組み替えたもの**に相当するが，官庁会計よりも資金の流れがわかりやすくなっている。

資金収支計算書（キャッシュ・フロー計算書）の業務活動の収入・支出は，行政コスト計算書及び純資産変動計算書の収支へ反映される。投資活動の収入（建設補助金等）は純資産変動計算書へ反映されて，支出（投資）は貸借対照表の資産（固定資産や基金）の増加へ反映される。財務活動の収支は負債の借入金の増減に反映される。

行政コスト計算書及び**純資産変動計算書**の収支には，**現金収支を伴うものに加えて，減価償却費や退職手当引当金等の非資金取引**が，**貸借対照表**の資産・負債の変動を通して計上される。当期収支差額は，企業会計の純利益に相当するが，財務業績の良し悪しを表す。当期収支差額は，貸借対照表の純資産の増加（減少）になる。

図表 7.5　財務書類の相互関係

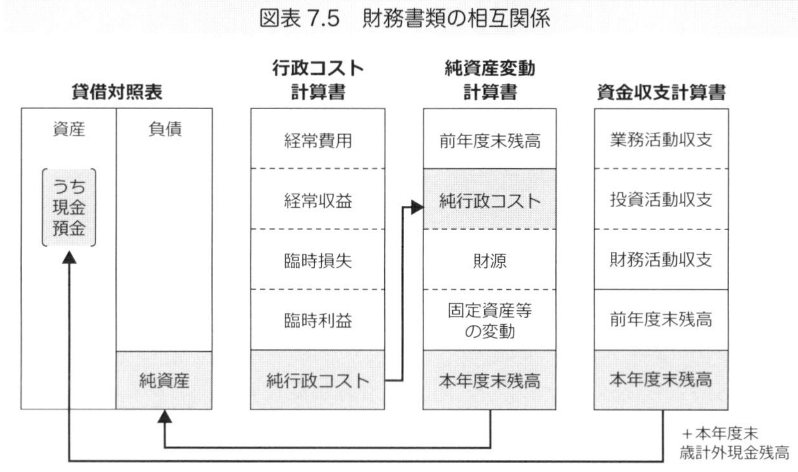

（出典）　総務省（2019）「統一的な基準による地方公会計マニュアル」（令和元年 8 月改訂），p.11

貸借対照表は，資金収支計算書（キャッシュ・フロー計算書）と行政コスト計算書及び純資産変動計算書のフローを反映した結果，期末時点の**資源の調達（負債・純資産）と資源の運用（資産）**を表している。

7.3.3　財務書類の読み方のポイント

財務書類のどこをみていくのかを，企業会計とは異なる意味を持つことに注意しながら，主要な数値の意味をみていく。

地方公共団体においては，**財政運営**という**マクロの面（中長期財政フレームワークや財政指標の開発等）**と，**事業経営**という**ミクロの面（予算プロセス改革と業績評価によるマネジメント改革）**との**両面での効率化**があって，はじめて全体の効率性が高まるものである。したがって，この両面を注視していくことが重要である。

(1) 行政コスト計算書及び純資産変動計算書

行政収入（財源）は，サービス・コストを賄う財源であり，**現在の課税水準**を表す。**行政費用**は，提供された**サービスのフルコストを意味し，サービスの水準と量**を表す。**金融収支**は，**資金調達に係るコスト**（地方債の支払利息）と，**基金等の資産運用の収益**（受取利息等）の差額（純金融費用）を表す。

地方債残高が大きいと，金利が上昇したときに，財政に与える影響が大きいことを意味する。

本年度差額は，**財源等の行政収入と行政費用の差額**である。**1年間のサービス提供に係るコストが，その年度の収入で賄えたかどうか**を表す。もしも，本年度差額が赤字である場合，中期的には，**サービス水準の低下あるいは増税をしないと財政の持続可能性が危うくなる**ことを意味する。もしも，本年度差額が黒字である場合，将来にわたって**サービス提供が持続可能**であることを意味する。本年度差額は，**世代間負担の衡平性**を表す指標といえる。

(2) 貸借対照表

貸借対照表の**借入金の水準**は，**財政の持続可能性の指標**である。将来にわたり返済可能な水準かどうか，例えば，税収等収入の何年分に相当するのか，業務活動収支差額の何年分に相当するのかは，債務償還能力を図る指標になる。

純資産の水準は，資産と負債の差額として計算されるものであるから，資産の評価方法によって金額が異なる。資産より負債が大きいという**債務超過**になっている場合，**固定資産の投資に結び付かない地方債**（臨時財政対策債等）の残高が大きいかもしれない。あるいは，**本年度差額が赤字**であり，純資産の残高が減少しているかもしれない。また，**資産超過**になっているとしても，**売却できる資産はほとんどない**ことから，借入金の返済に充当できる資産がないことが多い。

したがって，純資産の金額そのものを評価するのは難しいが，**純資産の推移は，財政の持続可能性と，世代間負担の衡平性の指標**となる。

(3) 資金収支計算書（キャッシュ・フロー計算書）

業務活動収支が，現金ベースの（投資前，地方債返済前の）経常的な収支を表している。ここで**赤字になると，経常的なサービス提供に支障が出る**ことになる。**臨時財政対策債**によって財源の手当てをしている場合，将来，地方交付税により補填されるとしても，臨時財政対策債は**自治体の負債**であることには変わりないので，サービス提供の水準に影響が出る可能性がある。業務活動収支が黒字になってはじめて，地方債の返済や投資の財源に充当することができる。

業務活動収支と投資活動収支の差額（フリー・キャッシュフロー）は，赤字の場合，地方債の発行により地方債の残高が増加することを意味している。黒字の場合，地方債の残高を減少させることができる。ただし，投資活動には，基金の取崩と積立が含まれるので，注意が必要である。基金の積立が取崩よりも多い場合，いわば貯金が多いということなので，地方債の残高が増加しているとしても，その分を考慮してみることが必要である。

地方債の発行は，土地や建物などの有形固定資産の取得と結び付いている場合，後年度負担の衡平性の観点からみることができるので，償還可能な範囲にあるのかどうかということと併せてみることが必要である。

(4) 事例分析（世田谷区）

世田谷区の主要な財政指標を参考にみていく（図表7.6，図表7.7参照）。

① 行政コスト計算書及び純資産変動計算書　世田谷区の行政コスト計算書及び純資産変動計算書の収支差額は，347億円の黒字であった。経常収支では，地方税等の収入に占める割合が高いため，景気動向や住民の所得の変動に影響を受けることがわかる。

② 貸借対照表　世田谷区の2021年度（令和3年度）の借入金（特別区債）は638億円と前年比較では減少しているが，借入金の水準は行政収入3,559億円（税収等2,227億円，国庫補助金等1,194億円など）の0.18年分と低い水準に抑制されていることがわかる。純資産は1兆9,163億円となり，総資産に対して94.8%を占めている。インフラ資産，行政財産など売却を目的としていない資産を多額に保有しているが，その財源としては将来返済しなければならない借入金は少なく，税収等の自己財源に多く拠っていることがわかる。

③ 資金収支計算書（キャッシュ・フロー計算書）　世田谷区のフリー・キャッシュフローは，122（=361−239）億円の黒字であった。ただし，資金収支計算書（キャッシュ・フロー計算書）の投資活動には，基金積立金が含まれているので，基金の積立・取崩を総合してみておく必要がある。投資活動では，基金が161（=163−2）億円増加（純額）している。また，公共施設整備支出125億円から特定財源である国庫支出金38億円及び特別区債発行額20億円を控除した残額67億円は，一般財源（業務活動収支）が充当されて

図表 7.6　世田谷区の主要な財政指標

財務諸表	財政指標	意　味	令和3年度
行政コスト計算書及び純資産変動計算書	行政収入（財源）	課税水準，サービス・コストを賄う財源：財源3,421億円（税収等2,227億円，国庫補助金等1,194億円）＋経常収益137億円	3,559
	行政費用	提供されたサービスのフルコスト（経常費用3,215億円）	3,215
	金融収支	地方債の支払利息等の純金融費用（金融費用3.2億円－金融収益2.7億円＝0.5億円）	0.5
	本年度差額	サービスの受益と負担の関係（△は現世代の受益が負担より大きい）	347
貸借対照表	借入金（地方債）	財政の持続可能性（将来世代の負担）	638
	純資産	資産と負債の差額及び収支差額の累積（現世代の負担） 財政の持続可能性，世代間負担の衡平性の指標	1兆9,163
資金収支計算書（キャッシュ・フロー計算書）	業務活動収支差額	赤字の場合，赤字地方債の発行となり，負担の先送りを意味する	361
	業務活動と投資活動の差額（フリー・キャッシュフロー）	行政活動（サービス・社会資本整備）の現金収支差額が，赤字の場合，借入金の増加を意味する（業務活動収支 361億円＋投資活動収支△239億円＝122億円） （注）基金の積立を考慮する必要がある（基金積立161億円を除くと283億円のプラス）	122

（出典）　筆者作成

いることがわかる。

公共投資については，支出年度だけで全額を負担するのではなく，**地方債の発行と償還をとおして後年度の世代にも負担してもらうという考え方（世代間負担の衡平性）**がある。このような財政運営は，企業会計にないもので，地方公共団体固有なものといえる。

(5) 財務書類の指標分析と自治体間比較の有用性

財務書類の指標分析と自治体間比較の有用性について検討する。

ここでは，東京都をはじめ17自治体で構成する「新公会計制度普及促進連絡会議[1]」の「検討部会報告書」(2019年（令和元年）5月21日）を参考にし

[1] 新公会計制度普及促進連絡会議の構成自治体：東京都，大阪府，新潟県，愛知県，東京都町田市，大阪市，東京都江戸川区，大阪府吹田市，福島県郡山市，東京都荒川区，東京都福生市，東京都八王子市，東京都中央区，東京都世田谷区，東京都品川区，東京都渋谷区，東京都板橋区，千葉県習志野市（オブザーバー）

図表 7.7　世田谷区の財務諸表

貸借対照表

（単位：百万円）

資産		負債	
固定資産	1,949,965	地方債	63,798
有形固定資産	1,851,363	退職手当引当金	31,468
事業用資産	842,677	賞与等引当金	1,956
インフラ資産	996,759	負債合計	104,804
投資その他の資産	98,031		
長期貸付金	2,858		
基金	89,316		
流動資産	71,182	純資産合計	1,916,343
資産合計	2,021,148	負債・純資産合計	2,021,148

資金収支計算書

（単位：百万円）

業務活動収支	
業務支出	315,775
業務収入	352,086
業務活動収支	36,179
投資活動収支	
投資活動収支	31,755
公共施設整備費支出	12,585
基金積立支出	16,344
貸付金支出	2,824
投資活動収入	7,803
国庫等補助金収入	3,851
基金取崩収入	192
貸付金元金回収収入	3,162
投資活動収支	△23,951
財務活動収支	
地方債等償還支出	11,797
地方債等発行収入	2,000
財務収支	△9,797
本年度資金収支	2,430

行政コスト計算書

（単位：百万円）

経常費用	321,554
人件費	54,967
物件費等	100,091
その他	774
移転費用	165,720
経常収益	13,698
使用料等	5,784
純経常行政コスト	307,856
臨時損失	735
臨時利益	1,135
純行政コスト	307,456

純資産変動計算書

（単位：百万円）

純行政コスト	307,456
財源	342,187
税収等	222,754
国庫等補助金	119,432
本年度差額	34,731

（出典）　世田谷区（2022b）「令和３年度 財務諸表」を参考に筆者作成

て説明していく。なお，総務省における活用の研究会については，「地方公会計の整備」としてホームページ上にまとめられているので，参照されたい。

①　**自治体間比較の目標**　　自治体間における財務諸表の比較・分析手法

を検討していくにあたり，目標は，**アカウンタビリティの充実とマネジメントの強化**である。

(アカウンタビリティ)

「自分の自治体の位置付けや財政構造の特徴を把握したい」

「自治体の特徴を わかりやすく住民に説明する」

(マネジメント)

「資産総量の見直しなど適正な自治体規模の実現」

「受益者負担の適正化」

政府会計は，議会で議決された「予算」に基づく行政活動の結果であり，特に**歳出に関しては「事業の実施規模」**を表している。例えば，費用を分析する視点として，自治体では，事業の規模である歳出の規模や内容の分析が重視される。

比較対象とすべき自治体について，基礎的自治体である区市町村では，地理的に近隣の自治体，都道府県や政令市では，都道府県や政令市同士の比較が有効である。

対象となる会計は，一般会計等である。

② 比較するうえでの留意点　財務書類を比較するうえで，留意する事項が2点ある。**インフラ資産の評価基準の相違**と，**臨時財政対策債**の取扱いである。

〈インフラ資産の評価基準の相違〉

資産の比較に関して留意すべき点として，「インフラ資産の評価基準」があげられる。インフラ資産のうち，財務諸表の作成開始年度以前から存在する「既存の道路の土地」について，統一的な基準では，

・取得価額が不明な場合には備忘価額1円とする。

・昭和59年度以前に取得した土地は取得価額不明とみなす（＝備忘価額1円)。

としている。

このうち，**「取得価額が不明」とした範囲は，自治体ごとに異なっている**。例えば，A自治体は道路の土地のうち3割の取得価額が不明，B自治体は7割が取得価額不明としており，備忘価額1円とした範囲が異なるため，イン

フラ資産の金額に大きな違いが出てしまうのである。

したがって，財務指標の中で，資産（固定資産，インフラ資産）を分母あるいは分子とする指標は，単純には比較ができないことに留意する必要がある。

〈臨時財政対策債の扱い〉

負債の比較に関して留意すべき点として，「臨時財政対策債の扱い」があげられる。臨時財政対策債は，地方交付税の財源不足分に充てられる地方債だが，官庁会計上の起債による「歳入」という扱いとは異なり，政府会計では「収入（収益）」ではなく「負債の増加」となる。

このため，官庁会計で歳入歳出が均衡している場合でも，政府会計では，「税収等」の収入が不足するという見え方となってしまう。また，**通常分の建設公債では固定資産の増加を伴うため，資産と負債のバランスは取れているが，臨時財政対策債には対応する固定資産がないため，資産と負債のバランスが悪化する要因**となる。

ただし，臨時財政対策債の元利償還金相当額は，臨時財政対策債の起債で収入が補塡されることや，負債全体における臨時財政対策債残高の割合など，自治体間の比較に当たっての考慮が必要である。

地方公共団体全体の地方債残高は，2021 年度（令和 3 年度）末において 144 兆 5,810 億円である。このうち，臨時財政対策債は 54 兆 1,074 億円である。この債務は，地方全体の債務になることから，個別自治体においても返済意識を高め，財政健全化への財政指標としてガバナンス効果を意識することが求められている。

7.4　今後の課題

7.4.1　地方公会計の段階的な整備と活用

統一的な基準に基づく地方公会計の活用は，次のような段階を踏んで活用が進展していくことが期待されている。

① **小規模自治体でも作成可能な財務書類の公表** 総務省提供のソフトウェアを利用して，期末一括変換方式による財務書類の作成を行い，財産台帳（現物管理）と固定資産台帳（会計）の照合を行う。発生主義会計によって見える**財政状況（資産・負債の状況，コストと税収等の関係等）**を住民にわかりやすく説明できる。

② **複式簿記の活用による財務マネジメントの改善** 複式簿記（日々仕訳）の利用や，**固定資産台帳と財産台帳の統合・連携**により，**内部統制が強化**される。財務情報の信頼性が高まり，財務上の特徴を住民へ説明できる。

③ **事業別フルコスト情報の活用による事業評価や予算編成への活用**
複式簿記の導入によって，事業別フルコスト情報を作成して，**事業評価や予算編成への活用**ができる。事業の成果と比較すべき情報は，フルコスト情報である。予算の事業費だけでなく，**人件費や減価償却費などを含めたフルコスト情報と，事業の成果というアウトプットやアウトカムと比較**することにより，**アウトプットや成果への関心**が高まる。事業別フルコストの他団体比較により，効率化や効果向上への気づきが期待できる。また，その取組み結果を住民に説明することで説明責任を果たすことができる。

7.4.2 事業別コスト情報と事業評価・予算編成への活用

地方公会計は，**地方団体の個々の組織目標と，予算・決算・評価を統合した業績評価の仕組み**を導入して，その**成果を予算編成に活用**していくことが，経営改革に有用である。その取組みを住民に情報開示することは，アカウンタビリティの充実につながる。

一つの参考事例であるが，**町田市や江戸川区の取組み**を紹介したい。町田市や江戸川区では，事業類型を大きく4つに分類にして，全体で100余りの事業別財務諸表を作成している。すなわち，**施設運営型（受益者負担あり），施設運営型（受益者負担なし），受益者負担型，その他の4類型**である。分析の視点としては，事業の効率性，受益者負担の水準，資産の老朽化，人件費の構成などが共通の視点であり，それぞれ関連する指標を設定して，評価に役立てている。町田市は「課別・事業別行政評価シート」，江戸川区は「財務レポート」として公表している。

地方公会計改革は，経営改革と一体化して大きな成果が得られるものである。そのような考え方のもとで，より良い経験を蓄積し普及することが重要であり，これらの取組みが今後の地方公会計制度改革に有用なものと考えられる。

●練習問題●

□1　地方公共団体の地方公会計改革について，従来の官庁会計（予算・決算）の問題点に触れながら，その目的と意義について説明しなさい。

□2　総務省の統一的な基準について，会計基準の特徴に触れながら，その意義と今後の課題を説明しなさい。

□3　課題レポートの様式を使って，身近な地方公共団体を2つ選んで，財務指標を使って財政状況の自治体間比較をしなさい。
（課題レポートの様式は新世社ホームページ（https://www.saiensu.co.jp）の本書サポート情報欄よりダウンロードできる。）

第 8 講

地方公営企業 / 地方独立行政法人の会計

8.1　地方公営企業

8.1.1　対象法人の概要

8.1.1.1　設 置 法

地方公営企業とは，地方公共団体が，住民の福祉の増進を目的として設置・経営する企業のことで，上・下水道，病院，交通，ガス，電気，工業用水道，地域開発（港湾，宅地造成等），観光（国民宿舎，有料道路等）などの事業を行うものである（地方公営企業法 2）。

一般行政事務に要する経費が権力的に賦課徴収される租税によって賄われるのに対し，地方公営企業は，提供する財貨またはサービスの対価である料金収入によって維持される。

そのため，地方公営企業は，常に企業の経済性を発揮するとともに，その本来の目的である公共の福祉を増進するよう，**経済性と公共性のバランス**のもとで運営されなければならないとされている（地方公営企業法 3）。

なお，2021 年度（令和 3 年度）末現在，公営企業等の事業数（公営企業型地方独立行政法人を含む）は**図表 8.1** のとおりである。

8.1.1.2　制度変遷の経緯

このような地方公営企業では，事業ごとに経営成績及び財務状態を明らか

図表 8.1 地方公営企業の事業別事業数

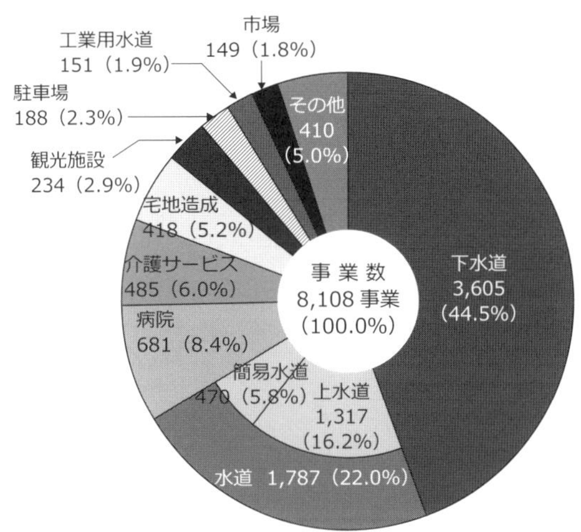

（出典） 総務省（2023）「地方財政の状況」（令和 5 年 3 月）p.66，第 58 図「公営企業等の事業数の状況」（令和 3 年度末）

にして経営すべきものであることに鑑み，事業ごとの特別会計を設置することとされている。また，「経済性と公共性のバランス的な運営の観点から，その性質上公営企業の経営に伴う収入をもって充てることが適当でない経費」及び「その公営企業の性質上能率的な経営を行ってもなおその経営に伴う収入のみをもって充てることが困難である経費」については，地方公共団体の一般会計または他の特別会計において負担し（これを**一般会計繰出金**という），それ以外の経費については，地方公営企業の経営に伴う収入をもって充てる財務運営がなされる。

また，会計は企業会計方式をとっており，一般の地方公共団体の会計が単式簿記・現金主義会計である官公庁会計方式であるのに対し，地方公営企業会計では発生主義会計，複式簿記を採用している。そのため損益計算書，貸借対照表等の作成が義務付けられている。

近年，地方公営企業については，今後の急速な人口減少等に伴うサービス需要の減少や施設の老朽化に伴う更新需要の増大など，経営環境が厳しさを増している。そのため，地方公営企業が将来にわたり住民生活に必要なサービスを安定的に提供していけるように，経営戦略の策定・改定や抜本的な改革等の取組を通じ，経営基盤の強化と財政マネジメントの向上を図ることが求められている。

中長期的な経営の基本計画である経営戦略は，経営基盤強化と財政マネジメント向上の柱と位置付けられるものであり，策定した経営戦略に沿った取組等の状況を踏まえつつ，PDCA サイクルを通じて質を高めていくため，3 年から 5 年内の見直しを行うことが重要となる。「新経済・財政再生計画改革工程表 2021」（令和 3 年 12 月 23 日経済財政諮問会議決定）においても，経営戦略の見直し率を令和 7 年度までに 100％とすることとされている。

8.1.1.3　運営管理体制及びガバナンス体制

企業としての合理的，能率的な経営を確保するためには，経営責任者の自主性を強化し，責任体制を確立する必要があることから，地方公営企業では，その経営組織を一般行政組織から切り離し，経営のために独自の権限を有する**管理者**（任期 4 年）を設置している。この管理者は地方公共団体を代表する権限を有しているが，地方債の借入名義は，地方公共団体の長になる。

また，職員の身分取扱いについて，人事委員会[1]をおく地方公共団体については，職階制の採用が義務付けられているのに対し，地方公営企業の職員については，その実施は任意とされている。給与については，職務給（職務遂行の困難度等職務の内容と責任に応ずる）であることに加え，能率給（職員の発揮した能率を考慮）であることを要するとされている。このように人事委員会は，任用に関する部分を除き，原則として地方公営企業の人事に関与しないことで，地方公営企業の自主的運営が高められている。

---

[1] 人事委員会は，民主的，能率的な人事行政の推進を図り，もって地方自治の本旨の実現に資するため，地方公務員法に基づき条例により設置された機関であり，独立した専門的な人事行政機関である。人事委員会の権限は，地方公務員法に規定されており，主な職務は①適正な勤務条件の設定②中立・公正な任用制度の確保，③公平審査機能，④規則制定，等である。人事委員会は，地方公共団体の人事行政の持つ重要性・専門性・特殊性という特徴に鑑みて，専門的かつ中立的な立場から，職員の任免，分限，懲戒といった任命権者の人事権の行使をチェックすることにより，適正な人事行政を確保している（東京都公式ホームページ https://www.saiyou.metro.tokyo.lg.jp/soumuka.html（最終参照 2023–9–30））。

8.1.2　会計基準等の概要

8.1.2.1　会計基準設定主体

地方公営企業会計は，総務省自治財政局公営企業課に設置され，有識者等によって構成される地方公営企業会計制度等研究会等によりその基本的な考え方が示され，それに基づき総務省から指針が告示される。したがって，会計基準の設定主体は総務省自治財政局公営企業課になる。

8.1.2.2　会計基準等の基本的な考え方

2012 年（平成 24 年）に地方公営企業法及び地方公営企業会計基準が約 46 年ぶりに大幅に改正された。その背景としては，以下の 3 点が挙げられている。

① 地方公営企業を取り巻く環境の変化として，事業・サービスの拡充が求められた時代と比べて，人口減少社会，インフラ強靱化・更新・縮小時代へ転換する中で，経営革新や経営判断に必要な損益の認識，資産・負債の把握等を正確に行う必要が強くなっていること。

② 「債務調整等に関する調査研究会報告書」(2008 年（平成 20 年）12 月 5 日）において，「総務省においては，公営企業の経営状況等をより的確に把握できるよう，公営企業会計基準の見直し，各地方公共団体における経費負担区分の考え方の明確化等，所要の改革を行うべきである。」との提言がなされていること。

③ 地方分権改革推進委員会の第 2 次勧告（2008 年（平成 20 年）12 月 8 日)，第 3 次勧告（2009 年（平成 21 年）10 月 7 日）及び第 4 次勧告 (2009 年（平成 21 年）11 月 9 日）において，「義務付け・枠付けの見直しと条例制定権の拡大」及び「地方自治体の財務会計における透明性の向上と自己責任の拡大」が掲げられたこと。

また，見直しにあたっての基本的な考え方としては，以下のとおりである。

① 地方公営企業のさらなる経済性の発揮のため，最大限，現行の民間の企業会計原則の考え方を取り入れること。

② 地方公営企業会計においては，負担区分原則に基づく一般会計等負担や国庫補助金等の存在に十分意を用いて，これらの公的負担の状況を

明らかにする必要があり，公営企業型地方独立行政法人会計基準の考え方も必要に応じ参考とし，新地方公会計モデルにおける一般会計等との連結等にも留意すること。

③　地方分権改革に沿ったものとするため，地方公共団体における地方公営企業経営の自由度の向上を図る観点から，資本制度等の見直しを行うことや，地方財務会計について，ストック情報を含む財務状況の開示の拡大の要請が強いこと。

8.1.2.3　会計基準等の構成

地方公営企業会計基準は，前述したように地方公営企業会計制度等研究会等によりその基本的な考え方が示され，それに基づき「地方公営企業が会計を整理するに当たりよるべき指針」として告示されるものである。この指針は，地方公営企業法，地方公営企業施行令，地方公営企業施行規則の法体系のもとに位置付けられる。また，総務省では，各地方公共団体から寄せられた質問等に基づきQ&Aを作成・公表している。これが現場における実務上の判断基準となっている。

8.1.3　会計基準の考え方及び財務諸表の構成と読み方

8.1.3.1　地方公営企業会計の特徴とその根拠

地方公営企業は，料金収入，地方債，税金により地域の公共インフラ資産を新設・維持更新していること，経済性と公共性のバランスのうえで原則として独立採算的な経営が行われること，に起因して，特徴的な会計処理が規定されている。

(1) 補助金等により取得した固定資産の償却制度等

基本的な方針として，従前，任意適用が認められていた「みなし償却制度」[2]は廃止され，償却資産の取得または改良に伴い交付される補助金，一

[2] 地方公営企業が固定資産を取得する際に，その財源として補助金等を充当した場合，当該固定資産の取得価額からその取得のために充てた補助金等の金額を控除した額を帳簿価額とみなして，各事業年度の減価償却額を算出する制度のことである。これは公共料金の算定基礎となる公営企業の原価計算に当該補助金相当分の減価償却費を含めることが適切ではないとの判断による。

般会計負担金等については，「**長期前受金**」として負債（繰延収益）に計上したうえで，減価償却見合い分を，順次収益化することとされた。また，建設改良費に充てた企業債等に係る元金償還金に対する繰入金については，補助金等の例により「長期前受金」として計上したうえで，減価償却に伴って収益化することとされた。ただし，各事業年度における減価償却額と当該繰入金との差額が重要でない場合は繰入年度に全額を収益として計上することができることとされている。

〈補助金等の財源を取得し，当該財源で固定資産を取得時〉

（借方）現金預金　×××	（貸方）長期前受金　×××
（借方）有形固定資産　×××	（貸方）現金預金　×××

〈取得事業年度末〉

（借方）減価償却費　×××	（貸方）減価償却累計額　×××
（借方）長期前受金収益化累計額　×××	（貸方）長期前受金戻入　×××

(2) 引 当 金

企業会計の観点からは，「将来の特定の費用または損失（収益の控除を含む）であって，その発生が当該事業年度以前の事象に起因し，発生の可能性が高く，かつ，その金額を合理的に見積もることができると認められる」場合には，毎事業年度所要額の引当金を計上することで，正確な期間損益計算及び財政状態の適正な表示を行う。しかし，料金収入や税金等を財源とする地方公営企業にあっては，引当金計上に伴う費用負担について，それを料金算定の基礎とすることにより，世代間負担の公平性をどのように考えるかという論点があり，引当金の計上が必ずしも企業会計と同様とはいえなかった。

そこで，会計基準の改正に際して，退職給付引当金の計上を義務化しつつ，退職給付引当金の算定方法は，期末要支給額によることができることとされた。また，一般会計と地方公営企業会計の負担区分を明確にしたうえで，地方公営企業会計負担職員について引当を義務付けることとされ，計上不足額については，適用時点での一括計上を原則とするも，その経営状況に応じ，当該地方公営企業職員の退職までの平均残余勤務年数の範囲内（ただし，最長15年以内とする）での対応をすることも許容されている。また，退職給付引当金以外の賞与引当金，修繕引当金，貸倒引当金引当金等についても，引当金の要件を踏まえ，計上するものとされた。

(3) 資本制度関係

①　制度概要　「地方公営企業会計制度等研究会報告書（2009年（平成21年）12月)」，「地方分権改革推進計画（2009年（平成21年）12月閣議決定)」に基づき，地方公営企業の経営の自由度を高める等の観点から，①法定積立金（減債積立金，利益積立金）の積立義務を廃止，②条例の定めるところにより，または議会の議決を経て，利益及び資本剰余金を処分できること，③経営判断により，資本金の額を減少させることができること，とされた。

②　資本造成会計の考え方　従来の地方公営企業会計では資本造成会計の考え方が採用されていた。**資本造成会計**とは，料金原価を通じて回収が予定される**事業報酬**（財務会計上の利益に相当）は，その源泉と使途目的から勘案して，これを企業内に留保し，当該利益を物的な資本維持のための再投資原資として拘束すべきとする考え方である。この考え方の特徴は，継続的な公共サービスを提供する公共的インフラ資産（借方）に対応して維持されるべき資本（借方）に**恒久的拘束性**を付与することを意味している。このような概念は，暗黙的な前提として，多くの政府会計・非営利組織会計において残存している考え方でもある。

資本造成会計については，利用者が資本として拠出したものとする見解がある。この見解からは，借入資本金[3]が利益を財源として償還された場合には，利用者拠出資本に代替されるものとみなされていた。

図表8.2のうち「借入資本金」「組入資本金」[4]という概念（図表中破線部分）が今般の地方公営企業会計の資本制度で改訂された部分となる。借入資本金は負債として整理され資本概念ではなくなり，また，積立金による固定資産

---

[3] 地方公営企業は株式発行による資本調達を行わずに住民生活に必要なサービスを提供するために永久に継続する実物資産を保有するために，当該資産の建設または改良に充当するための企業債及び他会計からの長期借入金を，実質的に企業会計における株主資本に相当する機能を有するものとして，これらを負債の部ではなく資本の部に「借入資本金」として従来の地方公営企業会計において会計処理をしていたものである。

[4] 利益剰余金の積立である減債積立金を使用して企業債を償還した場合や建設改良積立金を使用して建設改良を行った場合等に，その使用した額に相当する額を資本金へ組み入れる制度のことである。資本造成会計の考え方に基づく会計処理である。

図表 8.2　利用者拠出資本の考え方

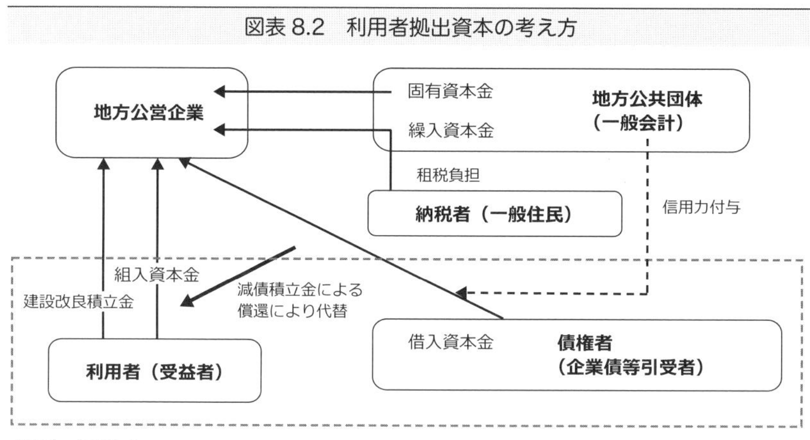

（出典）筆者作成

の建設改良あるいは企業債等の返済による組入資本金について，法律による強制が廃止された。しかし，法律による強制が廃止されると同時に議会の議決または条例により資本造成を選択する方法が残されている。このこと自体，地方公営企業会計における利益の性格と，その利用者拠出としての地方公営企業の資本に係る恒久的拘束性の本質的性格が現れているとも考えられる。

③　公共料金の考え方　　公企業は地域独占企業体であり，経済学的な観点からは独占価格が成立し過大な独占利潤が発生する可能性が生じるため，**公共料金規制**の必要が生じる[5]。公企業である地方公営企業の料金算定についてもこのような公共料金規制の考え方が適用されている。すなわち，地方公営企業の料金は適正な原価に基づくものでなければならないとされ，地方公営企業の役務の提供のために要する費用に基づく原価主義による**総括原価方**

[5] 各種の公共料金の決定方式としては，総括原価方式，ヤードスティック方式，プロフィット・シェアリング方式，プライスキャップ方式などがある。総括原価方式とは，効率的に事業が行われた場合に要する総費用に適正な事業報酬を加えたものが総収入に見合うように料金設定を行う方法である。ヤードスティック方式とは，事業者間の間接的な競争を通じて効率化を図るため各事業者のコスト等の諸指標を比較し査定に格差を設定したり，効率的な事業者のコスト情報を基準として料金水準を決定する方式である。プロフィット・シェアリング方式とは，事業の効率化の成果を事業者と利用者に配分することにより効率化を図る方式である。プライスキャップ方式とは，行政当局が対象事業者の料金改訂率に上限を設定（物価上昇率から当該事業の生産性の向上率を控除する等によって設定）するものである（経済企画庁物価局（編）（1996）『公共料金改革への提言—公共料金の価格設定の在り方等について—』大蔵省印刷局，pp.17–20）。

図表 8.3　地方公営企業における事業別の事業報酬の算定方式

事業区分	算定方式	事業報酬	根　拠
電気事業	レートベース方式と積上げ方式の選択。現在は積上げ方式を選択	自己資本報酬＋他人資本報酬	卸供給料金算定規則第5条
ガス事業	積上げ方式	支払利息＋固定資産の平均帳簿額×2%	一般ガス事象供給約款料金算定規則第6条第5項及び第6項
水道事業	積上げ方式	支払利息＋資産維持費	社団法人水道協会「水道料金算定要領」
下水道事業	積上げ方式	資本費として他人資本報酬のみ[6]	社団法人日本下水道協会「下水道使用料算定の基本的考え方」
工業用水道	積上げ方式	(企業債償還金－減価償却費)＋(自己資金による施設への投資額×直近10年間の政府債の平均利子率)	経済産業省経済産業政策局産業施設課「工業用水道料金算定要領」

（出典）　筆者作成

式によっている。その際には，「公共料金＝｛原価－(一般会計等負担＋国庫補助金等)｝＋事業報酬」のような計算式で料金算定が行われる。また，地方公営企業の事業別の事業報酬の算定方式は図表 8.3 のとおりである。

このように，総括原価方式により公共料金を決定している地方公営企業では，利益として事業報酬が想定されており，その事業報酬は基本的に資本費用に充当するものとなっている。事業報酬の算定方式としては，通常，**レートベース方式**と**費用積み上げ方式**の2つが考えられている。レートベース方式とは，事業に投下された「真実かつ有効な資産の価値」であるレートベースに一定の報酬率を乗じて事業報酬を算定する方法であり，費用積上げ方式とは，必要な事業報酬額を個別の費目の積上げにより算定する方法のことをいう[7]。一般的には，他の企業との利潤率の均衡を保たせることにより内部資

---

[6] 下水道事業の管理運営に係る経費は，資本費と維持管理費に区分したうえで，雨水と汚水に係る経費の負担区分をする。雨水に係る経費は資本費・維持管理費とも公費負担（国及び地方公共団体は下水道整備等の推進・下水道の推進をする責務を有するため），汚水に係る経費のうち，一般排水については，資本費については公費で負担すべき経費を除き使用料の対象とし，維持管理費は基本的には私費負担とすべきとされている（下水道整備により生活環境の改善等の利益を受けるため）。また，原則として汚水に係る経費は「原因者負担の原則（polluter-pays principle：PPP)」に基づき使用料の対象とすべきとされている。

[7] 山谷修作（編著）(1992)『現代日本の公共料金』電力新報社，p.28。

金の調達を可能にしつつ料金の平準化の保障及び経営効率の向上を促す意味から，レートベース方式が妥当であるとされている。

8.1.3.2　財務諸表の構成と読み方のポイント

地方公営企業会計では，企業会計と同様に貸借対照表，損益計算書，剰余金計算書，キャッシュ・フロー計算書があり，その内容自体には大きな差異はない。

地方公営企業では以下のような経営管理目的のために，財務諸表が活用されている。

① **固定資産の利用状況の調査**　公共インフラ資産を維持している地方公営企業では，固定資産の減損会計の活用などにより，低稼働資産の売却や一般会計への移管などの対策に利用される。

② **未収金などの債権管理体制の構築・見直し**　公共料金に係る多くの未収金について，貸倒引当金の設定を含め，どのように公共料金債権の徴収をして収入の確保を図るかなどの検討の土台となる。

③ **公共料金の見直し**　損益状況を勘案し，地方公営企業で発生するコストを受益者負担の観点からどの程度まで料金負担をしてもらうかなどを検討することに利用される。

④ **経営計画の見直し**　財務状況や財務指標の観点から，どのように今後の経営計画を策定していくかという基礎的な財務情報として利用される。

地方公営企業は実施する事業内容は異なるが，共通的に利用される財務分析としての経営指標をあげると**図表 8.4** のようになる。

8.1.4　今後の課題等

地方公営企業は環境変化に合わせて，今後も経営改革を進展させていかなければならない。地方公営企業の経営改革のためには，多様な**経営形態の選択肢**が考えられる（**図表 8.5** 参照）。

2021 年度（令和 3 年度）実績の地方公営企業の抜本的な改革の取り組み状況は**図表 8.6** のとおりである。

図表 8.4　地方公営企業に共通する財務分析指標

指標	算式・説明
流動比率	流動資産 ÷ 流動負債 × 100
	流動比率は 100%を割る場合には，１年以内に現金流入する流動資産で１年以内に現金流出する流動負債を賄えないことを意味し，地方財政法等において，両者の差額を不良債務額や資金不足額として算定し，一定水準以上悪化した場合には起債制限や経営健全化計画の策定義務等が課される。
固定長期適合率	固定資産 ÷（固定負債 ＋ 繰延収益 ＋ 資本合計）× 100
	繰延収益は固定資産の未償却残高を表すもので，今後減価償却により資金回収を図っていくという意味で長期性の負債として捉えられる。この指標が 100%を上回ると短期性の債務で長期性の固定資産で運用する部分があることになり，期間ミスマッチが生じていることになる。
自己資本比率	資本合計 ÷（負債合計 ＋ 資本合計）× 100
	従来，借入資本金とされていたものが負債として整理されたため，自己資本比率が悪化した。なお，負債に計上されている繰延収益は将来のキャッシュ・アウト・フローを伴うものではなく，負債ではなく，その実態は資本に近いものと考えられることから，議論の分かれるところである。
減価償却累計率	減価償却累計額 ÷ 土地を除く有形固定資産の取得価額
	多額の公共インフラ資産を有する地方公営企業では，資産の老朽度を表すこの指標は重要である。この指標の数値が高いということは資産が老朽化し，維持補修や取替更新の財源を確保する必要性が高いことを意味することとなる。
売上高経常利益率	経常利益 ÷ 営業収益
	企業の収益性を判断するために重要な指標である。なお経常利益の中に，本来一般会計等が負担すべきでない繰入（基準外繰入）が含まれている場合には，それを控除して，地方公営企業本来の収益性を算出することが必要である。
債務償還年数	企業債残高 ÷ 業務活動によるキャッシュ・フロー
	企業の長期的な債務償還能力の指標である。地方公営企業の債務償還能力が低い場合に新たな企業債の発行や補助金等で補填するような場合には，結果的に将来世代の公費負担になることとなり，好ましい状況とはいえない。

（出典）　有限責任監査法人トーマツパブリックセクターインダストリーグループ（編）（2012）『改正政省令完全対応 新地方公営企業会計の実務』ぎょうせい，pp.132–135 を参考に筆者作成

図表 8.5　多様な経営形態等の内容

経営形態	内容
事業廃止	民営化・民間譲渡，地方独立行政法人化，広域化など，他の法人等が事業を行うこととなる場合を除き，事業を廃止（一部廃止を含む）すること。
民営化・民間譲渡	事務・事業を民間事業者（地方公共団体が出資する法人を含む）に譲渡し，または引き継がせること。
公営企業型地方独立行政法人	地方独立行政法人法上の公営企業型地方独立行政法人を設立すること。
広域化・広域連携	一の地方自治体の区域を越えて連携し，事務の共同処理（事業統合，経営の一体化，管理の一体化，施設の共同化等）を行うこと。広域化・広域連携…
指定管理者制度	公の施設の指定管理者（地方自治法第 244 条の２に基づく指定管理者をいう）制度を導入すること。
包括的民間委託	性能発注・複数年契約により，複数業務を一括して民間事業者に委託すること。
PPP/PFI	PFI 法（民間資金等の活用による公共施設等の整備等の促進に関する法律）に規定する PFI 手法を導入すること，または，実態として PFI 手法に類似した手法を導入すること。

（出典）　筆者作成

図表 8.6　公営企業の抜本的な改革の取組状況

事業廃止		民営化・民間譲渡		公営企業型地方独立行政法人（※1）		広域化等（※2）		指定管理者制度		包括的民間委託		PPP/PFI	
100 件		11 件		1 件		89 件		7 件		37 件		16 件	
都道府県・政令市	市区町村	都道府県・政令市	市区町村	都道府県・政令市	市区町村	都道府県・政令市	市区町村	都道府県・政令市	市区町村	都道府県・政令市	市区町村	都道府県・政令市	市区町村
7 件	93 件	1 件	10 件	0 件	1 件	3 件	86 件	0 件	7 件	1 件	36 件	6 件	10 件
水道	7	水道	0	水道	0	水道	14	水道	0	水道	12	水道	7
工業用水道	2	工業用水道	0	工業用水道	0	工業用水道	0	工業用水道	0	工業用水道	0	工業用水道	1
交通	2	交通	2	交通	0	交通	0	交通	0	交通	0	交通	0
電気	0	電気	0	電気	0	電気	0	電気	0	電気	0	電気	0
ガス	0	ガス	0	ガス	0	ガス	0	ガス	0	ガス	0	ガス	0
病院	2	病院	1	病院	1	病院	0	病院	0	病院	0	病院	0
下水道	26	下水道	0			下水道	74	下水道	0	下水道	23	下水道	5
簡易水道	3	簡易水道	0			簡易水道	1	簡易水道	0	簡易水道	1	簡易水道	0
港湾整備	0	港湾整備	0			港湾整備	0	港湾整備	0	港湾整備	0	港湾整備	1
市場	2	市場	0			市場	0	市場	1	市場	0	市場	0
と畜場	3	と畜場	1			と畜場	0	と畜場	0	と畜場	0	と畜場	0
宅地造成	23	宅地造成	1			宅地造成	0	宅地造成	0	宅地造成	0	宅地造成	1
有料道路	0	有料道路	0			有料道路	0	有料道路	0	有料道路	0	有料道路	0
駐車場	5	駐車場	1			駐車場	0	駐車場	0	駐車場	1	駐車場	1
観光	7	観光	1			観光	0	観光	0	観光	0	観光	0
介護サービス	13	介護サービス	4			介護サービス	0	介護サービス	6	介護サービス	0	介護サービス	0
その他	5	その他	0			その他	0	その他	0	その他	0	その他	0

合　計
261 件

（令和 2 年度実績 351 件）

（※1）　公営企業型地方独立行政法人については，地方独立行政法人法により，その経営できる事業が定められている。

（※2）　広域化等とは，事業統合をはじめ施設の共同化・管理の共同化などの広域的な連携，下水道事業における最適化などを含む概念。事業統合を行った場合は，統合される事業は事業廃止，統合する事業は広域化等として計上している。

（※3）　都道府県・政令市及び市区町村には，それぞれが加入する一部事務組合及び広域連合が含まれる。

（※4）　民営化・民間譲渡または広域化等に伴い他の事業に統合せずに事業廃止を行った場合は，1 つの事業を事業廃止及び民営化・民間譲渡または広域化等の 2 取組に計上している。

（※5）　1 つの事業で複数の取組を行った事例及び 1 つの事業を 2 取組に計上した事例が存在するため，取組数は合計 261 件だが，事業数ベースでは合計 252 事業。

（出典）　総務省（2022）「公営企業における更なる経営改革の取組状況」（令和 4 年 11 月 15 日）別紙 3

8.2　地方独立行政法人

8.2.1　対象法人の概要

8.2.1.1　設 置 法

地方独立行政法人制度とは，**地方独立行政法人法**の定めにより，試験研究機関，公立大学，公立病院等の地方公営企業，特別養護老人ホーム等の社会福祉事業など，地方公共団体が直接行っている事務・事業のうち一定のもの

図表 8.7　地方独立行政法人一覧（2023 年（令和 5 年）4 月 1 日現在）

設立団体の種類＼対象業務	大学	公営企業型	試験研究	社会福祉	博物館	動物園	申請等関係事務	合計
都道府県	51	24	10	1	0	0	0	86
指定都市	8	9	1	0	1	1	0	20
市区町村	21	31	0	0	0	0	1	53
一部事務組合・広域連合	4	2	0	0	0	0	0	6
合計	84	66	11	1	1	1	1	165

（出典）総務省（2023）「地方独立行政法人の設立状況集計表」（令和 5 年 4 月 1 日現在）

について，地方公共団体とは別の法人格を持つ法人である**地方独立行政法人**を設立し，この法人に当該事務・事業を担わせることにより，より効果的・効率的な行政サービスの提供を目指すものとして設定されるものである。

そのため，制度の基本的な考え方として，地方公共団体から法人への事前関与・統制を極力排除し，事後チェックへの移行を図り，弾力的・効率的で透明性の高い運営を確保することに眼目があり，この点は国の独立行政法人と同様である。

なお，2023 年（令和 5 年）4 月 1 日現在，地方独立行政法人の設立状況は図表 8.7 のとおりとなっている。

8.2.1.2　制度変遷の経緯

国では，中央省庁等改革の一環として，2001 年（平成 13 年）1 月に施行された独立行政法人通則法により独立行政法人制度が導入された。これに対応して地方公共団体では，「行政改革大綱」（平成 12 年 12 月 1 日閣議決定）において「地方分権の推進」「第三セクター，地方公社，地方公営企業等の改革」の 1 項目として「地方独立行政法人制度の検討」が記載された。その後，総務省「地方独立行政法人制度の導入に関する研究会」により，2002 年（平成 14 年）8 月に報告書が公表され，これを受けて「総合規制改革会議第二次答申」において 2003 年度（平成 15 年度）中に地方独立行政法人制度を創設することとされ，地方独立行政法人法が 2004 年（平成 16 年）4 月に施行された。

地方独立行政法人が行う業務範囲は，当初は国の独立行政法人が行っている業務と同種のものとする考え方から，①試験研究機関，②公立大学，③地方公営企業，④社会福祉事業，⑤その他の公共的な施設，という類型が設定されていたが，2006年（平成19年）には②について公立高等専門学校が追加，2013年（平成25年）には⑤に博物館，美術館，植物園，動物園，水族館が追加された。また2016年（平成28年）には，②について，大学等の技術に関する研究の成果の活用を促進する事業を実施する者に対する出資業務（TLO[8]への出資）が追加された。なお，国立大学法人のように，ベンチャーキャピタル等への出資は認められていない。

さらに，2018年（平成30年）には，市町村の窓口業務である申請等関係事務が新たに追加され，地方独立行政法人としての**申請書類等法人**の設立も可能となった。これは人口減少社会において，市町村業務について外部資源を活用し，かつ共同で行える仕組みを充実する観点から法改正がなされたものである。

このように地方独立行政法人制度の適用対象となる業務範囲は制度制定当初から拡大してきている状況にある。

8.2.1.3 運営管理体制及びガバナンス体制

地方独立行政法人は業務の内容により，**一般型地方独立行政法人**と**公営企業型地方独立行政法人**に区分される。また，憲法に基づく学問の自由の要請を踏まえ，一般型地方独立行政法人のうち，公立大学法人については，**公立大学法人の特例**をもって法制度上の対応をしている。

ここで，地方独立行政法人法において一般型地方独立行政法人と公営企業型地方独立行政法人を比較すると**図表8.8**のように制度設計が異なっている。

なお，公立大学法人のガバナンスは国立大学法人と同様に**図表8.9**のように定められている。

---

[8] TLOとはTechnology Licensing Organization（技術移転機関）の略称であり大学の研究者の研究成果を特許化し，それを企業へ技術移転する法人であり，産と学の「仲介役」の役割を果たす組織である。大学発の新規産業を生み出し，それにより得られた収益の一部を研究者に戻すことにより研究資金を生み出し，大学の研究の更なる活性化をもたらすという「知的創造サイクル」の原動力として産学連携の中核をなす組織である。

図表 8.8　公営企業型地方独立行政法人と一般型地方独立行政法人の比較

	公営企業型地方独立行政法人	一般型地方独立行政法人
業務の範囲	法第 21 条第３号のみ（水道事業，工業用水道事業，軌道事業，自動車運送事業，鉄道事業，電気事業，ガス事業，病院事業，その他政令で定める事業）	法第 21 条第３号以外
運営原則	公共性，透明性，自主性に加えて常に企業の経済性の発揮（原則として独立採算制）（法第 81 条）	公共性，透明性，自主性（法第３条）
財源措置	「その性質上事業の経営に伴う収入を充てることが適当でない経費」及び「性質上能率的な経営を行ってもなおその事業の経営に伴う収入をもって充てることが客観的に困難であると認められる経費」については運営費負担金，それ以外について料金収入で賄う部分以外のものは運営費交付金により設立団体から措置（法 85 条）	業務運営に要する財源は設立団体が措置
料金設定	中期計画において料金に関する事項を定め，議会の議決，設立団体の長の認可を受ける（法 83 条）	料金を徴収するときは，あらかじめ料金の上限を定め，議会の議決，設立団体の長の認可を受ける（法 23 条）
積立金の処理	中期計画内に定めた使途に充てる場合は，設立団体の長の承認を受けることを要しない（法 84 条）	中期計画内に定めた使途に充てる場合には，設立団体の長の承認を受ける必要がある（法 40 条第３項）

（出典）　有限責任監査法人トーマツパブリックセクター・ヘルスケア事業部（編）（2018）『地方独立行政法人——制度改革と今後の展開』第一法規，p.13，図表 1-12 をもとに筆者作成

図表 8.9　公立大学法人のガバナンス

○公立大学法人では，**法人の長である理事長が，大学の学長を兼ねることが原則**とされているが，両者を分離することも可能。
○公立大学法人の理事長は，学外者などから構成される経営審議機関の代表者と，学内者から構成される教育研究審議機関の代表者から構成される**学長選考機関**において選考され，設立団体の長が任命する。
○意思決定プロセスにおける透明性の確保や適正な意思決定の担保といった観点から，大学運営上の特に重要な案件の審議について，**合議制の審議機関を法定**（経営審議機関，教育研究審議機関）。

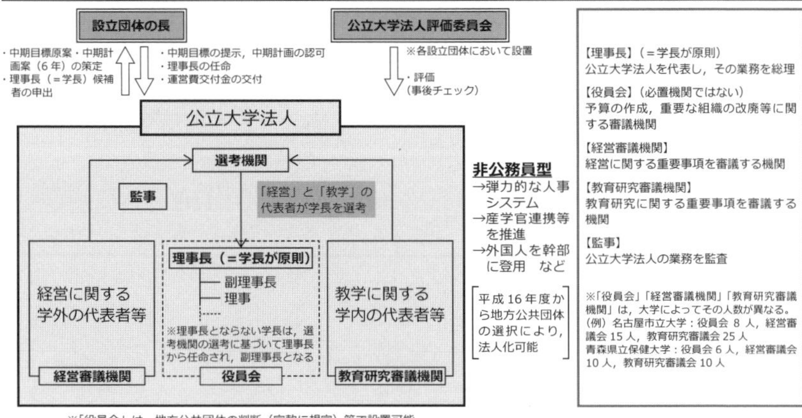

※「役員会」は，地方公共団体の判断（定款に規定）等で設置可能

（出典）　文部科学省（2018）「国立大学の一法人複数大学制度等に関する調査検討会議（第 1 回）資料」（平成 30 年 9 月 26 日）

8.2.2　会計基準等の概要

8.2.2.1　会計基準設定主体及び構成

地方独立行政法人の会計は，総務省自治行政局に設置される地方独立行政法人会計基準等研究会により設定されている。また，研究会の下に，地方独立行政法人会計基準等研究会・公営企業型地方独立行政法人部会及び地方独立行政法人会計基準等研究会・公立大学法人部会が開催されている。

この研究会等により概念フレームワークとしての「地方独立行政法人の財務報告に関する基本的な指針」が定められ，その下で「地方独立行政法人会計基準及び地方独立行政法人会計基準注解」として地方独立行政法人会計基準が定められている。また，実務的な詳細については，「地方独立行政法人会計基準及び地方独立行政法人会計基準注解に関するQ&A」（一般型及び公営企業型）が，総務省及び日本公認会計士協会公会計委員会により定められている。

8.2.2.2　会計基準等の基本的な考え方

一般型地方独立行政法人は，公設試験研究機関や美術館・博物館等の公共施設，申請書類等法人を想定しているため，国の独立行政法人会計と同類型である。また，公立大学法人は，国立大学法人会計基準と同類型となる。

公営企業型地方独立行政法人は，現状では公立病院が地方独立行政法人化した例のみであるため，原則として，地方公営企業会計における病院の会計と同類型となる。

このように，地方独立行政法人会計基準はそれぞれ異なる業務を行う法人に対して一つの会計基準を適用する形となっている。そのため，独立行政法人会計基準，国立大学法人会計基準，地方公営企業会計基準との整合性を確保する必要性から，非常に複雑な状況となっている。

8.2.3　会計基準の特徴及び財務諸表の構成と読み方

8.2.3.1　会計基準の特徴とその根拠

(1) 地方独立行政法人会計基準と類似の他の会計基準との比較

地方独立行政法人会計基準には上述したような様々な考え方が混在する形

図表 8.10 地方独立行政法人・独立行政法人・国立大学法人の価格会計の比較

項 目	概 要	地方独立行政法人			国独法	国立大
		一般型	公立大学	公営企業型		
①行政コスト計算書の創設	従来の「行政サービス実施コスト計算書」に代えて，当該法人のフルコスト情報の提供源として，「行政コスト計算書」を作成することとしたもの。	○（R4 事業年度予定）	―	○（R4 事業年度予定）	○（H31 事業年度）	―
②純資産変動計算書の創設	一会計期間に属する法人の純資産の変動のうち，行政コスト計算書及び損益計算書に反映されない項目（ex：特定資産の処分に伴う資本剰余金の増減，追加出資等）が存在すること等を踏まえ，「純資産変動計算書」を作成することとしたもの。	○（R4 事業年度予定）	○（R4 事業年度予定）	○（R4 事業年度予定）	○（H31 事業年度）	○（R4 事業年度）
③見返資産の創設	負債に計上する退職給付債務及び賞与債務について，中期計画等の中で財源措置されることが明らかにされているものについては，「退職給付引当金見返」及び「賞与引当金見返」として資産に計上することとしたもの。	○（R4 事業年度予定）	―	△（R4 事業年度予定）	○（H31 事業年度）	―
④連結純資産変動計算書の創設	「連結剰余金計算書」に代えて，連結剰余金も包含した計算書である「連結純資産変動計算書」を作成することとしたもの。（純資産に分類される利益剰余金に加え，資本金及び資本剰余金等の変動額についても記載することとしたもの。）	○（R4 事業年度予定）	○（R4 事業年度予定）	○（R4 事業年度予定）	○（R2 事業年度）	○（R4 事業年度）
⑤-i 収益認識	「地方独立行政法人がサービスの提供等により得た収入（売上）」を財務諸表へ計上するタイミングについて，新たなルールを定めたもの。（従前，現金等を受け取った時点で計上していたが，契約内容の把握等一定のステップを満たした時点で計上することとなったもの。）	○（R6 事業年度予定）	○（R6 事業年度予定）	○（R6 事業年度予定）	○（R5 事業年度）	○（R5 事業年度）
⑤-ii 時価の算定	金融商品の時価を，算定日において市場参加者間で秩序ある取引が行われると想定した場合の，当該取引における資産の売却によって受け取る価格または負債の移転のために支払う価格と定義したもの。	○（R4 事業年度予定）	○（R4 事業年度予定）	○（R4 事業年度予定）	○（R4 事業年度）	○（R4 事業年度）
⑤-iii 会計上の見積りの開示	翌事業年度の財務諸表に重要な影響を及ぼすリスクがある項目（ex：固定資産の現額等）による収益の見積りについて，利害関係者の理解に資する情報を開示することとしたもの。	○（R4 事業年度予定）	○（R4 事業年度予定）	○（R4 事業年度予定）	○（R3 事業年度）	○（R3 事業年度）
⑥地方独立行政法人法の改正に伴う改訂	試験研究地方独立行政法人による成果活用事業者等への出資等が可能とされたため，出資や株式配当に関する会計処理が必要となる法人として，試験研究地方独立行政法人を追加するもの。	○（R4 事業年度予定）	―	―	―	―
⑦資産見返負債の廃止	現行の地方独立行政法人会計基準においては，損益均衡を目的として，運営費交付金，寄附金，補助金等を財源に固定資産を取得した場合，資産見返負債を計上し，減価償却に合わせて収益化するが，公立大学法人においては，資産見返負債の処理を廃止し，運営費交付金や寄附金で固定資産を取得した場合は，直ちに収益化するという処理に改訂したもの。	―	○（R4 事業年度予定）	―	―	○（R4 事業年度）

（出典） 総務省地方独立行政法人会計基準等研究会（2022）「令和3年度第3回 資料1」

となっていることから，独立行政法人会計基準，国立大学法人会計基準，地方公営企業会計基準の各会計基準の改正が生じた場合には，その改正の趣旨を踏まえたうえで地方独立行政法人会計でも取り込むべきか否かを検討しなければならない。そのため，地方独立行政法人会計基準の改正には一定のタイムラグがある状況となっている。現状における改訂の概要は図表 8.10 のとおりである。

このような状況にあるため，地方独立行政法人会計基準のみに存在する特殊な会計処理というものはほとんどない状況となっている。

なお，引当金の見返資産について，「第17引当金」の第2項において，中期計画に照らして客観的に財源が措置されていると明らかに見込まれる引当金に見合う将来の収入については，引当金見返を資産に計上するとともに，当該引当金見返に係る収益を計上するという国の独立行政法人と同様の会計処理が規定されている。公営企業型地方独立行政法人会計の観点からは，この引当金見返は中期計画に照らして客観的に財源が措置されていると明らかに見込まれる，引当金に見合う将来の収入について計上されるものであり，将来の財源措置がなされるものは，受益者負担を考える損益計算から除外することを意図しているものと考えられる。

(2) 複数の地方独立法人の合併等に係る考え方

地方独立行政法人の設立団体の数の増減に伴う会計処理及び合併に伴う会計処理が，地方独立行政法人会計基準に特有の会計処理として規定されている（「地方独立行政法人会計基準及び地方独立行政法人会計基準注解に関するQ&A」Q105-1）。以下これを簡潔に説明する。

〈前提条件〉

B市（以下「加入設立団体B」という）は2018年（平成30年）4月1日付けでA地方独立行政法人（設立団体はA県）に設立団体として加入する。なお，加入直前日（2018年（平成30年）3月31日）のA地方独立行政法人の貸借対照表は，次のとおり。

A地方独立行政法人貸借対照表			
固定資産	1,500	固定負債	300
流動資産	500	流動負債	200
		負債合計	500
		資本金	1,000
		資本剰余金	300
		利益剰余金	200
		純資産合計	1,500
資産合計	2,000	負債純資産合計	2,000

このときA地方独立行政法人における加入設立団体Bの加入時の仕訳としては，地方独立行政法人法第66条の2第3項の規定により，加入設立団体Bから承継される資産及び負債を加入日現在における時価を基礎として計

上し，その差額については資本金に計上することになる。加入設立団体Ｂの資産・負債の時価評価額は次のとおりであったとする。

（借方）固定資産 900 （貸方）固定負債 200
（借方）流動資産 100 （貸方）流動負債 100
（貸方）資本金 700

この結果，2018年（平成30年）4月1日時点における設立団体の数の増加後のA地方独立行政法人の貸借対照表は，次のようになる。

A地方独立行政法人貸借対照表			
固定資産	2,400	固定負債	500
流動資産	600	流動負債	300
		負債合計	800
		資本金	1,700
		資本剰余金	300
		利益剰余金	200
		純資産合計	2,200
資産合計	3,000	負債純資産合計	3,000

また，地方独立行政法人の合併に関する会計処理については，一般に公正妥当と認められる企業会計の基準である企業会計基準第21号「企業結合に関する会計基準」（最終改正平成31年1月16日企業会計基準委員会）（以下，「企業結合基準」という）を基礎とし，これに地方独立行政法人の特殊性を考慮して修正を加えるアプローチを採用している。

企業結合基準における「支配」の有無は，具体的には合併に伴う対価の種類や，議決権比率の大きさ，取締役会等の構成などがその判断基準とされているが，地方独立行政法人においては，合併に伴う対価の交付を前提としていないことや議決権概念が存在しないこと等の特殊性を有することから，**「設立団体としての地位」**を有するか否かを「支配」の判断基準として採用することとしている。これは，地方独立行政法人においては，法人運営に係る重要事項（中期目標等の設定，理事長の任命，重要財産の処分における認可など）は設立団体が決定することとなっているため，「設立団体としての地位」を有することが，他の地方独立行政法人を「支配」していることを意味していると考えられるためである。

「支配」概念を「設立団体としての地位」を有することと整理した結果，地方独立行政法人においては，「設立団体としての地位」に断絶がある合併

図表 8.11 地方独立行政法人の合併に係る会計処理

合併の類型	定 義	会計処理
取 得	合併後法人の設立団体以外の地方公共団体のみによって設立された地方独立行政法人を合併前法人に含む（設立団体としての地位に断絶がある）合併	パーチェス法（被取得法人から受け入れた資産及び負債の時価を取得原価とする方法）
設立関係の継続	合併後法人の設立団体の 1 または 2 以上によって設立された地方独立行政法人のみを合併前法人とする（設立団体としての地位に断絶がない）合併	簿価引継処理（合併の前後で帳簿価格を同一とする方法）

（出典） 総務省自治行政局・総務省自治財政局・日本公認会計士協会（2022）「『地方独立行政法人会計基準及び地方独立行政法人会計基準注解』に関する Q&A」（平成 16 年 3 月（令和 4 年 9 月改訂））pp.217–218, Q135-1

を「取得」,「設立団体としての地位」に断絶がない合併を「設立関係の継続」として図表 8.11 のように分類したうえで，企業結合基準に準じ，各々の会計処理を行うこととしている。

8.2.3.2 財務諸表の構成

地方独立行政法人会計では，貸借対照表，損益計算書，行政コスト計算書，純資産変動計算書，キャッシュ・フロー計算書，附属明細書から構成される。財務諸表の構成要素と主な概念の関係は図表 8.12 のとおりである。

なお，公立大学法人については，国立大学法人に平仄を合わせる形で，上記の財務諸表のうち行政コスト計算書はない。

8.2.3.3 財務諸表の読み方のポイント

一般型の地方独立行政法人の財務諸表は，国の独立行政法人や国立大学法人の財務諸表と同様であり，地方公営企業型地方独立行政法人の財務諸表は地方公営企業の財務諸表と大きな相違はない。

したがって，財務諸表の読み方のポイントもそれらと同様となる。

8.2.4 今後の課題等

地方公共団体が抱える社会的，経済的，財政的な課題から，地方における様々な公共インフラの維持が限界まできている。これらを解決する一つの手法として地方独立行政法人制度が今後も様々な形で活用されていくものと考

図表 8.12　財務諸表の相互の関係（1）

①公立大学法人以外の一般型地方独立行政法人

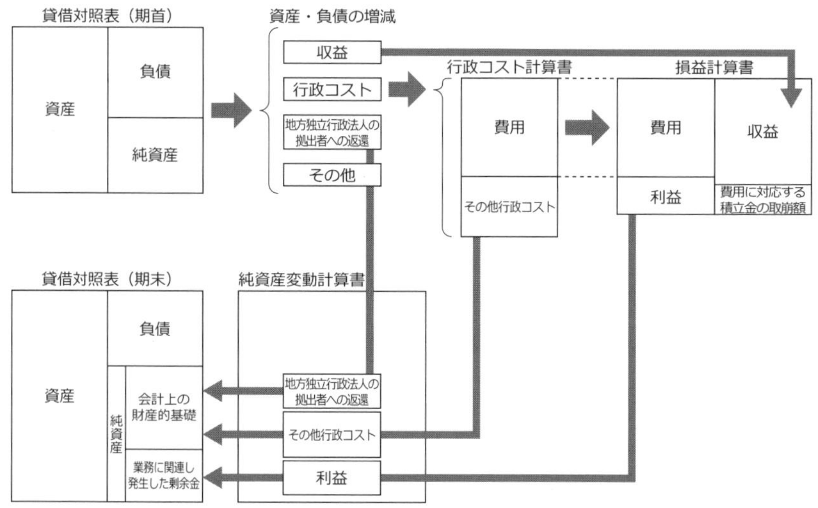

②公立大学法人

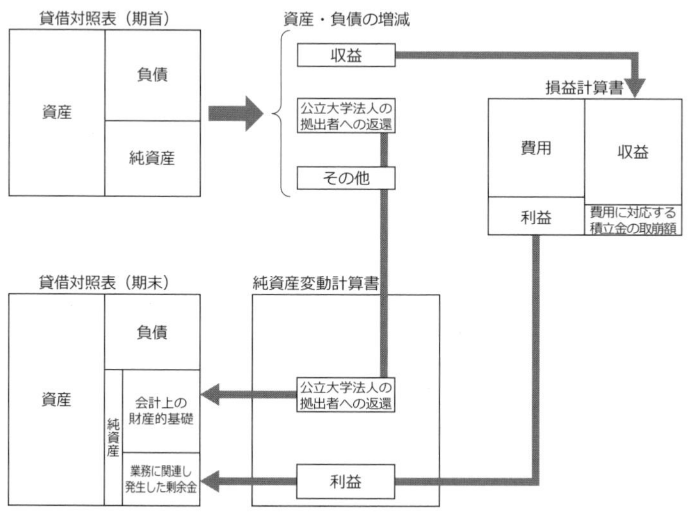

（出典）　総務省自治行政局・総務省自治財政局・日本公認会計士協会（2022）「『地方独立行政法人会計基準及び地方独立行政法人会計基準注解』に関する Q&A」（平成 16 年 3 月（令和 4 年 9 月改訂）），pp.37–38

図表 8.12 財務諸表の相互の関係（2）

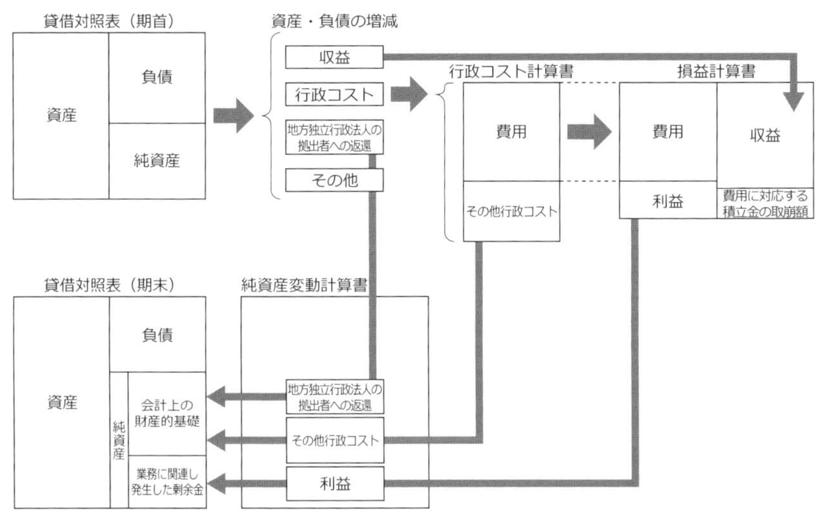

（出典） 総務省自治財政局・日本公認会計士協会（2022）「『地方独立行政法人会計基準及び地方独立行政法人会計基準注解』に関する Q&A【公営企業型版】」（平成 16 年 4 月（令和 4 年 9 月改訂））, pp.40–41, Q40–1

えられる。

(1) 地域における各種機関のネットワーク化

地域における各種機関が独立した存在として継続していくことが困難になってきているため，①効率的・効果的な地域医療の実施として地方独立行政法人の公立病院を含む地域医療連携推進法人の設置，②複数の地方公共団体により設置される一部事務組合等の特別地方公共団体による地方独立行政法人の設立，③地方独立行政法人としての申請等関係事務処理法人の設立など，複数の地方公共団体の行政サービスの共通化による事務効率化，等が模索されている。

(2) 地方創生の拠点

特に，公立大学法人や公設試験研究機関は，地方における知の拠点として，その研究開発成果を社会実装すべく，産官学連携を推進することが求められている。また，その結果として，ベンチャー企業の設立や地方の中小企業の活性化により，地方における雇用創出の役割も担っている。

(3) 各種公的施設における収益性の強化と補完

地方における公的施設の経営効率の悪化を改善するため，公立病院の地方独立行政法人化は従来から進展しており，また，博物館・美術館・動物園等の地方独立行政法人化の範囲の拡大などもこの流れの中で捉えられる。逆に，公共的観点から，私立大学を公立大学法人化することにより，地方公共団体が一定の財源を負担し，地域における教育基盤を維持していく例もみられる。

●練習問題●

□1　資本造成会計の考え方について説明しなさい。

□2　地方公営企業における公共料金算定の考え方について説明しなさい。

□3　地方独立行政法人会計基準について，他の類似の会計基準との関係を説明しなさい。

第9講
地方公社の会計

9.1　対象法人の概要

9.1.1　設置法

地方公社とは，地方公共団体が公共的な事業を実施する目的で国の特別法に基づいて設立される特別の公法上の法人のことをいう。具体的には，土地開発公社，住宅供給公社，地方道路公社があり，これらは**地方三公社**と呼ばれている。

その設置法としては，土地開発公社は「**公有地の拡大の推進に関する法律**」，地方住宅供給公社は「**地方住宅供給公社法**」，地方道路公社は「**地方道路公社法**」となっている。

9.1.2　制度変遷の概要

(1) 土地開発公社

土地開発公社の果たす役割としては，地方公共団体等の依頼に基づく公共用地等の先行取得及び地方公共団体等が再取得するまでの間の当該用地の管理（公拡法17①一）があげられる。具体的には，地価高騰に備えた土地の先行取得，国庫補助金の対象になる土地の先行取得，民間の金融機関からの資金借り入れによる機動的な土地取得などである。また，土地開発公社が自ら行う住宅用地，工業用地，流通業務団地等の造成事業（公拡法17①二）などもある。

2022 年（令和 4 年）4 月 1 日現在の土地開発公社数は，595（前年度比 14 減），2021 年度（令和 3 年度）の土地取得は，金額ベースでは 1,147 億円（前年度 1,250 億円，対前年度比 △8.2％），面積ベースでは 502ha（前年度 656ha，同 △23.5％）である。また，2021 年度（令和 3 年度）末の保有土地は，金額ベースで 7,730 億円（前年度 8,172 億円，対前年度比 △5.4％）と 25 年連続の減少となり，面積ベースで 4,538ha（前年度 4,804ha，同 △5.5％）と 24 年連続の減少となっている[1]。

(2) 地方住宅供給公社

地方住宅供給公社の果たす役割としては，分譲住宅及び宅地の譲渡，賃貸住宅の建設・管理並びに関連施設の整備など，地域の住宅・まちづくりを行い，また，自らが保有する「公社賃貸住宅」の管理のほか，地方公共団体の公営住宅等の管理を受託し，その募集及び入居管理業務など入居者が安全で快適な生活を営まれるよう，住環境の維持保全に関する業務を行うことにあるとされている[2]。

地方住宅供給公社は，2008 年（平成 20 年）3 月時点では，57 公社（47 都道府県及び千葉市，川崎市，横浜市，名古屋市，京都市，大阪市，堺市，神戸市，北九州市，福岡市の 10 政令指定市）であった。しかし，近年，地方公共団体の住宅施策の変化の中でその役割を終了させた公社や公社経営の破綻などを要因として，20 公社が解散し，2020 年（令和 2 年）4 月現在では 37 公社（都道府県 29 公社，政令指定指市 8 公社）となっている[3]。また，2021 年度（令和 3 年度）末累積実績規模として，分譲住宅の譲渡戸数 578,106 戸，分譲宅地の譲渡区画数及び面積 100,715 区画（28,465 ha），賃貸住宅の供給実績 226,944 戸となっている。また，2021 年度（令和 3 年度）末の公社賃貸住宅の管理戸数は 144,478 戸，公的賃貸住宅等の受託管理戸数は 1,062,982 戸，その他民間等賃貸住宅等の受託管理戸数は 1,089,204 戸となっている[4]。

---

[1] 総務省（2023）「令和 3 年度 土地開発公社事業実績調査結果概要」。

[2] 一般社団法人全国住宅供給公社等連合会ホームページ　https://www.zenjyuren.or.jp/chihou.html（最終参照 2023-9-30）。

[3] 同上。

[4] 同上。

(3) 地方道路公社

地方道路公社の果たす役割としては，その通行または利用について料金を徴収することができる道路の新設，改築，維持，修繕その他の管理を総合的かつ効率的に行うこと等により，地方幹線道路の整備を促進して交通の円滑化を図り，もって地方における住民の福祉の増進と産業経済の発展に寄与することにある。その業務内容としては，有料道路の新設，改築，維持，修繕，災害復旧等，国等の委託に基づく関連道路の管理等がある（公社法21）。

2022年（令和4年）3月現在の地方道路公社の数は27公社（指定都市高速道路公社である名古屋高速道路公社，広島高速道路公社，福岡北九州高速道路公社を除く）[5]となっている。

9.1.3 運営管理体制及びガバナンス体制

地方三公社の設置法に定められた運営管理体制及びガバナンス体制を一覧でまとめると図表9.1のようになる。

役員構成などの多少の相違はあるものの，設立団体及び国が，設立・認可，役員の任命・解任，事業実施に係る基本計画の承認，予算・決算，監督・検査・命令，無利子貸付・債務保証など，あらゆる面で運営管理及びガバナンスに関与する仕組みとなっている。

9.2 会計基準等の概要

9.2.1 会計基準設定主体

土地開発公社の会計基準は，土地開発公社経理基準要綱（通知）であり，これは，公有地の拡大の推進に関する法律第18条第8項に基づく主務省令として国土交通省が設定している。地方住宅供給公社の会計基準は，地方住宅供給公社会計基準であり，地方住宅供給公社法体系に基づき，一般社団法

[5] 国土交通省（2022）「道路データブック2022」9–2。

図表 9.1　地方三公社の運営管理体制及びガバナンス体制対比表

	土地開発公社	地方住宅供給公社	地方道路公社
設立・認可	設立団体の議会の議決による設立，都道府県の設立の場合には国，その他の設立の場合には都道府県知事の認可（法第 10 条）	設立団体（都道府県または政令指定都市）の議会の議決による設立，国の認可（法第 9 条）	設立団体（都道府県または政令指定都市）の議会の議決による設立，国の認可（法第 9 条）
役員の任命・解任	理事及び監事，理事が数人ある場合には事務は理事の過半数で決議，設置する役員の任命・解任は設立団体の長（法第 16 条）	理事長，理事及び監事（法第 11 条），理事長及び監事の任命・解任は設立団体の長（法第 13 条）	理事長，副理事長，理事及び監事（法第 11 条）理事長及び監事役の任命・解任は設立団体の長，副理事長及び理事は理事長が設立団体の長の認可を受けて任命（法第 13 条）
基本計画及び事業計画の承認（料金設定含む）	予算，事業計画及び資金計画を作成し当該事業年度の開始前に設立団体の長の承認（法第 18 条）	事業計画及び資金計画を作成し事業年度開始前に設立団体の長の承認（法第 27 条）	有料道路の基本計画は設立団体の議会の議決，道路管理者の同意が必要（法第 5 条） 予算，事業計画及び資金計画を作成し当該事業年度の開始前に設立団体の長の承認（法第 24 条）
予算・決算	設立団体の長による毎事業年度の予算の承認（法 18 条）及び財産目録・貸借対照表・損益計算及び事業報告書の設立団体の長への提出（法第 18 条）	設立団体の長による毎年事業度の資金計画の承認（法 27 条）及び設立団体の長への財務諸表及び業務報告書の提出（法第 32 条）	設立団体の長による毎年度の予算承認（法第 24 条）及び設立団体の長への財務諸表の提出（法第 26 条）
監督・検査・命令	設立団体の長及び国・都道府県知事（法第 18 条）	設立団体の長及び国（法第 40 条，41 条，42 条）	設立団体の長及び国（法第 39 条）
無利子貸付・債務保証	円滑な土地取得のための資金の確保等に対する国の援助（法第 24 条），設立団体の債務保証（法第 25 条）	宅地造成と併せて整備される公共の用に供する施設の一部につき国が無利子貸付（附則第 9 項）	有料道路の新設等に国による一定比率の無利子貸付（法 20 条），設立団体の債務保証（法 28 条）

（出典）　筆者作成

人全国住宅供給公社等連合会が基準を作成している。地方道路公社については，明確な個別の会計基準はない。なお，公表されている各地方道路公社の財務諸表をみると，特徴的な会計処理を除き，ほぼ企業会計の基準を基礎として作成されている様子がうかがえる。

9.2.2　会計基準等の基本的な考え方

土地開発公社については，土地開発公社の業務が公有地先行取得事業と土地造成事業にあることから，保有土地に係る会計上の測定（評価）をどのように行うかが最も重要なポイントとなる。

地方住宅供給公社については，公社法の目的に沿って実施された事業の成果と，今後も継続してこれらの事業を実施し得る能力（財政基盤の安定性）等について，財務諸表を通して利害関係者に適切に開示（公開）することが重要となる[6]。

地方道路公社については，有料道路制度における資金の回収状況を示すような会計が基本的な考え方となっている。有料道路制度とは，税金のみによる道路整備では相当の時間を要することから，借入金で道路を整備し通行料金で返済する制度のことである。有料道路制度では，一定期間中の総収入と総費用が等しくなるように通行料金が決定されているが，当該通行料金で有料道路の建設等の要した費用がどの程度賄われているのか（このような考え方を通行料金決定に係る「**償還主義**」という），当該通行料金が妥当な水準なのか（このような考え方を通行料金決定に係る「**公正妥当主義**」という）について，基礎的な会計情報を提供することが地方道路公社の会計の主な目的となっている。

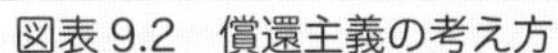

図表 9.2　償還主義の考え方

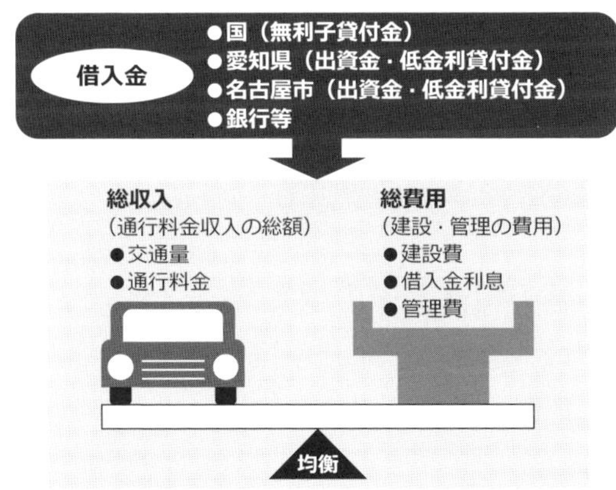

（出典）名古屋高速道路公社ホームページ https://www.nagoya-expressway.or.jp/kosya/jigyo/manage.html（最終参照 2023-9-30）

6 一般社団法人全国住宅供給公社等連合会地方住宅供給公社会計基準委員会（2021）「地方住宅供給公社会計基準に係る Q&A（令和 3 年 3 月改訂版）」Q0-(1)。

9.2.3　会計基準等の構成

土地開発公社の会計基準等の構成については，公有地の拡大の推進に関する法律第18条，同法施行規則第6条及び第7条により基本原則及び勘定区分が定められ，その詳細については，「土地開発公社経理基準要綱（通知）」による形となっている。

地方住宅供給公社の会計基準等の構成については，「地方住宅供給公社会計基準」「地方住宅供給公社会計基準に係る実務指針」「地方住宅供給公社に係る減損処理基準及び注解」（以下，「公社基準等」という）を中心として，その詳細な解説である「地方住宅供給公社会計基準解説書」，各種の個別の取扱いに係る「地方住宅供給公社会計基準委員会通知」，基準等に係る個別論点の解説である「地方住宅供給公社会計基準に係るQ&A」から形成されている。

地方道路公社の会計基準等の構成については，上述のとおり，明文化されたものはない。

9.3　会計基準の特徴及び財務諸表の構成と読み方

9.3.1　財務諸表の構成

地方三公社の財務諸表は図表9.3のとおりである。

9.3.2　会計基準の特徴とその根拠

(1)　土地開発公社

貸借対照表の流動資産に計上されている「公有用地」勘定の区分に特徴が

図表9.3　地方三公社の財務諸表

土地開発公社	地方住宅供給公社	地方道路公社
貸借対照表，損益計算書，キャッシュ・フロー計算書	貸借対照表，損益計算書，剰余金計算書，キャッシュ・フロー計算書，附属明細表，財産目録	貸借対照表，損益計算書，財産目録

（出典）　筆者作成

ある。この勘定では，土地開発公社の事業の進捗プロセス等に応じて「**特定土地**」「**代替地**」「**完成土地等**」「**開発中土地**」が区分されている。

「**特定土地**」とは，土地開発公社が先行取得した公有用地のうち，公共事業の廃止など設立団体により再取得の見込みがなくなったものである。

「**代替地**」とは，事業により取得される土地の所有者等に対してその土地に代わる土地として譲渡するために公社が取得した土地のことである。

「**完成土地等**」とは，土地造成事業に係る土地で，

① 販売可能な状態にある土地

② 当該土地に係る開発計画が次のような状態にある土地

イ 開発工事の着工予定時から概ね5年を経過しても開発用の土地等の買収が完了していない状態

ロ 開発用の土地等の買収が完了した後，概ね5年を経過しても開発工事に着手していない状態

ハ 開発工事に着手後中断し，その後概ね2年経過している状態のものをいう。

「**開発中土地**」とは土地造成事業に係る土地で「完成土地等」以外のものをいう。

(2) 地方住宅供給公社

地方住宅供給公社は，地方住宅供給公社法による様々な規定等による制度的特性を有する公的法人であることから，企業会計の基準における諸原則や手続との間に必然的な相違点が存在しているため，その観点からの修正が加えられている。

- 公社基準等では，「資本と利益の区分の原則」及び「単一性の原則」を設けていないこと。
- 企業会計の「純資産の部」に対し，公社基準等では「資本の部」としていること。
- 地方住宅供給公社法の「利益処分の制限」を踏まえ，「株主資本等変動計算書」に代えて「剰余金計算書」が設けられたこと。

また，公社基準等における財務諸表は，地方住宅供給公社が地方住宅供給公社法の目的に沿い実施する各種事業の成果を，その利害関係者に対して明瞭に開示することが最も重要であるとの観点から，各種事業の損益状況や資産の状態，キャッシュ・フローの状況などがわかるような様式で貸借対照表，損益計算書及びキャッシュ・フロー計算書が作成されている（後述の9.3.3 (2) 参照)。さらに，そうした事業種類別の経営成績の明確化を確実なものとするため，補足財務諸表としての「附属明細表」,「財産目録」及びその内訳に係る勘定区分の基準である「勘定科目分類表」において，事業別の会計情報をかなり詳細にわたり開示している。

(3) 地方道路公社

有料道路制度は，前述したように借入金により道路を建設し，料金収入により定められた期間内に借入金を償還し，償還完了後は無料開放する制度である。そのため，毎年度の「収支差」(収入と費用の差）はすべて投下資金（借入金）の償還に充当される。地方道路公社は利益を配当する義務がなく，また法人税法上の公共法人であるため，法人税を課せられたりすることがない。そのため，収支差のすべてを借入金の償還に充当することに会計上の特徴がある。

有料道路制度では，道路の無料開放を早期に実現する観点から，借入金の償還状況を適切に把握することが重要であるため，新たな設備投資資金を内部留保により積み立てる効果を有する減価償却制度は採用されていない。そのため，借入金の償還に充てられる各年度の「収支差」を「**償還準備金繰入**」として費用計上し，その累計額を「**償還準備金**」として貸借対照表の負債に計上する方式が採用されている。

9.3.3　財務諸表の読み方のポイント

(1) 土地開発公社

土地開発公社の事業の進捗プロセス等に応じて「特定土地」「代替地」「完成土地等」「開発中土地」に区分された土地には，以下のような時価評価の考え方が取り入れられ，土地開発公社の経営状況が適切に表示されるようになっている。

土地開発公社が保有する土地の評価については，土地開発公社経理基準要綱の改正により，公有地先行取得事業では，改正前はすべての土地について原価法が採用されていたが，「代替地」のうち取得原価相当による再取得等が見込まれる以外及び「特定土地」は評価替えの対象とされ，「代替地」のうち取得原価相当による再取得が見込まれるもの及び上記以外の「公有用地等」は従前どおり原価法による評価が継続されることとなった。また土地造成事業では，まず勘定の枠組みとして，従前の「未成土地」から「開発中土地」が区分され，それ以外の従前の「未成土地」は従前の「完成土地」と併せて「完成土地等」とされた。そのうえで，これらの評価として，従前は「完成土地」のみが評価替対象とされ，「未成土地」は原価法で評価されていたが，すべての土地が評価替えの対象とされることとなった[7]。

また，企業会計と同様の減損会計も導入されている。以下は評価替え及び減損会計が適用された事例である。

【令和4年度兵庫県土地開発公社決算書注記事項より一部抜粋】

（財務諸表に関する注記）

<u>貸借対照表関係</u>

1　完成土地等について強制評価減を実施し評価替えを行っております。

(1) 評価替えを行った年月日

令和5年3月31日

(2) 評価替え前の帳簿価額

1,607,088,034円

(3) 評価替えに関する会計処理の方法

市場価格が帳簿価額より著しく下落している土地について，その帳簿価額を鑑定評価に基づき算定した評価額まで減額し土地評価損を計上しております。

2　賃貸事業の用に供する土地について減損を行っております。

(1) 減損を行った年月日

令和5年3月31日

(2) 減損前の帳簿価額

7,732,800,864円

---

7 大阪府総務部市町村課財政グループ（2005）「土地開発公社経理基準要綱の改正について」『自治大阪』平成17年9月号，pp.34–36。

⑶ 減損に関する会計処理の方法

キャッシュ・フローを生み出す最小単位として，各産業団地における立地企業との契約上の区画ごとに資産のグルーピングを行い，資産グループの帳簿価額を回収可能価額まで減額し減損損失を計上しております。なお，回収可能価額は使用価値により測定しております。また，割引率は令和４年度の使途を限定している資金（用地国債資金）を除く事業資金の平均調達利回り（年0.436％）としております。

損益計算書関係

2　強制評価減による完成土地等の土地評価損

当期において，次のとおり土地評価損を計上しております。

区分	所在地	土地評価損
工業団地１箇所	加東市河高	4,971,119 円
その他の完成土地等１箇所	三木市志染町	457,157,682 円
計		462,128,801 円

3　賃貸事業の用に供する土地の減損損失

当期において，次のとおり減損損失を計上しております。

区分	所在地	減損損失
産業（工業）団地３箇所	加西市網引町他	1,654,411,501 円

なお，減損損失は土地評価損に含めて計上しております。

(2) 地方住宅供給公社

財務諸表を読む際のポイントは，次のとおりである。

まず，貸借対照表の表示区分では，企業会計の「棚卸資産」に相当するものとして「分譲事業資産」及び「その他事業資産」が表示されている。また，「事業資産」の勘定区分を設け，事業の種類別の資産が明確に表示されている。例えば，固定資産については，事業資産，事業用土地資産，その他事業資産，有形固定資産，無形固定資産，その他固定資産に区分がなされている。

次に，損益計算書の表示区分では，「事業損益」において事業の種類別に区分して表示されている。例えば，事業損益勘定については，分譲事業，賃貸管理事業，管理受託住宅管理事業，その他事業に詳細に区分されている。また，企業会計の「販売費及び一般管理費」に対し，「一般管理費」のみの表示区分がなされている。

最後に，キャッシュ・フロー計算書では，事業の種類別の区分表示が重視され，その作成方法としては「直接法」を採用して，各種事業の収支状況に係る詳細な情報の明確化が図られている。

以下は損益計算書及びキャッシュ・フロー計算書における事業の種類別の詳細な開示の事例である。

【令和３年度東京都住宅供給公社決算書より一部抜粋】

（単位：円）

科　目	前年度（令和４年３月31日）	当年度（令和５年３月31日）
（資産の部）		
流動資産	53,468,695,285	54,061,211,822
現金預金	31,209,836,543	32,381,461,483
有価証券	14,250,000,000	13,350,000,000
未収金	5,637,844,406	6,512,601,953
その他事業資産	946,423,787	670,096,965
耐震改修受託工事	18,319,213	103,660,489
都営建替受託工事	928,104,574	566,436,476
前払金	1,394,151,545	1,120,830,484
その他龍総資産	30,439,004	26,220,937
固定資産	1,145,134,069,420	1,136,894,287,937
賃貸事業資産	1,117,939,364,799	1,109,531,208,469
賃貸住宅資産	1,421,025,503,749	1,432,664,278,859
減価償却累計額	△314,629,010,274	△327,013,673,418
減損損失累計額	△22,487,786,824	△22,908,212,131
ケア付き高齢者住宅資産	12,316,814,630	12,037,350,919
減価償却累計額	△5,536,063,622	△5,707,065,068
減損損失累計額	△717,316,046	△1,979,233,650
サービス付き高齢者向け住宅資産	9,141,757,066	9,141,757,066
減価償却累計額	△1,694,019,136	△1,913,702,637
賃貸施設等資産	15,374,762,939	15,543,643,934
減価償却累計額	△5,636,566,269	△5,707,736,862
減損損失累計額	△253,035,383	△253,035,383
賃貸資産建設工事	11,034,323,969	5,626,836,840
その他事業資産	18,144,620,734	17,928,841,452
長期事業未収金	915,156,225	796,013,887
その他の事業資産	19,600,825,921	19,600,825,921
減価償却累計額	△2,371,361,412	△2,467,998,356
有形固定資産	3,712,585,191	3,642,620,895
建物等資産	1,937,370,717	1,957,854,638
減価償却累計額	△945,351,706	△1,014,213,240
土地資産	1,037,162,641	1,037,162,641
その他の有形固定資産	915,315,665	930,351,186
減価償却累計額	△631,056,686	△665,138,330
有形固定資産取得仮勘定	1,399,144,560	1,396,604,000
無形固定資産	3,812,683,073	4,270,152,399
借地権	645,429,000	645,429,000
その他の無形固定資産	3,167,254,073	3,624,723,399
その他固定資産	1,594,031,533	1,597,050,538
その他の資産	1,594,031,533	1,597,050,538
貸倒引当金	△69,215,910	△75,585,816
資産合計	1,198,602,764,705	1,190,955,499,759

（出典）　東京都住宅供給公社（2022）「令和３年度 決算書」（令和４年７月28日）より一部抜粋

（単位：円）

科　目		前年度 （自　令和3年4月 1日 至　令和4年3月31日）	当年度 （自　令和4年4月 1日 至　令和5年3月31日）
事業収益	[a]	70,535,660,476	72,246,133,865
賃貸管理事業収益		64,126,577,496	65,248,168,196
賃貸住宅管理事業収益		61,417,311,271	62,625,870,232
一般賃貸住宅管理事業収益		60,591,862,643	62,592,091,294
都民住宅管理事業収益		745,064,790	33,778,938
借上賃貸住宅管理事業収益		80,383,838	−
ケア付き高齢者住宅管理事業収益		1,233,757,252	1,167,675,608
サービス付き高齢者向け住宅管理事業収益		391,241,287	391,188,762
賃貸施設等管理事業収益		1,084,267,686	1,063,433,594
管理受託住宅管理事業収益		1,965,456,729	1,899,201,015
その他事業収益		4,443,626,251	5,098,764,654
耐震改修受託事業収益		449,559,267	98,677,290
都営建替受託収益		3,314,548,626	4,354,936,291
その他の事業収益		679,518,358	645,151,073
事業原価	[b]	59,120,808,728	59,825,044,869
賃貸管理事業原価		52,730,929,592	53,074,416,147
賃貸住宅管理事業原価		50,295,191,139	50,635,047,749
一般賃貸住宅管理事業原価		49,513,324,311	50,611,550,743
都民住宅管理事業原価		699,259,949	23,497,006
借上賃貸住宅管理事業原価		82,606,879	−
ケア付き高齢者住宅管理事業原価		1,532,514,955	1,606,920,855
サービス付き高齢者向け住宅管理事業原価		337,129,122	316,697,740
賃貸施設等管理事業原価		566,094,376	515,749,803
管理受託住宅管理事業原価		1,970,526,434	1,896,512,387
その他事業原価		4,419,352,702	4,854,116,335
耐震改修受託事業原価		524,246,469	106,013,434
都営建替受託原価		3,229,803,336	4,220,212,076
その他の事業原価		665,302,897	527,890,825
一般管理費	[c]	992,075,669	1,111,917,680
事業利益	[d=a−b−c]	10,422,776,079	11,309,171,316

（出典）　東京都住宅供給公社（2022）「令和３年度 決算書」（令和４年７月28日）より一部抜粋

（単位：円）

区　　分	前年度 （自　令和３年４月　１日 至　令和４年３月31日）	当年度 （自　令和４年４月　１日 至　令和５年３月31日）
事業活動によるキャッシュ・フロー	22,931,589,930	23,559,994,385
賃貸管理事業活動による収支	24,854,597,202	25,023,855,387
一般賃貸受託管理事業の収支	24,127,534,828	24,501,042,953
賃貸管理事業による収入	59,299,106,174	60,219,593,149
賃貸管理事業による支出	△35,171,571,346	△35,718,550,196
都民住宅管理事業の収支	153,446,502	△104,341,659
賃貸管理事業による収入	696,323,609	33,348,946
賃貸管理事業による支出	△542,877,107	△137,690,605
借上賃貸住宅管理事業の収支	6,331,829	2,069,816
賃貸管理事業による収入	105,870,691	4,253,497
賃貸管理事業による支出	△99,538,862	△2,183,681
ケア付き高齢者住宅管理事業の収支	△412,144,918	△377,840,294
賃貸管理事業による収入	1,011,585,103	1,194,407,571
賃貸管理事業による支出	△1,423,730,021	△1,572,247,865
サービス付き高齢者向け住宅管理事業の収支	306,945,620	306,520,363
賃貸管理事業による収入	386,246,782	385,950,222
賃貸管理事業による支出	△79,301,162	△79,429,859
賃貸施設等管理事業の収支	672,483,341	696,404,208
賃貸管理事業による収入	1,189,135,221	1,157,375,611
賃貸管理事業による支出	△516,651,880	△460,971,403
管理受託住宅管理事業による収支	△126,587,503	62,529,263
管理受託住宅管理事業の収支	△126,587,503	62,529,263
受託事業による収入	2,153,683,411	2,132,680,501
受託事業による支出	△2,280,270,914	△2,070,151,238
その他事業活動による収支	102,082,781	958,301,704
耐震改修受託事業の収支	△42,494,558	△56,449,487
受託事業による収入	388,050,825	196,130,859
受託事業による支出	△430,545,383	△252,580,346
都営建替受託事業の収支	677,922	783,396,209
受託事業による収入	3,787,857,414	4,981,385,680
受託事業による支出	△3,787,179,492	△4,197,989,471
その他の事業の収支	143,899,417	231,354,952
事業による収入	760,883,089	746,830,259
事業による支出	△616,983,672	△515,475,277
一般管理費に係る収支	△944,223,829	△1,048,886,295
その他経常損益に係る収支	△437,427,578	△557,251,093
特別損益に係る収支	−	△381,916,224
その他の収支	△516,851,143	△476,638,357

（出典）　東京都住宅供給公社（2022）「令和３年度 決算書」（令和４年７月28日）より一部抜粋

(3) 地方道路公社

地方道路公社では，貸借対照表に特徴がある。前述したように，道路の資産を形成するのに要した費用を積み上げた「道路資産」と借入金の返済に充

図表 9.4　償還準備金積立方式のしくみ

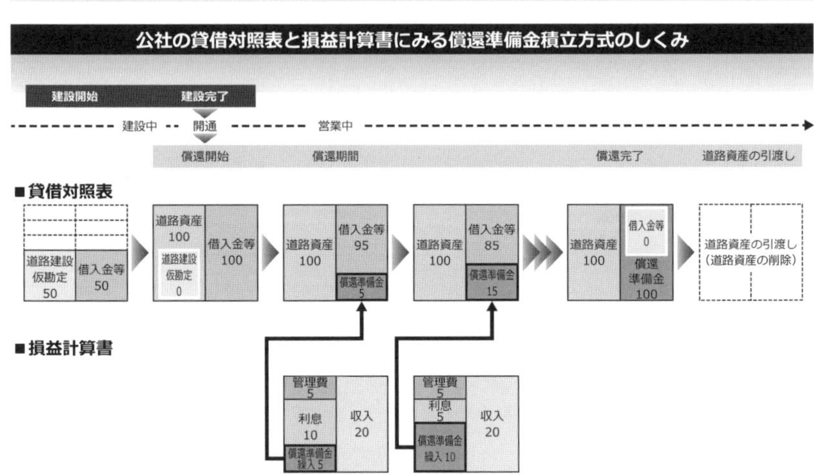

（出典）　福岡北九州高速道路公社（2023）「令和4年度 財務の概要」

てる「償還準備金」とを対比することにより，借入金の償還状況が明確に把握できるところにポイントがある。このような償還準備金積立方式のしくみを図示すると図表 9.4 のようになる。

また，災害や経済事情の変動等に対応するため，道路整備特別措置法施行令の定めにより，料金収入（消費税等を除く）の 10％相当額が「道路事業損失補てん引当金」として引き当てられており，料金徴収期間満了時点で，借入金の償還のために償還準備金が道路資産額まで積み上がらない場合には，償還準備金とともに当該引当金の残高が償還に充当されることとされている。

9.4　今後の課題等

(1)　土地開発公社

土地開発公社の保有土地総額は，ピーク時の 1996 年度（平成 8 年度）における公有地先行取得 81,720 億円，土地造成 9,712 億円，合計 91,432 億円と

図表 9.5 保有土地総額の推移

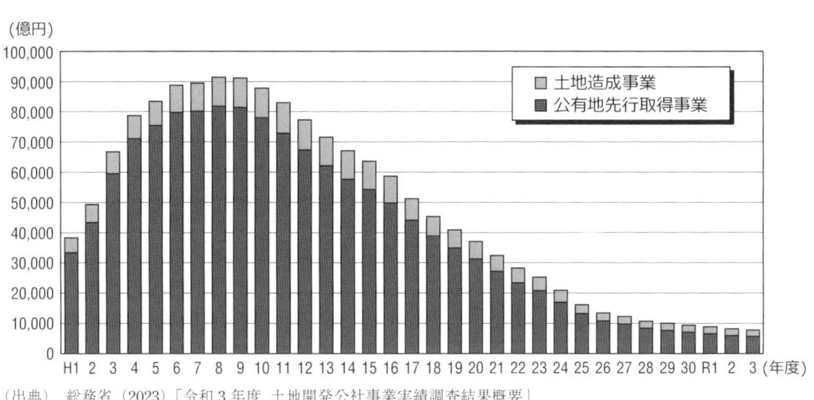

(出典) 総務省(2023)「令和3年度 土地開発公社事業実績調査結果概要」

比較すると，2021年度（令和3年度）は公有地先行取得5,653億円，土地造成2,077億円，合計7,730億円と激減している（図表9.5参照）。

しかしながら，常時の経営改善のためには，①民間企業への積極的な土地売却の推進，②借入コストの削減，③先行取得した用地の地方公共団体による確実な買取のための事業計画の策定，④事業化が遅延している保有地について，期限付き有料駐車場，資材置き場などの暫定利用による借入金の削減，などの対策をしっかりと行っていくことが必要であると考えられる[8]。

(2) 地方住宅供給公社

地方住宅供給公社の提供する住宅サービスには，少子高齢化を見据えた高齢者や子育て世代の入居機会の拡大，コロナ禍後の新しい日常に対応した取組みの推進（テレワーク環境の整備，タッチレス型エレベーターの導入等），環境志向や健康志向など多様なニーズへの対応が求められている。これらのサービスをいかに効率的に実施し低廉な価格で住宅サービスを提供できるかが業務上の課題となっている。そのためには収益力のより一層の強化が重要であり，さらに過去の住宅建設に要した負債をいかに圧縮していくかが財務上の課題となる地方住宅供給公社が多いのではないかと推測される。

[8] 赤川彰彦（2021）「土地開発公社――バブル経済崩壊後の30年間の軌跡と今後の在り方（下）」『地方財務』2021年6月号，pp.110–118。

(3) 地方道路公社

有料道路のより積極的な利用を促すための各種の広報促進活動に取り組むとともに，道路の適正な維持管理費の確保と効率的・効果的な道路管理に努める経営の一層の合理化が継続的な業務上の課題となる。そのため，通行料金水準の公正妥当主義を維持しつつ，償還主義による適正な償還準備金の積立てを図り，料金徴収期間満了時に無料開放を図っていくための計画的な経営が課題となる。

●練習問題●

□1　土地開発公社が保有する土地の勘定区分とその評価方法について説明しなさい。

□2　地方住宅供給公社の会計における企業会計との相違点について説明しなさい。

□3　地方道路公社の償還主義の考え方と償還準備金積立方式について説明しなさい。

第 10 講
公益法人の会計

10.1　対象法人の概要

10.1.1　設 置 法

公益法人とは，一般社団法人及び一般財団法人に関する法律（以下，「一般法人法」という）により設立された一般社団法人または一般財団法人（以下，「一般法人」という）が，公益社団法人及び公益財団法人の認定等に関する法律（以下，「公益認定法」という）に基づき，内閣府または都道府県に設置された第三者の有識者会議体である公益認定等委員会（または審議会）が公益法人として認定した法人のことである。

公益法人には，志ある人の集まりとしての団体である**社団法人**と財産の集まりとしての団体である**財団法人**の 2 種類があって民間の公益活動を担っている。

10.1.2　制度変遷の経緯

(1) 旧制度から 110 年ぶりの改革に至った理由

現行の公益法人は，10.1.1 に記載の設置法に基づき設立された法人であるが，このような根拠法に基づく設立の仕組みは，2006 年（平成 18 年）に行われた**公益法人制度改革**により出来上がった仕組みであり，それ以前は，実施している事業の内容により，主務官庁が分かれており，旧民法第 34 条

(1898年(明治31年)施行)に基づいて，各主務官庁から設立許可を受けた法人が公益法人として活動をしていた。

旧制度は，各主務官庁が裁量に基づき法人設立を「許可」し，法人を「所管」する仕組みである。これは社会の多様化と経済の実態に合わなくなり，新しい公益法人制度が施行された。

(2) 現行制度の仕組み

社会が求める多様な公益活動を民間の非営利部門が自発的に担うため，現行制度では，公益法人が誕生するための仕組みとして，**法人を設立すること**と，**その法人に公益性があること**の判断を分離した仕組みになった。

具体的には，一般法人は，一般法人法に基づき，準則主義で**登記のみ**で設立できる。その後，公益法人となるための公益性の認定は，法人からの申請を受けて，**法律に定められた基準により民間の有識者が判断する**。申請先は，公益法人の活動内容により2つの選択肢があり，国または都道府県のどちらかになる。国は，内閣府が申請先となり，内閣総理大臣，都道府県では，都道府県知事が認定をして，申請先がそれぞれ行政庁として，公益法人の認定から監督までを一括して管理している。

公益法人は，認定時には，公益認定法第5条に記載の公益法人の認定基準を満たしていることを申請書類の審査により，承認される。また，公益法人に認定後は，毎年度，申請時と同様，公益認定法第5条に定められた認定基準を満たしていることを確認することが必要であるため，すべての公益法人が定期提出書類を行政庁である国または都道府県に提出することが定められている。

(3) 公益法人の認定基準

公益法人の認定基準は公益認定法第5条の各号に記載されており，大きく，法人の目的及び事業の性質，内容に関するもの，法人の財務に関するもの，法人の機関に関するもの，法人の財産に関するものに区分できる。これらの要件を満たすことで，公益法人としての活動ができる。また，公益認定を受けた後，毎年度，これらの要件を満たし続けることが必要になる。

〈法人の目的及び事業の性質，内容に関するもの〉

① 公益目的事業を行うことが主たる目的であること。(1号)
② 公益目的事業に必要な経理的基礎と技術的能力があること。(2号)
③ 理事，社員など当該法人の関係者や営利事業者などに特別の利益を与えないこと。(3，4号)
④ 社会的信用を維持する上でふさわしくない事業や，公の秩序，善良の風俗を害するおそれのある事業を行わないこと。(5号)
⑤ 公益目的事業以外の事業を行う場合には，公益目的事業の実施に支障を及ぼすおそれがないものであること。(7号)

〈法人の財務に関するもの〉

① 公益目的事業に係る収入が適正な費用を超えないと見込まれること。(6号)（以下，「**収支相償**」という。）
② 公益目的事業比率（費用ベース）が100分の50以上になると見込まれること。(8号)（以下，「**事業比率**」という。）
③ 遊休財産額が年間の公益目的事業費を超えないと見込まれること。(9号)（以下，「**遊休財産額規制**」という。）

〈法人の機関に関するもの〉

① 同一親族等及び他の同一団体の関係者が理事または監事の3分の1を超えないこと。(10号，11号)
② 一定の基準を満たす場合に会計監査人を設置していること。(12号)
③ 理事，監事への報酬等の支給基準を定めていること。(13号)
④ 社員に対し不当に差別的な取扱いをせず，理事会を設置していること。(14号)

〈法人の財産に関するもの〉

① 他の団体の意思決定に関与することができる財産（株式等）を保有していないこと（ただし，議決権の過半数を有していない場合はこの限りではない)。(15号)
② 公益目的事業に不可欠な特定の財産があるときは，その処分制限等必要な事項を定款で定めていること。(16号)
③ 公益認定取消し等の場合に公益目的取得財産残額に相当する財産を類

似の事業を目的とする公益法人等に贈与する旨の定款の定めがあること。(17号)

④　清算の場合に残余財産を類似の事業を目的とする公益法人等に帰属させる旨の定款の定めがあること。(18号)

これらの要件のうち，2つ目の法人の財務に関するものは，**財務三基準**といわれており，会計基準に関係するものである。

(4) 公益法人の行う公益目的事業

公益目的事業とは，公益認定法第2条第4号に規定されている。**図表10.1**に記載されている公益認定法別表各号に掲げる事業であって，不特定多数の者の利益の増進に寄与するものとされる。

AかつBという条件を満たす事業であり，Aである別表には，22事業が掲げられており，23番目には，22番目までの事業に加えて，政令で追加することができることになっている。

また，Bについては，各事業について，チェックポイントが示されており，

図表10.1　公益目的事業の定義

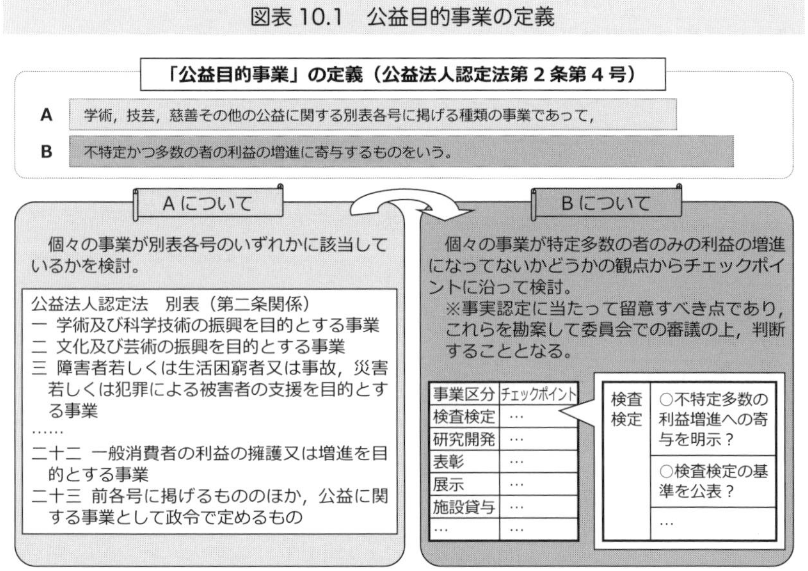

（出典）内閣府公益法人インフォメーション「移行認定（実践編①）――事業の公益性」p.1

これらのチェックポイントを満たすことで，B の条件を満たしていると判断される仕組みになっている。

(5) 公益法人法人数

内閣府の 2021 年（令和 3 年）12 月現在での調査結果によると，公益法人は，9,640 法人存在する。その内訳は，行政庁別には，内閣府での所管法人数が，2,584 法人，都道府県所管の法人数が 7,056 法人となっている。また，社団財団法人の別には，公益社団法人が 4,174 法人（うち，内閣府所管 821 法人，都道府県所管 3,353 法人），公益財団法人が 5,466 法人（うち，内閣府所管 1,763 法人，都道府県所管 3,703 法人）存在する。全国で，約 9,600 法人が存在するが，ほとんどの法人が 2006 年（平成 18 年）の改正以前から活動をしており，制度改革時には，それまでと同様に公益法人としての活動を継続していくのか，新たに一般法人として存続していくのか，法人自らがどちらかを選択して，現在の公益法人となった経緯がある。なお，旧制度下では，約 24,000 法人が公益法人として活動しており，そのうち，約 9,000 法人が公益法人に移行し，約 11,000 法人が一般法人に移行し，残りの法人は，解散等により消滅した。

10.1.3　運営管理体制・ガバナンス体制

公益法人は，一般法人法に定められたガバナンス体制，及び公益認定法に定められたガバナンスに関する法律等を満たすことが求められている。

一般法人法では，一般法人の機関設計等のガバナンス体制について会社法をベースにした仕組みになっている。加えて，公益認定法により，公益社団法人の場合の機関設計，公益財団法人の場合の機関設計の定めを置いており，公益社団法人は，理事，理事会，監事，社員総会を設けることが要件となっており，公益財団法人は，理事，理事会，監事，評議員，評議員会を設けることが要件になっている。また公益認定法では，会計監査人も原則設置の定めがあるが，政令で一定規模以上の公益法人のみに義務付けをしている。図表 10.2 のような機関設計によるガバナンス体制に加えて，行政庁による監督が行われている。さらに公益法人は，税制優遇を受けている法人であることから，広く国民に対しての情報開示が求められる立場である。そのため，

図表10.2　公益法人のガバナンスの体系

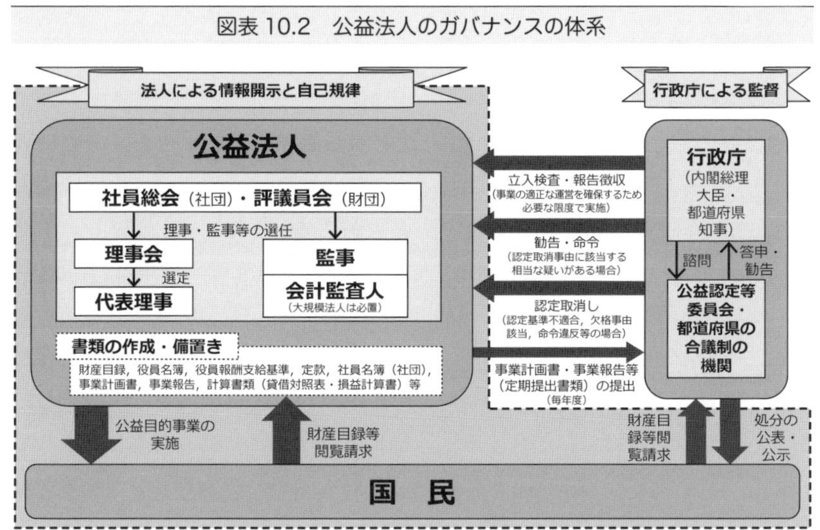

（出典）内閣府公益法人インフォメーション「行政庁による監督と法人運営上の留意事項（立入検査実績を踏まえて）」p.2

国民に対して，公益法人がどのような運営をしているか，財務報告も含めて説明責任を果たすことが求められている。

10.2　会計基準等の概要

10.2.1　会計基準設定主体

公益法人会計基準の設定主体は，**内閣府公益認定等委員会**である。具体的な検討は，内閣府公益認定等委員会のもとに設置されている「公益法人の会計に関する研究会」（以下，「会計研究会」という）で行われており，会計基準の制定以来，改正が行われる際には，会計研究会で検討が行われて，その結果が公益認定等委員会で承認されて定められている。

10.2.2　会計基準等の基本的な考え方

公益法人会計基準の基本的な考え方は，損益計算をベースにする企業会計の原則をベースした考え方である。加えて，公益法人制度上，要求されている事項（法令等により定められている事項）に対応することがあるため，それらの事項を取り入れている。例えば，公益法人が行う事業が，公益目的の事業と収益目的の事業を行う場合には，**事業ごとに区分経理が要求される**。そのため，各事業に区分して収益と費用，剰余金を算定する会計処理と開示が求められる。また，公益法人の事業活動にも特徴がある。例えば，公益法人が事業を行う場合，資金提供者とサービス受益者は，異なることが多く，事業対価収益よりも寄付金や補助金，助成金等を主な財源としている。そのため，**収益計上の会計処理**に特徴がある。さらに，株式会社と異なり，株主に相当する公益法人の所有者がいないため，収益と費用の差額としての剰余金を所有者に分配することは認められていないため，**純資産の会計処理**にも特徴がある。これらが，公益法人の特徴を反映している考え方になっている。

10.2.3　会計基準の構成

公益法人会計基準の構成は，公益法人会計基準，当該会計基準の運用指針，会計研究会の年度報告書が備えられており，これらに準拠することが求められている。加えて，「よくある質問 FAQ」で，実務上の問題に対応する Q&A を作成している。会計研究会の年度報告書は，会計研究会が発足した年の翌年の 2014 年度（平成 26 年度）より，毎年度報告書が公表されており，途中の年度で一部，異なるものもあるものの，基本的には当該報告書は，会計基準に準じたものとして，守るべき基準としての位置付けになっている。

10.3　会計基準の特徴及び財務諸表の構成と読み方

10.3.1　公益法人会計の特徴とその根拠

公益法人会計基準は，旧制度下において定められたもので，その後改正を重ねてきて，公益法人制度改革に合わせて2008年（平成20年）に，内閣府公益認定等委員会が改めて設定したものである。2008年の制度改革に先んじて，2004年（平成16年）には，それまで収支計算を基本としていた会計基準から損益計算を基本とする会計基準へ大きく変更がなされた。これにより，我が国における多くの法人が採用している企業会計の基準に大きく近づくことになった。このことが影響しており，公益法人会計基準では，網羅的に規定がなされておらず，規定のないものについては，企業会計の考え方によることが慣習として発展してきている。以下は，公益法人という非営利組織の特徴を反映した会計処理を解説する。

(1) 貸借対照表の目的別資産表示

公益法人の貸借対照表は，資産の部と純資産の部である正味財産の部に特徴がある。資産の部は，流動・固定分類に加えて，**目的別区分表示**がある。具体的には，固定資産の部に，**基本財産**と**特定資産**という資産の保有目的を示す区分が設けられている。基本財産とは，法人が事業を行うにあたって不可欠な財産であり，定款で示した財産のことをいう。また，特定資産とは，目的を特定して保有している財産であり，例えば，会館を建設するために積立ている預金があった場合，特定資産の区分に，会館建設積立資産などの科目で表示することになる。

また，正味財産の部は，**指定正味財産**と**一般正味財産**に区分して表示される。指定正味財産は，資金提供者である寄付者等が財産を公益法人に寄贈される際に，その財産の使い道を指定している場合には，その財産を受け入れた際に，指定正味財産に区分される。一方，一般正味財産は，公益法人が事業活動を行った結果，得られた剰余金になる。公益法人の正味財産の区分は，これらの2つに区分される。そのため，フロー計算書である正味財産増減計算書においても，これらの2つに区分される。

公益法人では，**財源と資産が紐付けされている関係**が財務諸表に表される。具体的には，寄付者が公益法人の基盤となる財産として土地や金銭を寄贈して，法人が存続する限り，その財産を持ち続けてほしいという意思を示して寄贈された財産は，基本財産として資産に区分され，かつ，指定正味財産の区分に同額が計上されることになり，紐付けされている関係になる。このように，寄付者からの財産は，特別に区分され，維持されることで，寄付者にわかりやすい情報となるように会計処理がなされる。

(2) 正味財産増減計算書の区分と振替の会計処理

正味財産増減計算書は，一般正味財産増減の部と指定正味財産増減の部に区分される。企業会計における損益計算書には，一般正味財産増減の部がおおよそ相当することになる。指定正味財産増減の部は，上述（1）の資金提供者が寄贈する金銭等の使い道を指定している場合に，受取寄付金などの科目により正味財産の増加が表示される。

また，受け入れた寄付金を使途目的に沿って費消する場合には，指定正味財産からいったん，一般正味財産へ財源を振替処理して，費消することになる。すなわち，事業費等の費用は，一般正味財産増減の部において，一括して表示されるので，指定正味財産を財源とする収益を擬制して一般正味財産に振替える会計処理が行われることになる。そのため使途目的に沿って寄付金を費消する場合には，財源により費用は，区分されないことになる。

(3) 寄付金，補助金等の会計処理

寄付とは，寄付者等の資金提供者が公益法人の事業のために，金銭，有価証券，土地等の財産を寄贈することをいい，具体的に，お金を寄付する場合には，寄付金という。また，国等が資金提供者の場合に，お金を寄贈する場合には，補助金という。上述のように，これらを受け入れる際に，受領したお金を，資金提供者が使途目的を指定して寄贈する場合と，使途目的は公益法人に任せて寄贈してくれる場合で，財源の会計処理が2つに分かれるが，**財源の会計処理を区分すること**は，公益法人会計基準の特徴的な会計処理である。

(4) 正味財産（純資産）の会計処理

公益法人会計基準の財源の会計処理は，企業会計における純資産相当を表す正味財産の会計処理で考える。純資産は，一般的には，ストックを表す貸借対照表の資産と負債の差額概念であり，同時にフローを示す損益計算書の当期純損益，公益法人会計基準でいうと正味財産増減計算書の当期正味財産増減額になる。

資金提供者がお金の使途目的を指定せずに寄贈する場合は，財源の会計処

理は，他の事業を行うことで得られる事業収益と同様に，一般正味財産の受け入れの会計処理を行うことになる。また，資金提供者がお金の使途目的を指定して寄贈する場合には，財源の会計処理は，指定正味財産の受け入れの会計処理を行うことになる。この場合には，お金を目的に従って使うまでは，いったん，正味財産にストックされることになる。これらを受け入れた場合の会計処理は，次の仕訳になる。

（寄付金受領時）

資金提供者から使途目的を指定しないで寄贈された場合

（借）現金預金　×××　　（貸）受取寄付金（一般正味財産）　×××

資金提供者から使途目的を指定して寄贈された場合

（借）現金預金　×××　　（貸）受取寄付金（指定正味財産）　×××

貸借対照表において，目的別の表示のため

（借）○○積立資産　××　　（貸）現金預金　××

（寄付金を事業に費消したとき）

資金提供者から使途目的を指定しないで寄贈された場合

　正味財産増減計算書の一般正味財産の部に計上：

（借）事業費　×××　　（貸）現金預金　×××

資金提供者から使途目的を指定して寄贈された場合

　正味財産増減計算書の一般正味財産の部に計上：

（借）事業費　×××　　（貸）○○積立資産　×××

　正味財産増減計算書の指定正味財産の部から一般正味財産の部へ振替：

（借）一般正味財産への振替額（指定）　×××

（貸）受取寄付金振替額（一般）　×××

(5) 区分経理のよる内訳表の表示

公益法人は，公益目的事業のほかに収益事業や共益事業を行うことができる。そのため，公益目的事業と収益事業等，加えて，法人の管理業務の部分については，すべて**区分経理**が求められる（公益認定法19）。その際には，公益目的事業区分，収益事業等区分（収益事業等を実施している場合のみ），法人会計区分の3つの区分に分かれる。この区分は，正味財産増減計算書内訳表，貸借対照表内訳表で表示される。正味財産増減計算書内訳表は，制度上の要件である財務三基準として収支相償原則に従っていることを確認するため，公益目的事業区分は，さらに細分化され，公益目的事業の内訳区分により表示することが求められる。

10.3.2　財務諸表の構成

公益法人会計基準においては，貸借対照表（及び貸借対照表内訳表），正味財産増減計算書（及び正味財産増減計算書内訳表），キャッシュ・フロー計算書を財務諸表としている。このほかに，公益認定法により公益法人が作成を義務付けられている計算書類として財産目録がある。加えて，一般法人法により公益法人が作成を義務付けられている計算書類として附属明細書がある。公益法人の財務諸表の作成目的は，**図表 10.3** に示している。

また，公益法人会計基準では，公益法人は，法令の要請等により，必要と認めた場合には**会計区分**を設けなければならないとしており，会計区分ごとの情報は，財務諸表の一部として貸借対照表内訳表及び正味財産増減計算書内訳表において，それぞれに準じた様式で表示するものとしている。さらに，正味財産増減計算書は，公益法人の活動の財源ごとに区分をしており，一般正味財産増減の部と指定正味財産増減の部に区分される。法人自ら事業を実施して得られる収入などは，一般正味財産増減の部に区分して表示される。また，寄付金や補助金等でお金の使い道を資金提供者が指定して公益法人に寄贈する場合には，指定正味財産増減の部に表示される。このほか，公益社

図表 10.3　公益法人の財務諸表と作成目的

財務諸表	作成目的
貸借対照表	公益法人の当該事業年度末現在におけるすべての資産，負債及び正味財産の状態を明りょうに表示するもの（第2.1）
正味財産増減計算書	公益法人の当該事業年度における正味財産のすべての増減内容を明りょうに表示するもの（第3.1）
キャッシュ・フロー計算書	公益法人の当該事業年度におけるすべてのキャッシュ・フローの状況を明りょうに表示するもの（第4.1）

（出典）　内閣府公益認定等委員会「公益法人会計基準」

団法人は，一般法人法により「基金」を集めることができる。**基金**は，公益社団法人が資金調達の手段として認められたものであり，会計的な観点からは，負債の性質を有する借入金であるが，法律によって純資産すなわち正味財産として位置付けられている。なぜならば，公益法人が基金を集めた場合には，剰余金が一定額以上になった場合に，資金の提供者に返還可能であるものであるが，必ずしも，返還されるものではないからである。

10.3.3　財務諸表の読み方のポイント

公益法人の財務諸表は，貸借対照表，正味財産増減計算書，キャッシュ・フロー計算書の3表になる。貸借対照表と正味財産増減計算書について，読み方のポイントは以下のようになる。

(1) 貸借対照表

貸借対照表は，資産の部の目的別資産表示，正味財産の部が特徴となっている（**図表10.4**）。資産の部では，基本財産区分に法人が定款で定めた基本財産が形態別（土地，建物など）に表示される。基本財産は，維持することが法令等で定められており，毀損した場合には，法人の解散にも及ぶものである。また，正味財産の部では，一般正味財産と指定正味財産に区分されている。一般正味財産は，毎年度の正味財産増減計算書の当期正味財産増減額の累積分が表示される。また，指定正味財産の額は，法人が寄付者等から受託した財産でこれからその目的に沿って費消していく金額を表している。これらの金額が法人の財産的な基礎を示している。

(2) 正味財産増減計算書

正味財産増減計算の経常収益について特徴がある。事業活動により得られる事業収益は，**図表10.5**のⅠの一般正味財産増減の部の経常収益に計上されるが，寄付者等により，使途を指定されて受け入れた寄付金等は，目的に従い，使われた期に，Ⅱの指定正味財産増減の部の③一般正味財産への振替額に記載されて，振替処理がなされ，前述の経常収益に計上される。

図表 10.4　貸借対照表の読み方のポイント

貸　借　対　照　表

年　月　日現在

（単位：円）

資　産　の　部			
科　目	当期	前期	増減
Ⅰ　流　動　資　産			
現金及び預金			
・・・			
流動資産合計			
Ⅱ　固　定　資　産			
(1) 基本財産 ←			
土地			
・・・			
基本財産合計			
(2) 特定資産 ←			
退職給付引当資産			
○○積立資産			
・・・			
特定資産合計			
(3) その他固定資産			
・・・			
その他固定資産合計			
固定資産合計			
資　産　合　計			
負　債　の　部			
科　目	当期	前期	増減
Ⅰ　流　動　負　債			
未払金			
・・・			
流動負債合計			
Ⅱ　固　定　負　債			
退職給付引当金			
・・・			
固定負債合計			
負　債　合　計			
正 味 財 産 の 部			
科　目	当期	前期	増減
Ⅰ　指定正味財産			
国庫補助金			
・・・			
指定正味財産合計			
（うち基本財産への充当額）			
（うち特定資産への充当額）			
Ⅱ　一般正味財産			
（うち基本財産への充当額）←			
（うち特定資産への充当額）←			
正味財産合計			
負債・正味財産合計			

・基本財産は正味財産の部の内書の金額と対応
・特定資産は正味財産の部の内書の金額と対応

（出典）　筆者作成

図表 10.5　正味財産増減計算書の読み方のポイント

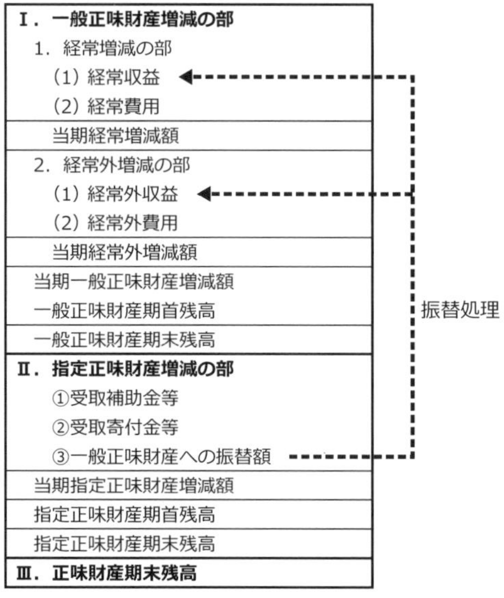

（出典）　筆者作成

10.4　今後の課題等

10.4.1　新しい時代の公益法人制度の在り方に関する有識者会議の最終報告の概要と今後の方向性

(1) 新しい資本主義実現会議の提案

内閣府は，2022 年（令和 4 年）10 月に「新しい時代の公益法人制度の在り方に関する有識者会議」を開催した。開催のきっかけは，内閣総理大臣が座長を務める「新しい資本主義実現会議」が開催された際に，民間による公益活動を活性化する視点からの公益法人制度改革が必要であることが提案されたことである。その内容は，企業による公益活動の一形態である企業財団の活性化に向けて，以下の視点からの制度改革が必要であるという提案となっている。

① 公益事業の認定及び変更の柔軟化・迅速化
② 収支相償原則の緩和
③ 遊休財産規制の緩和
④ （企業）財団の合併，統合の柔軟化

この提案は，2022年（令和4年）6月に閣議決定された「新しい資本主義のグランドデザイン及び実行計画」の項目に掲げられ，提案を実行するために，内閣府は，その方向性について外部有識者を招聘して会議を開催することになった。有識者会議は，2022年（令和4年）10月から11回にわたり開催され，2023年（令和5年）6月2日に議論の結果をまとめた最終報告を公表した。

(2) 有識者会議の論点

ここで議論された主な論点は，以下の3つである。

① 公益法人の活動を活性化する観点から収支相償原則，遊休財産規制など「公益性の認定の基準」はいかにあるべきか。
② 公益性の認定の基準等を見直し，法人活動の自由度を拡大するとした場合，国民の信頼確保のための「自律的ガバナンス」や説明責任はいかにあるべきか。
③ その他，公益認定・変更認定手続きの迅速化など，公益法人の活動の活性化や公益法人行政の更なる展開に向けて，目指すべき方向性はどのようなものか。

(3) 最終報告で示された新しい資本主義の実現に向けた公益法人制度改革の基本的方向

最終報告によると，2006年（平成18年）に制定された現在の公益法人制度は，民間による公益の増進を目的としつつも，不祥事の発生を契機として，旧来の民法法人制度への反省等に立ち，議論されたという経緯もあり，制定以来，厳格な事前規制・監督による国民の信頼確保に重きをおいた行政が行われてきたとされている。このため，公益的活動の自由な展開・伸長の制約となっていると指摘されてきたことが記載されている。この制度発足から十数年を経た現在，公益法人制度とその運用をめぐる諸課題を克服し，新しい資本主義のもとに，社会の変化等に柔軟に対応し多様な社会的課題解決に向けて民間の力を引き出していくための制度改革が必要であることが掲げられた。

そのためには，事業の適正な実施を確保しつつ，公益的活動の持続性・発展性や法人の経営戦略を積極的に後押しするという発想に転換したうえで，法人が社会的課題の変化等に対応し，より柔軟・迅速で効果的な公益的活動を展開していくことができるよう法人の自主的・自律的な経営判断がより尊重される仕組みにしていく必要があることとされた。

一方，公益法人は，税制上の優遇措置や国民からの寄付を受け，その資金を適正に活用して不特定かつ多数の人々の利益の増進に寄与するために公益的活動を実施する存在であり，不祥事等の防止に加えて，徹底した透明化を行った上で，自らの経営戦略及びその活動に関する社会への説明責任を果たしていくことが，自らの活動に対する社会からの認知・理解・支援を向上させるとともに，社会のニーズに応えるための前提になることが示されている。

こうした観点から，活動の自主的・自律的な経営判断がより尊重される仕組みへの転換に伴い，公益法人のガバナンスや説明責任の充実を図り，国民からの信頼をより強いものにしていく必要があるとされている。これらの考え方を踏まえ，公益法人が，より柔軟・迅速な公益的活動を展開していくことが可能となるとともに，より国民からの信頼・協力を得られる存在となることを目的として，公益法人制度全般の抜本的な改革を行うべきであることが示された。

(4) 制度改革の概要

最終報告では，以下の①から④の4つに分けて報告されている。

①　改革の意義及び基本的方向性　ここでは上述のような公益法人の役割や改革の方向性が記載されている。

②　より柔軟・迅速な公益的活動の展開のために　一つ目として，資金のより効果的な活用のための財務規律の柔軟化・明確化として論点であった収支相償，遊休財産規制についての方向性が示されている。収支相償については，「中期的な収支均衡の確保」として，5年間で収支が均衡すればよく，その間は，赤字や黒字になってもよい仕組みが示されている。また，遊休財

産については，適正管理として，限度額を超過しても理由を明確にして，公益目的事業に使えばよいという仕組みが示された。

二つ目として，柔軟・迅速な事業展開のための行政手続の簡素化・合理化として，公益認定・変更認定手続の柔軟化・迅速化，合併手続等の柔軟化・迅速化など，手続について利便性をよくし，公益法人の活動を推進するための仕組みが示されている。

③　より国民からの信頼・協力を得ていくために　一つ目に，**透明性の一層の向上**として，法人運営に関する情報開示の充実が求められている。公益法人の努力義務として，財務諸表をWebサイトなどで公表することや，行政庁でも公益法人の財務諸表を開示するシステムを構築していく方向が示された。また，わかりやすい財務情報の開示として，毎年度の提出義務のある書類として定期提出書類や財務諸表についての見直しの方向性が示されている。また，法人情報の利活用の向上として内閣府で一元的に管理をした情報プラットフォームの構築の方向性が掲げられた。

二つ目に，**法人の自律的なガバナンス**の充実として，個々の法人の実情に応じた自主的・自律的に取り組んでいる状況について，事業報告書等に記載して報告することなどが示された。また，理事会・監事等の機能強化では，外部理事，外部監事の導入が掲げられた。さらに会計監査機能強化も示されている。

三つ目に**行政による適正な事後チェック**として，事後チェックへの重点化の方向性が示された。国民からのチェック機能や公益法人自身の自浄作用を経たうえで，なお発生する問題は，監督上の厳格なチェックをするということである。

④　民間による公益的活動の活性化のための環境整備　2019年（平成31年）に現在の制度として運用されてきた公益信託制度の見直しや，公益法人の出資等の資金供給の方法についての整備の方向が示された。

これらの概要をまとめると図表10.6のようになる。

10.4.2　会計研究会での課題（最終報告の結果も踏まえ）

10.2.1で述べた会計研究会においては，上述の最終報告で提案されてい

図表 10.6　公益法人制度改革の概要

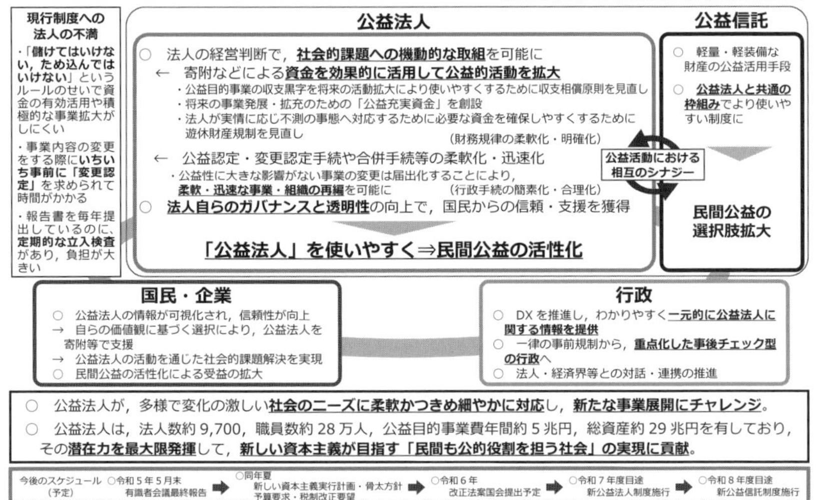

（出典）内閣府（2023）「新しい時代の公益法人制度の在り方に関する有識者会議『最終報告（概要）』」（2023年6月2日公表），p.1

る項目のうち，会計に関するものについて，主として6つの検討課題が考えられている。

① 公益充実資金の積立て及び取り崩し
② 指定正味財産の指定の範囲の見直し
③ 貸借対照表項目の内訳表の作成
④ 財産目録等の開示（努力義務）
⑤ 定期提出書類の廃止や記載事項の簡素化
⑥ 公益信託制度における収支相償，遊休財産規制及び会計基準

10.4.3　制度改正等と会計基準，定期提出書類等への影響

今回の公益法人制度改革は，公益法人認定法をはじめ法令等の改正，ガイドライン，会計基準，定期提出書類など，制度全体として運用されている書類が見直されることになる。公益法人の会計基準も制度の一つを構成するも

のであり，より制度の趣旨に即したものに改正がなされることになる。公益法人は，改正された法令等に従い，義務付けされた書類を作成して公益法人活動を行っていくことになる。

10.4.4　公益法人の会計に求められるもの

公益法人は，非営利組織の会計を先導する法人であり，制度上も公益法人から特別法に基づき，社会福祉法人や学校法人等，他の法人形態が創設されてきたことを踏まえ，今後も非営利組織の会計については，先導する役割であることが期待される。

公益法人に求められる役割は，社会的な課題解決のための事業を行っていくことである。その活動状況を反映する仕組みとしての会計が求められる。

今回の公益法人制度改革により，検討課題が示されており，さらなる発展が求められている。

●練習問題●

□1　公益法人制度における公益認定基準に定められている，公益法人が遵守しなければ財務三基準について説明しなさい。

□2　現行の公益法人制度では，法律により公益法人が作成する計算書類が義務付けられており，公益法人会計基準で財務諸表として定義されている計算書類等は何かについて説明しなさい。

□3　公益法人会計基準の特徴の一つとして寄付金を受け入れたときの会計処理がある。その特徴について述べるとともに，寄付金受け入れ時の仕訳を示しなさい。

第 11 講
医療法人の会計

11.1　対象法人の概要

11.1.1　設 置 法

医療法人とは，医療法に基づき，病院，医師もしくは歯科医師が常時勤務する**診療所，介護老人保健施設または介護医療院を開設すること**を目的として，医療法の規定に基づき設立される**社団または財団法人**である（医療法39)。設立の目的である病院，診療所，介護老人保健施設または介護医療院の経営を本来業務として，その他本来業務に支障のない範囲で，以下の経営を附帯業務として行うことができる（同法 42 各号，厚生労働省医政局長通知最終改正 医政発 0401 第 27 号令和 4 年 4 月 1 日)。

・医療関係者の養成または再教育の経営
・子育て短期支援事業，老人福祉センター等の経営
・有料老人ホームの経営　等

11.1.2　我が国における医療法人の役割

我が国において，医療施設は病床数（ベッド数）に基づいて病院と診療所に分類される（病床数 20 床以上が病院，それ未満が診療所と分類される)。これらの施設は，国，都道府県のほか，公益法人，私立学校法人，個人によっても開設することが可能である。

図表 11.1　病院等における開設者別施設数及び病床数

	病　院		一般診療所		歯科診療所
	施設数	病床数	施設数	病床数	施設数
医療法人	5,656	833,945	46,600	60,548	16,618
個　人	115	10,303	39,507	11,347	50,031
その他	2,360	642,610	19,165	5,550	620
総　数	8,131	1,486,858	105,272	77,445	67,269

（出典）厚生労働省（2023）「医療施設動態調査（令和 5 年 6 月末概数）」（令和 5 年 8 月 31 日）「2. 開設者別にみた施設数及び病床数」を筆者にて加工

図表 11.2　医療法人における一人医師法人とその他法人の法人数比較

	一人医師医療法人	その他医療法人	総　数
医療法人	47,924	10,081	58,005

（出典）厚生労働省「種類別医療法人数の年次推移」における令和 5 年 3 月 31 日現在のデータを筆者にて加工

厚生労働省の調査によると，病院，一般診療所，歯科診療所の開設者別にみた施設数や病床数に関して，病院の施設数と病床数，また一般診療所の病床数の半数以上が医療法人によるものである（図表 11.1 参照）。一般診療所の施設数は，半数を下回るが，これは一般診療所の 3 割以上が法人化していない個人開業医によって運営されていることが要因であり，法人化された施設で比較すれば医療法人の割合が際立って高いことがわかる（図表 11.1 参照）。このことから，**医療法人は病院，一般診療所など，我が国の医療機能の重要な担い手**であるといえよう。

別の厚生労働省の調査によれば，2023年（令和 5 年）3月31日時点において，医療法人は約 58,000 法人あり，そのうち約 48,000 法人が一人医師医療法人と呼ばれる個人開業医が法人化したものであり，**約 8 割超が小規模法人**と，その**事業規模は法人ごとに大きな乖離**があることがわかる（図表 11.2 参照）。

11.1.3　制度変遷の経緯

医療法人の会計基準は，過去複数回行われた医療法の改正によって強く影響を受けてきた。以下，医療法人の会計基準に影響を与えた制度変遷を紹介する。

(1) 医療法人制度の創設（1950 年医療法改正）

医療法人は，1950 年（昭和 25 年）の**医療法**の改正に伴い，制度化された。制度創設の趣旨は，「私人による病院経営の経済的困難を，医療事業の経営主体に対し，法人格取得の途を拓き，資金集積の方途を容易に講ぜしめること等により，緩和せんとするものであること」とされ，法人格を取得することで経営・運営上の困難を解消することが目的とされた。

さらに，「医療法人は，病院または一定規模以上の診療所の経営を主たる目的とするものでなければならないが，それ以外に積極的な公益性は要求されず，この点で民法上の公益法人と区別され，又その営利性については剰余金の配当を禁止することにより，営利法人たることを否定されており，この点で商法上の会社と区別されること。」と規定され（発医第 98 号各都道府県知事あて厚生事務次官通達（昭和 25 年 8 月 2 日）第一　一般事項 2），剰余金の配当が認められない，営利法人と区別した法人形態として定められた。これらの制度趣旨はその後も内容を変えることなく，非営利性がより徹底され，現在に至っている。

(2) 医療法人の会計に関する定めの制定（2007 年医療法改正）

2007 年（平成 19 年）の医療法の改正によって，医療法人の会計に関する定めとして，一般に公正妥当と認められる会計の慣行が会計基準と定められ，作成義務のある決算書類，決算書類の公表に関する法的規定が導入された（**図表 11.3** 参照）。また現在に至るまで事例は存在しないが，社会医療法人債を発行した社会医療法人においては，その債券が償還するまでの間，一般の債券と同様に，広く流通することが前提とされ，投資家保護の観点からより厳格な会計基準の適用が求められている（**図表 11.4** 参照）。

(3) 大規模医療法人等に適用される会計基準の制定（2015 年医療法改正）

2015 年（平成 27 年）の医療法の改正によって，以下のような大規模法人及び社会医療法人債を発行した社会医療法人等，**一定の基準に該当する医療法人は，所定の会計基準を適用**したうえで（医療法 51 ②，平成 28 年 4 月 20 日厚生労働省令第 95 号），**公認会計士または監査法人の監査**を受けなければならないと定められ，**経営の透明性の確保**，**ガバナンスの強化**が図られた

図表 11.3　2007 年制度改正による医療法人の会計に関する定め

枠組み	定　め
会計基準	一般に公正妥当と認められる会計の慣行に従う
作成義務のある決算書類	事業報告書，財産目録，貸借対照表，損益計算書その他厚生労働省令で定める書類
決算書類の公表の有無	都道府県への届出を経て，原則として一般の閲覧に供される

（出典）筆者作成

図表 11.4　医療法人会計基準（厚生労働省令）の適用及び公認会計士または監査法人による監査が義務付けられる一定の基準

	一定の基準
1	最終会計年度に係る貸借対照表の負債の部に計上した額の合計額が 50 億円以上または最終会計年度に係る損益計算書の事業収益の部に計上した額の合計額が 70 億円以上である医療法人
2	最終会計年度に係る貸借対照表の負債の部に計上した額の合計額が 20 億円以上または最終会計年度に係る損益計算書の事業収益の部に計上した額の合計額が 10 億円以上である社会医療法人
3	社会医療法人債発行法人である社会医療法人

（出典）厚生労働省（2021）「医療法人の計算に関する事項について」（平成 28 年 4 月 20 日発出 最終改正令和 3 年 2 月 26 日）より抜粋

（医療法 51 ⑤）。

この改正を受けて，医療法第 50 条に「医療法人の会計は，この法律およびこの法律に基づく厚生労働省令の規定によるほか，一般に公正妥当と認められる会計の慣行に従うものとする」と規定され，厚生労働省令による「医療法人会計基準（平成 28 年 4 月 20 日厚生労働省令第 95 号）」が新たに制定されることで，**医療法人に適用される会計基準が明確化**された（図表 11.4 参照）。

11.1.4　医療法人類型

医療法人は，病院等の開設を目的として設立される社団または財団法人として，医療法第 39 条で規定されている。この類型では医療法人は大きく，社団と財団に分類される。2023 年（令和 5 年）3 月 31 日時点での状況をみると，全医療法人の中で，**社団たる医療法人**が 57,643 法人（持分有法人 36,844 法人，持分無法人 20,799 法人）を占め，**財団たる医療法人**はごくわずかな割合

図表 11.5　医療法人類型別法人数

種　類	財　団	社　団		総　数
		持分有	持分無	
医療法人	362	36,844	20,799	58,005
社会医療法人	37	315	0	352
特定医療法人	49	279	0	328

（出典）厚生労働省「種類別医療法人数の年次推移」における令和 5 年 3 月 31 日現在のデータを筆者にて加工

しか占めていないことがわかる。社団たる医療法人には，持分の有無によって分類があり，現在，新たに持分有の社団たる医療法人（以下，持分有法人という）を設立することは認められていないが，未だに大半を占める状況が続いている（図表 11.5 参照）。

さらに，特に高い公益性を有する法人として，医療法において**社会医療法人**が，租税特別措置法において特定医療法人が規定され，ともに，財団の他に持分の無い社団たる医療法人が，一定の要件を満たすことで認定を受けることが可能である。

11.1.5　運営管理体制・ガバナンス体制

前述したとおり，医療法人には社団と財団の 2 つの形態が存在し，それぞれ異なる機関設計が設けられている。

社団たる医療法人では，社員総会，理事，理事会及び監事が配置され，一方，**財団たる医療法人**では，評議員，評議員会，理事，理事会及び監事が設けられる（医療法 46 の 2 ①②）。これに加えて，財政規模が一定以上等の一定の要件を満たした医療法人は，会計監査を受ける必要がある。

(1) 社員総会

社員総会は，議決権を有する各社員から構成され（医療法 46 の 3 の 3 ①），医療法及び法人の定款に規定された事項に関して決議を行う。社団たる医療法人の最高意思決定機関であり，業務執行を行う理事や監事の選任・解任，定款の変更，貸借対照表や損益計算書の承認（同 51 の 2 ③）を通じて理事や監事を監視し，これらの権限は社員総会にのみ委任され，他の機関に委ねることは認められない。

(2) 評議員，評議員会

評議員は寄附行為に基づき選任され，その評議員により評議員会が構成される。評議員会は業務執行を行う理事や監事の選任・解任（医療法46の5③，同46の5の2④），寄附行為の変更（同54の9②），貸借対照表や損益計算書の承認（同51の2⑤）など，医療法や寄附行為で規定された事項に関して決議を行うことができる。

上記に加えて，医療法人の理事，理事会，監事の権限や役割についても以下のように定められている。

(3) 理事，理事会

医療法人の運営は，理事から選ばれた理事長が代表権を持ち，法人の管理運営業務を担う（医療法46の6の2)。ただし，「重要な資産の処分及び譲受け」，「多額の借財」，「重要な役割を担う職員の選任及び解任」等の職務については，特に重要な業務執行とされ，すべての理事で構成される理事会で決定を下す必要があり，その決定を理事に委ねることは認められていない。

(4) 監　事

監事は，医療法人の業務及び財産の状況を監査し，その結果を会計年度終了後3カ月以内に監査報告書として報告する責務を担う（医療法46の8)。

11.2　会計基準等の概要

11.2.1　会計基準設定主体

医療法人に適用する会計基準として，厚生労働省が設定主体となる**医療法人会計基準**（厚生労働省令第95号）が定められている。前述したとおり，**適用対象となる医療法人は，一定規模以上の医療法人**（図表11.4参照）に限られるものの，**医療法人に対して適用が義務付けられる唯一の会計基準**として策定されている。

図表11.6　医療法人会計基準の基本的な考え方

No	背　景	基本的な考え方
1	制度趣旨に民間企業と変わるところはない。	企業会計を前提として策定されている。
2	非営利法人である。	企業会計の手法は他の民間非営利法人の会計基準で取り入れられている範囲に限定する。
3.1	事業規模の観点で多様性がある。	小規模な法人が多いため，一定規模に満たない法人の場合，簡便的な会計処理が認められている。
3.2	法人形態の観点で多様性がある。	社団と財団，双方の法人形態に則った勘定科目，会計処理が規定されている。

（出典）　筆者作成

11.2.2　会計基準等の基本的な考え方

医療法人会計基準（厚生労働省令）は，医療法人の財政状態及び損益の状況を適切に把握し，それをもって運営の透明性の確保，経営の安定化を図ろうとするものであり，この考え方に民間企業と異なるところはないため，**企業会計を前提**として策定されている。

ただし，非営利法人として株式会社等の企業とは種類の異なる法人であることから，投資情報の充実という観点から採用される企業会計の手法は，公益法人や社会福祉法人等，**他の民間非営利法人の会計基準で取り入れられている範囲**に限定するとともに，その**非営利性を担保する情報の充実**が求められている。

さらに，医療法人の多様性を考慮し，**一定規模に満たない法人**に対しては**簡便的な会計処理を許容**する規定もある。これは，小規模な法人に過度な事務負担がかからないよう配慮されたものである。

そのほか，医療法人の形態として社団と財団が存在するため，**それぞれの特性に合わせた勘定科目や会計処理**が設定されている。

11.2.3　会計基準等の構成

医療法人会計基準は，厚生労働省令によって定められる「医療法人会計基準」，貸借対照表等を作成する際の基準，様式等を定めた「医療法人会計基準適用上の留意事項並びに財産目録，純資産変動計算書および附属明細表の作成方法に関する運用指針」（以下，運用指針という），それらの実務的な取扱いについて取りまとめた「医療法人会計基準について（Q&A）」から構成される。

11.3　会計基準の特徴及び財務諸表の構成と読み方

11.3.1　会計基準の特徴とその根拠

(1) 会計単位

医療法人会計基準は，**法人全体に関わる部分について規定**されている（運用指針2）。

(2) 財務諸表の特徴

医療法人会計基準では，財政状態及び損益の状況について真実な内容を明瞭に表示する（医療法人会計基準2①）という目的のもと，財務諸表として以下の財務書類を作成することが求められている。

11.3.2　財務諸表の構成

医療法人会計基準における財務諸表は，図表11.7の財務書類から構成されるが，この中でも作成，公表が求められる特に重要な財務書類として，貸借対照表，損益計算書がある。以下，当該書類の内容を実際の様式とあわせて説明していく。

(1) 貸借対照表

貸借対照表は，**会計年度の末日**（例えば3月31日時点）**におけるすべての資産，負債及び純資産の状況を明瞭に表示**するために作成される。法人が保有する資産を資産の部，負っている負債を負債の部，出資金，基金及び積立金等を純資産の部に計上する。さらに資産の部は流動資産と固定資産に，負債の部は流動負債と固定負債に分類され，流動性の高いものから順に配列される流動性配列法と呼ばれる方法で表示される（図表11.10参照）。

医療法人の特徴として，事業未収金には**患者等に対する債権**が，たな卸資

図表11.7 医療法人基準における財務諸表の表示内容※

財務諸表	表示内容
貸借対照表	会計年度の末日におけるすべての資産，負債及び純資産の状況
損益計算書	会計年度に属するすべての収益及び費用の内容
注　記	貸借対照表及び損益計算書の作成の前提となる事項及び財務状況を明らかにするために必要な事項
財産目録	会計年度末現在におけるすべての資産及び負債の価額等
純資産変動計算書	純資産の部の科目別に記載した前期末残高，当期変動額及び当期末残高
附属明細表	上記財務諸表の記載を補足する重要な内容または増減状況

※ 例外的に社会医療法人債発行法人である社会医療法人である場合，上記のほかに「キャッシュ・フロー計算書」を作成する必要がある。

（出典） 筆者作成

産には**医薬品や診療材料等**が，また**医療機器や電子カルテシステム**が医療用器械備品やソフトウェアに計上される。

医療法人の純資産の部は，医療法人の類型にあわせて勘定科目が設定されている。まず出資金は，持分の定めのある社団法人において，社員等が実際に払込みをした金額が計上される（図表11.8参照）。次に基金は，出資持分の定めのない医療法人において，剰余金の配当を目的とせず，剰余金の分配を行わないという医療法人の特性を維持しながら資金調達手段としての制度である（図表11.8参照）。基金の拠出者は医療法人に対して劣後債権に似た権利を持つが，返還には一定の純資産額が存在する場合にのみ可能であり，返還した基金に相当する金額の代替基金を計上する必要がある。これらは社団たる医療法人で計上される勘定科目であり，財団たる医療法人では，出資金も基金も，共に計上されることはない（図表11.9参照）。

(2) 損益計算書

損益計算書は，**会計年度**（例えば，4月1日から翌年3月31日）**に属するすべての収益及び費用の内容を明瞭に表示**するため，作成される。

損益計算書は，事業損益，経常損益，当期純損益に区分される。事業損益は，事業活動から生じる収益から費用を減額して算定，経常損益は事業損益に，事業活動以外の原因から生じる損益であって経常的に発生する金額を加減して算定，当期純損益は経常損益に，特別損益として臨時的に発生する損

図表 11.8　純資産の部の勘定科目の内容説明

名　称	内　容
出資金	持分の定めのある医療法人に社員等が出資した金額
基　金	出資持分の定めのない医療法人において，法人の活動の原資となる資金の調達手段として利用された金銭その他の財産

（出典）　筆者作成

図表 11.9　出資金，基金の医療法人類型ごとの取扱い

勘定科目	財　団	社　団		
		持分有	持分無	
			基金あり	基金なし
出資金	×	○	×	×
基金（代替基金）	×	×	○	×

（出典）　筆者作成

図表 11.10　医療法人会計基準における貸借対照表

貸　借　対　照　表

（令和　　年　　月　　日現在）

（単位：千円）

資　産　の　部		負　債　の　部	
科　　目	金　　額	科　　目	金　　額
Ⅰ　流　動　資　産		**Ⅰ　流　動　負　債**	
現　金　及　び　預　金		買　　掛　　金	
事　業　未　収　金		賞　与　引　当　金	
た　な　卸　資　産		**Ⅱ　固　定　負　債**	
貸　倒　引　当　金		長　期　借　入　金	
Ⅱ　固　定　資　産		退職給付引当金	
1　有形固定資産		負　債　合　計	
建　　　　物		純　資　産　の　部	
医療用器械備品		科　　目	金　　額
土　　　　地		**Ⅰ　基　金**	
減価償却累計額		**Ⅱ　積　立　金**	
2　無形固定資産		繰越利益積立金	
ソ　フ　ト　ウ　ェ　ア		純資産合計	
資　産　合　計		負債・純資産合計	

（出典）　厚生労働省（2018）「医療法人会計基準適用上の留意事項並びに財産目録，純資産変動計算書及び附属明細表の作成方法に関する運用指針」（平成 28 年 4 月 20 日発出 最終改正平成 30 年 12 月 13 日）における「様式第一号」をもとに筆者作成

図表 11.11　医療法人会計基準における事業損益の業務区分ごとの内容

業務区分	内　容
本来業務 （医療法第39条）	病院，医師もしくは歯科医師が常時勤務する診療所または介護老人保健施設の経営及び本来業務に関連する付随業務
附帯業務 （医療法第42条）	医療関係者の養成または再教育の経営，子育て短期支援事業，老人福祉センター等の経営，有料老人ホームの経営　等
収益業務 （医療法第42条の2）	社会医療法人が，本来業務に支障のない限り，その収益を本来業務の経営に充てることを目的として行うことができる。

（出典）　筆者作成

益を加減して税引前当期純損益を算定し，そこから法人税等の金額を控除した金額として算定，計上される（図表11.12参照）。

損益計算書における**事業損益**は，**本来業務，附帯業務及び収益業務**に分類して計上する。**事業損益を分類する意義**は，**附帯業務及び収益業務の運営が，本来業務の支障となっていないかどうかを判断**するためである。これらの業務区分は，前述の医療法の規定に従って行われ，それぞれ該当する勘定科目に計上される。なお，本来業務に関連する付随業務は，附帯業務とは区別され，主に患者やその家族を対象とした売店，駐車場業が該当し，本来の医療業務に関連したものとして行われることを想定している（図表11.11参照）。

(3) 医療法人会計基準の特徴

医療法人会計基準には，**前々会計年度末日の負債総額が200億円未満**であることを要件に，**他の民間非営利法人の会計基準にはない特有の簡便的な会計処理**が認められている（図表11.13参照）。

11.3.3　財務諸表の読み方のポイント

(1) 経営管理

医療機関は，医療サービス提供における専門職種の多さと費用に占める人件費の割合が高いことから，**労働集約型産業**に分類される。また収益の主要部分を占める保険診療においては，看護師などの人数が報酬に影響を与える要因となる。

このような背景から，経営管理の観点では，非営利法人であっても，**職員が業務を効率的かつ効果的に行う環境が整備されているかが重要**であり，ま

図表 11.12　医療法人会計基準における損益計算書

損　益　計　算　書

（自　令和　年　月　日　　至　令和　年　月　日）

（単位：千円）

科　目	金　額	
Ⅰ　事　業　損　益		
A　本来業務事業損益		
1　事　業　収　益		
2　事　業　費　用		
本来業務事業利益		
B　附帯業務事業損益		
1　事　業　収　益		
2　事　業　費　用		
附帯業務事業利益		
C　収益業務事業損益		
1　事　業　収　益		
2　事　業　費　用		
収益業務事業利益		
事　業　利　益		
Ⅱ　事業外収益		
受　取　利　息		
Ⅲ　事業外費用		
支　払　利　息		
経　常　利　益		
Ⅳ　特　別　利　益		
施設整備に係る補助金		
Ⅴ　特　別　損　失		
固定資産除却損		
税　引　前　当　期　純　利　益		
法人税・住民税及び事業税		
当　期　純　利　益		

（出典）　厚生労働省（2018）「医療法人会計基準適用上の留意事項並びに財産目録，純資産変動計算書及び附属明細表の作成方法に関する運用指針」（平成 28 年 4 月 20 日発出 最終改正平成 30 年 12 月 13 日）における「様式第二号」をもとに筆者作成

図表 11.13　医療法人会計基準における簡便的処理

項　目	簡便的処理
退職給付引当金 （運用指針 12）	● 会計基準適用時差異 15 年以内の一定の年数または従業員の平均残存勤務年数のいずれか短い年数にわたり定額法により費用処理することができる。 ● 簡便法の適用 前々会計年度末日の負債総額が 200 億円未満の医療法人の場合，簡便法を適用することができる。
リース取引 （運用指針 9）	リース取引開始日が，前々会計年度末日の負債総額が 200 億円未満である会計年度である，所有権移転外ファイナンス・リース取引の場合，賃貸借処理を行うことができる。
貸倒引当金 （運用指針 12）	前々会計年度末の負債総額が 200 億円未満の医療法人の場合，法人税法における貸倒引当金の繰入限度相当額が取立不能見込額を明らかに下回っている場合を除き，その繰入限度額相当額を貸倒引当金に計上することができる。

（出典）　筆者作成

図表 11.14　医療法人会計基準における附属明細表の一つである事業費用明細表

事業費用明細書

（単位：千円）

区分	本来業務事業費用			附帯業務事業費用	収益業務事業費用	合計
	事業費	本部費	計			
材料費						
給与費						
委託費						
経　費						
その他事業費用						
計						

（出典）厚生労働省（2018）「医療法人会計基準適用上の留意事項並びに財産目録，純資産変動計算書及び附属明細表の作成方法に関する運用指針」（平成28年4月20日発出 最終改正平成30年12月13日）における「様式第九の一号」をもとに筆者作成

ず収益に占める人件費の割合を確認することが有益である。損益計算書では人件費を直接把握することが難しい場合もあるが，「事業費用明細表」と呼ばれる附属明細表において給与費を確認できるため，これを収益で除すことで人件費比率を計算することができる（図表 11.14 参照）。

また，高度な医療機能を提供する一般病院では，手術や難病治療に伴う医薬品や診療材料の使用が多く，その管理も経営管理上，重要なものとなる。これについても，事業費用明細表において材料費を把握し，これを収益で除すことで材料費比率を計算することができる（図表 11.14 参照）。このような分析を通じて，**経営の健全性や改善のポイントを把握し，効果的な経営戦略を考えること**が重要である。

毎年，開設者別，病院種別の黒字，赤字病院のこれらの財務指標の平均値が公表されており，直近の黒字の医療法人における病院種別の平均値は以下のとおりとなっている（図表 11.15 参照）。

人件費は金額が多額になるほか，我が国では一度引き上げた給与を減額することは，一般的に難しく，固定的な費用として重要な位置を占める。そのため，人件費比率が高水準に留まることで経営状況が悪化した場合，早期かつ抜本的な対策を打つことが必要となる。

図表 11.15 医療機能別黒字病院における財務指標平均値

財務指標	一般病院	ケアミックス病院	療養型病院	精神科病院
材料費比率	17.1%	12.1%	8.2%	10.4%
人件費比率	53.5%	58.5%	60.1%	61.0%

（出典） 厚生労働省医政局委託（2023）委託先：株式会社健康保険医療情報総合研究所「医療施設経営安定化推進事業 令和 3 年度病院経営管理指標【別冊】」（令和 5 年 3 月）における「7. 黒字赤字別比較（1）開設者別・病院別（開設者別・病院種別の黒字赤字比較）1）医療法人・一般病院／ケアミックス病院／療養型病院／精神科病院」を抜粋

さらに，**多くの検査や手術を実施する病院**では，高価な医療機器や電子カルテなどの資産を所有していることがあり，**資本集約型産業の特性**を持つことがある。

このような場合，**過度な投資**にならないようにするため，近隣の医療機関の状況や地域の疾病率，将来的な住民人口などを考慮して，**慎重にシミュレーション**を行ったうえで，**投資判断を行う必要**がある。また，購入後も減価償却費が収益に対してどの程度の比率を占めているかを確認することによって，資産の活用が収益の獲得に貢献し，投下した資金を回収できているか評価することも重要である。これによって，自法人の状況を正確に把握し，経営戦略を適切に策定することができる。

(2) 債権管理

流動資産として計上される**事業未収金**には，主に 2 つの要素が含まれる。一つは**患者個人に対する診療費に関する債権**であり，もう一つは**保険請求分として審査支払機関に対する債権**である。通常，前者は診療費の 1 割から 3 割を占め，これは即時もしくは翌月に支払われ，残りの 7 割から 9 割である後者は 2 カ月後に支払われる。このため，**事業未収金が 1 年間の関連する収益合計額**（損益計算書の事業収益合計額）**の 2 カ月分を大きく上回って計上されている場合**，会計年度末日付近の収益が特に大きかったなどの特別な事情がない限り，**適切な収益計上が行われていない可能性や事業未収金が適切に回収されていない可能性**がある。

管理部署は，このような状況を把握し，問題があれば適切な対策を検討する必要がある。そのための財務指標として，貸借対照表に記載されている事

図表 11.16　事業未収金回転期間の算定式

財務指標	算定式
事業未収金回転期間（カ月）	事業未収金 ÷ 事業収益合計額 × 12 カ月

（出典）筆者作成

図表 11.17　たな卸資産回転期間の算定式

財務指標	算定式
たな卸資産回転期間（日）	たな卸資産 ÷（事業費用明細表における）材料費 × 365 日

（出典）筆者作成

業未収金を，損益計算書の本来業務事業損益における事業収益で除したものに 12 カ月を乗じることで算定する，事業未収金回転期間という指標がある（図表 11.16 参照）。当該指標は事業未収金が事業収益合計額の何カ月分計上されているかを示すため，それが 2 カ月を大きく上回っているかどうかを確認することで異常を検知する実務が広く使われている。

(3) 在庫管理

また未使用状態の医薬品（お薬）やカテーテルや使い捨て手術用メスは診療材料がたな卸資産として計上される。通常，医療機関では，在庫管理方針を決め，その日数分の在庫を保有する。そのため，たな卸資産が **1 年間の関連する費用合計額（材料費）の当該日数分を超えて保有**されている場合，**適切な費用計上が行われていない可能性や当該管理方針が形骸化している可能性**，もしくはどこかの部署で**不良在庫が大量に保管されている可能性**がある。

貸借対照表に記載されているたな卸資産（在庫）を 1 年間の材料費合計額で除したものに 365 日を乗じることで算定する，たな卸資産回転期間は，たな卸資産が材料費の何日分計上されているかを示している（図表 11.17 参照）。

医療現場では，患者への安定的な医療サービスの提供という事項を優先的に考えることから，在庫を切らさないよう少しでも多く持とうとする傾向を有することがある。そのため，管理部署は定期的に当該指標を在庫管理部署ごとに把握し，部署間比較及び経年比較を実施することによって，過大に在庫を保有する部署の有無を確認し，問題があれば適切な対策を講じる必要がある。

11.3.4　財務諸表の保存と閲覧

(1) 財務諸表の作成と保存

医療法人においては，毎会計年度の終了後，2カ月以内に貸借対照表と損益計算書を作成することが求められる（医療法51①）。これらの財務諸表は作成後，10年間保存する義務が課されている（医療法51③）。

(2) 財務諸表の備置き及び閲覧等

作成された財務諸表は，医療法人の主たる事務所において備え置かれる。また，これらの財務諸表は，その社員，評議員，または債権者から請求があった場合には，正当な理由がない限り，厚生労働省令で規定された方法に従って閲覧に供しなければならない（医療法51の4①一）。さらに，医療法人は毎会計年度終了後の3カ月以内に，作成した財務諸表を都道府県知事に提出しなければならない（医療法52①）。その他にも，都道府県知事は特定の条件下で，定款，寄附行為，または前述の届出に関連する書類についての閲覧を求めることができる（医療法52②）。

(3) ディスクロージャー

これまでは，財務諸表は先述のとおり備え置かれ，届出を受けた後に閲覧が行われることが一般的であった。しかし，2023年（令和5年）4月1日以降は，都道府県内でのインターネット等を通じた閲覧が可能な電子開示システムの整備が計画されており，これによって情報提供がデジタル化され，より広範かつ効率的なアクセスが期待されている。

11.4　今後の課題等

11.4.1　会計基準の統一状況

前述したとおり，ここまで説明した医療法人会計基準を適用する法人は，

図表 11.18　医療法人会計基準を適用する法人数

	医療法人	社会医療法人	総　数
法人数計	223	302	525

（出典）　日本公認会計士協会（2023）「監査実施状況調査（2021年度）」における「8.　医療法人監査実施状況」より抜粋

一定の基準を満たす法人のみとなっている（図表 11.4 参照）。

その法人数は，図表 11.18 のとおり，医療法人で 223 法人，社会医療法人で 302 法人であり，同時点の医療法人の総数が 50,000 法人以上であることを考えれば，**全体の 1%にも満たない**ごく一部のものである。これは医療法人の大半は適用の義務付けられる会計基準が存在しないことを意味しており，法人間の比較や後述する財務データの利用可能性の低減させる要因となっている（なお，社会医療法人の総数は 300 法人超であるため（図表 11.5 参照），大半の社会医療法人の会計基準が統一されている）。

11.4.2　地域医療連携推進法人

地域医療連携推進法人とは，**複数の病院間における業務連携**を推進させるため，**医療連携推進業務を行う一般社団法人**を都道府県知事が認定する制度のもと，設立される法人であり，2017 年（平成 29 年）から施行されている。業務連携を要望する複数の法人が参加し，社団法人の社員として各々独立した立場を維持しながら，ヒト，モノ，カネ，情報といった経営資源の集約，共有によってスケールメリットを享受できるメリットがある。

2023 年（令和 5 年）4 月 1 日時点で，34 法人が地域医療連携推進法人として認定されているが，医療法人全体の総数からみれば，ごく一部の活用に留まっており，今後のさらなる活用が求められる。

11.4.3　データの利活用

我が国では，高齢者人口の増加や医療の高度化などによって，国民医療費が増加の一途をたどるとともに，今後は生産年齢人口の急激な減少や医療資源の地域格差などの課題が一層顕著になる可能性が高い状況にある。こうし

図表 11.19　医療法人におけるデータの利活用

項目	内容
目的	医療に関する課題に対応することを目的として，医療法人が運営する病院や診療所に関する経営情報を収集し，データベースとして整備するため。
対象	原則，すべての医療法人
求める経営情報	損益計算書等をもととした病院及び診療所における収益及び費用並びに，任意項目として職種別の給与（給料・賞与）及びその人数
公表方法	国民に対してわかりやすく丁寧に医療の現状・実態を提示するため，属性等に応じてグルーピングした分析結果を公表

（出典）厚生労働省（2023）「医療法人に関する情報の調査および分析等について」（令和 5 年 7 月 31 日）を筆者にて加工

た課題に対処するための医療提供体制の確保に向け，国民が医療の実態を理解しやすくすることを目的として，**医療法人の運営する病院や診療所に関する経営情報**を収集し，これを**データベースとして整備**されることとなった。

この取組みは，2023 年（令和 5 年）8 月決算以降の会計年度を対象として実施される予定であり，将来的な医療政策の展望を描く上での重要な材料として活用されるだけでなく，医療の現状や課題について国民に正確に情報提供する手段としても期待されている（図表 11.19 参照）。

●練習問題●

□1　医療法人会計基準と民間企業に適用される企業会計との共通点，相違点とそれぞれの理由を説明しなさい。

□2　医療法人会計基準において，簡便的な会計処理が認められているのはなぜか，その背景を踏まえて説明しなさい。

□3　今後，見込まれる医療法人が運営する病院や診療所のデータベースを整備する際の課題としてどういったものが考えられるか説明しなさい。

第 12 講
学校法人の会計

12.1　対象法人の概要

12.1.1　設 置 法

(1) 学校法人の定義

学校法人とは，私立学校の設置を目的として，**私立学校法**に基づき設立される法人をいう。設立の目的である私立学校の経営がその本来業務である。本来業務のほか，その収益を私立学校の経営に充てるため，収益を目的とする事業を行うこともできるが，その設置する私立学校の教育に支障のない範囲に限られる。

(2) 私立学校の意義

私立学校は，それぞれの**建学の精神**に基づく個性豊かな教育研究活動を行う機関として発展し，我が国の学校教育において大きな役割を果たしてきた。教育ニーズの多様化が進む今日において，私立学校は，特色ある教育研究の推進役としてその振興が期待されている。私立学校に在学する学生・生徒等の割合は，大学・短大で約 7 割，高等学校で約 3 割，幼稚園で約 9 割を占めており，私立学校は，質の面でも量の面でも，我が国の学校教育を支えているといえる（図表 12.1 参照）。

(3) 学校法人に関する主な法律

私立学校を支える各種制度は，私立学校法に基づく我が国独自の学校法人

図表 12.1　私立学校の状況（2022 年（令和 4 年）5 月 1 日現在）

	学校総数			在学者総数		
		うち私立学校	割　合		うち私立学校	割　合
大学・短期大学	1,116	915	82.0%	3,025,676	2,261,295	74.7%
大学	807	620	76.8%	2,930,963	2,171,692	74.1%
短期大学	309	295	95.5%	94,713	89,603	94.6%
高等専門学校	57	3	5.3%	53,511	1,676	3.1%
特別支援学校	1,171	15	1.3%	148,633	875	0.6%
中等教育学校	57	18	31.6%	33,367	7,080	21.2%
高等学校（全日制・定時制）	4,824	1,320	27.4%	2,956,909	1,015,164	34.3%
義務教育学校	178	1	0.6%	67,799	228	0.3%
中学校	10,012	780	7.8%	3,205,226	246,337	7.7%
小学校	19,161	243	1.3%	6,151,310	79,882	1.3%
幼稚園・幼保	15,776	11,894	75.4%	1,744,277	1,530,973	87.8%
幼稚園	9,121	6,152	67.4%	923,089	807,572	87.5%
幼保連携型認定こども園	6,655	5,742	86.3%	821,188	723,401	88.1%
専修学校	3,049	2,859	93.8%	635,568	612,906	96.4%
各種学校	1,046	1,041	99.5%	102,108	101,664	99.6%

（出典）　文部科学省「私立学校・学校法人基礎データ」
https://www.mext.go.jp/a_menu/koutou/shinkou/main5_a3_00003.htm（最終参照 2023-9-30）

図表 12.2　学校法人数の推移

	文部科学大臣所轄学校法人				都道府県知事所轄学校法人（準学校法人含む）											総　計
	大学法人	短大法人	高専法人	小計	高校法人	中等教育学校法人	中学校法人	小学校法人	義務教育学校法人	幼稚園法人	幼保連携型認定こども園法人	特別支援学校法人	専修学校法人	各種学校法人	小　計	
平成元年	346	268	1	615	701		9	12		4,947		12	703	203	6,587	7,202
2 年	353	265	1	619	732		10	11		4,979		12	742	205	6,691	7,310
3 年	358	264	1	623	707		7	12		5,027		12	837	230	6,832	7,455
4 年	363	266	1	630	712		11	16		5,063		13	859	225	6,899	7,529
5 年	369	263	1	633	699		13	16		5,087		12	805	201	6,833	7,466
6 年	384	251	1	636	691		11	12		5,095		13	815	201	6,838	7,474
7 年	391	244	1	636	711		12	12		5,133		13	845	204	6,930	7,566
8 年	400	238	1	639	684		12	12		5,158		13	866	200	6,945	7,584
9 年	405	236	1	642	686		12	12		5,183		13	876	191	6,973	7,615
10 年	415	230	1	646	690		10	11		5,191		12	892	174	6,980	7,626
11 年	425	222	1	648	679		10	11		5,218		13	897	185	7,013	7,661
12 年	444	206	1	651	681		11	11		5,221		13	913	175	7,025	7,676
13 年	460	194	1	655	695		12	12		5,241		13	917	170	7,060	7,715
14 年	475	181	1	657	712		12	11		5,263		13	917	171	7,099	7,756
15 年	488	168	1	657	707		11	11		5,317		13	910	180	7,149	7,806
16 年	502	160	1	663	705		11	14		5,327		13	922	179	7,171	7,834
17 年	511	148	1	660	715		15	15		5,334		12	939	184	7,214	7,874
18 年	520	144	1	665	716		15	14		5,329		12	947	177	7,210	7,875
19 年	530	137	1	668	715		15	14		5,331		12	947	181	7,215	7,883
20 年	540	130	1	671	721		16	13		5,344		13	946	181	7,234	7,905
21 年	543	128	1	672	718		16	16		5,361		13	948	185	7,257	7,929
22 年	545	122	1	668	719	3	16	16		5,373		13	945	181	7,266	7,934
23 年	547	121	1	669	720	4	16	18		5,372		13	945	179	7,267	7,936
24 年	555	117	1	673	721	5	17	19		5,377		13	941	185	7,278	7,951
25 年	556	114	1	671	720	5	17	20		5,378		13	938	181	7,272	7,943
26 年	554	112	1	667	731	5	17	19		5,394		13	936	184	7,299	7,966
27 年	557	110	1	668	740	5	20	20		4,805	497	11	947	187	7,232	7,900
28 年	556	108	1	665	730	5	17	18		4,749	659	13	931	187	7,309	7,974
29 年	557	107	1	665	736	5	17	18		4,632	774	12	925	188	7,307	7,972
30 年	560	103	1	664	743	4	18	18		4,511	887	12	928	191	7,312	7,976
令和元年	563	100	1	664	739	4	18	19		4,412	1,006	12	932	187	7,329	7,993
2 年	569	99	1	669	748	4	18	20	1	4,321	1,079	12	921	199	7,323	7,992
3 年	573	96	1	670	745	6	22	20	1	3,871	1,140	12	929	207	6,953	7,623

（出典）　文部科学省「私立学校・学校法人基礎データ」
https://www.mext.go.jp/a_menu/koutou/shinkou/main5_a3_00003.htm（最終参照 2023-9-30）

図表 12.3　学校法人に関する主な法律等について

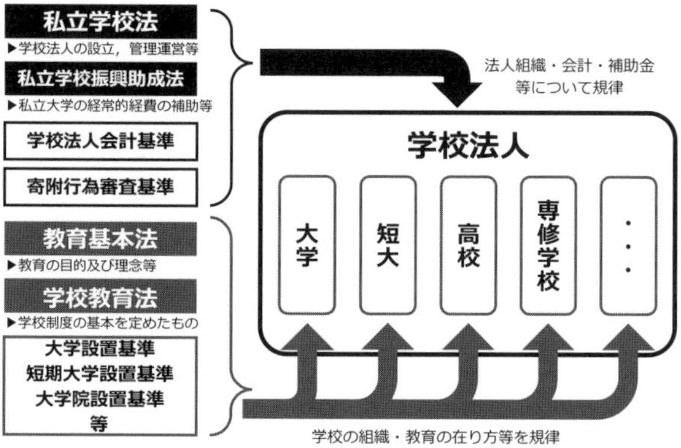

私立学校法
▶学校法人の設立，管理運営等
私立学校振興助成法
▶私立大学の経常的経費の補助等
学校法人会計基準
寄附行為審査基準
法人組織・会計・補助金
等について規律
学校法人
大学
短大
高校
専修学校
・・・
教育基本法
▶教育の目的及び理念等
学校教育法
▶学校制度の基本を定めたもの
大学設置基準
短期大学設置基準
大学院設置基準
等
学校の組織・教育の在り方等を規律

（出典）　文部科学省（2022）「学校法人制度の概要及び私立学校法の改正について」p.3

制度を基盤としている。私立学校法は，「私立学校の特性に鑑み，その自主性を重んじ，公共性を高めることによって，私立学校の健全な発達を図ることを目的」（私立学校法 1）としており，学校法人の設立や機関設計，管理運営の在り方など，学校法人の経営面を規律している。

他方，学校法人が経営する教育施設である「学校」に対し，教育の在り方や組織等を規律する，教学面の法律として，**教育基本法**や**学校教育法**がある。これらの法律は，私立学校に限らず，学校教育法第一条に定めるすべての学校（幼稚園，小学校，中学校，義務教育学校，高等学校，中等教育学校，特別支援学校，大学及び高等専門学校が該当し，これらの学校は通称「一条校」と呼ばれる）に対し，共通的に適用される[1]。なお，一条校を設置できるのは，国（国立大学法人及び独立行政法人国立高等専門学校機構を含む），地方公共団体（公立大学法人を含む），及び学校法人のみとされている[2]。

その他，**私立学校振興助成法**は，学校法人のうち，国や地方公共団体から経常的経費の補助を受ける法人に対し，助成の措置について規定する法律で

---

[1] 我が国の教育施設には，一条校以外に，専修学校（職業や実際生活に必要な能力の育成，または教養の向上を図ることを目的とするもの）や各種学校（学校教育に類する教育を行うもの）がある。学校教育法は，これらの教育施設についても規定している。

[2] 構造改革特別区域法第 12 条に基づき，特区の認定を受けた地方公共団体においては，特例的に株式会社が学校を設置することもできる。

ある。

12.1.2 制度変遷の経緯

戦前の私立学校は，原則として民法上の財団法人によって設立されていた。しかし，財団法人の組織や制度は必ずしも学校の設置・運営に適さない面があったため，1949 年（昭和 24 年）に私立学校法が制定され，特別の法人として学校法人の制度が創設された。その後，昭和 34 年頃から 40 年代中頃，我が国は高度経済成長を迎える。経済・社会の急速な拡大，ベビーブーム世代の需要拡大を受け，教育の量的拡大のための政策が推進された。これに伴い，私立学校の数もこの時期に急増している。高度経済成長後の昭和 40 年代中頃から 50 年代前半になると，経済・社会活動が複雑・高度化したことに伴い，高度な人材の需要が高まり，教育政策は，学校教育の質の向上へ舵が切られた。私立大学の教育研究の充実向上等を目的に私立大学に対する経常費補助制度が創設され，学校法人会計基準が新たに制定・施行されたのもこの時期である。

その後，昭和 50 年代から少子化が始まると，学校法人の経営環境に徐々に変化が生じた。出生率が減少しても，進学率がそれを上回って上昇していた間は，進学者数が増加し，学校法人の経営は比較的安定していた。しかし，初等中等教育段階の学校が先行的に，追って高等教育段階の短期大学も，徐々に進学者数が減少傾向に転じ，経営難に陥る学校法人が増えてきた。

こうした中，学校法人が，急激な社会状況の変化に対応し，様々な経営課題に対して主体的，機動的に対応していくため，その体制を強化する必要性が高まり，2004 年（平成 16 年）には，理事会制度の法定や外部役員の導入，財務情報の公開等に関する私立学校法の改正が行われた。その後も，学校法人にとって厳しい経営環境が続く中，公教育を担う学校法人が，社会の信頼を得て持続的な発展を遂げるため，学校法人のガバナンス改革が進められてきた。そして，2014 年（平成 26 年）には所轄庁による措置命令等の権限の強化や理事の忠実義務の導入，2019 年（令和元年）には理事の行為に対する差止請求等に係る監事の権限強化，役員の責任の明確化等に関する私立学校法の改正が行われた。さらに，2023 年（令和 5 年）には，幅広いステークホルダー[3]の意見を反映することや，法令等から逸脱した業務執行の防止・是正を徹底するための機関設計の見直しが行われ，理事と評議員の兼職禁止，役員等の資格・選解任手続きの見直し，評議員会の権限強化，会計監査人制度の導入など，学校法人の管理運営制度の抜本的な改善を図る私立学校法の大改正が行われた。

12.1.3 運営管理体制及びガバナンス体制

学校法人は，創設者が私財を投じて設立するため，その成り立ちは財団的だが，創立の理念や建学の精神のもとに集まった人的集団としての性格も有しており，その機関設計（令和5年私立学校法改正後）は，図表12.4の「改正後」のように定められている。

学校法人は，機関として，理事，理事会，監事，評議員及び評議員会並びに理事選任機関をおかなければならない。この他，学校法人は，会計監査人をおくことができる（文部科学大臣所轄学校法人等[4]は必置）。学校法人の意思決定機関は，基本的には理事会であり，評議員会は，学校法人を取り巻く様々な関係者の意見を取り入れながら，その公共性を維持するための諮問機関と位置付けられているが，監事及び会計監査人の選解任や大臣所轄学校法人等における学校法人の基礎的変更に関わる重要事項については，評議員会の議決事項とされている。

以上が経営面のガバナンス体制である。一方，教育面のガバナンス体制は，

---

[3] （参考）「学校法人のガバナンスの発揮に向けた今後の取組の基本的な方向性について」（令和3年3月19日 学校法人のガバナンスに関する有識者会議），p.9「設置する学校・学部等に価値を見いだし，資源の投入と価値の創出を求めるステークホルダーを時間軸で捉えれば，過去の接点からは設立者・寄附者や卒業生が該当し，現在の接点からは在校生・教職員や保護者・寄附者，産業界・学界・地域社会が該当する。そして，未来への先行投資という教育研究の性質を踏まえたステークホルダーの時間的・空間的な広がりを想定することが求められる。」

[4] 学校法人の設立は，認可主義がとられている。すなわち，所轄庁による寄附行為の認可を受けたうえで，主たる事務所の所在地において設立の登記をすることによって成立する。学校法人の所轄庁は，私立大学及び私立高等専門学校を設置する学校法人については文部科学大臣，私立高等学校以下の学校をのみを設置する学校法人については都道府県知事とされている。文部科学大臣が所轄する学校法人を通称「大臣所轄学校法人」，都道府県が所轄する学校法人を通称「知事所轄学校法人」と呼ぶ。「文部科学大臣所轄学校法人等」とは，大臣所轄学校法人及び大規模な知事所轄学校法人（具体的には，事業収入10億円または負債20億円以上，かつ，3以上の都道府県において学校教育活動を行っている知事所轄学校法人）をいう。

図表 12.4　学校法人の内部機関の相互関係の改正ポイント

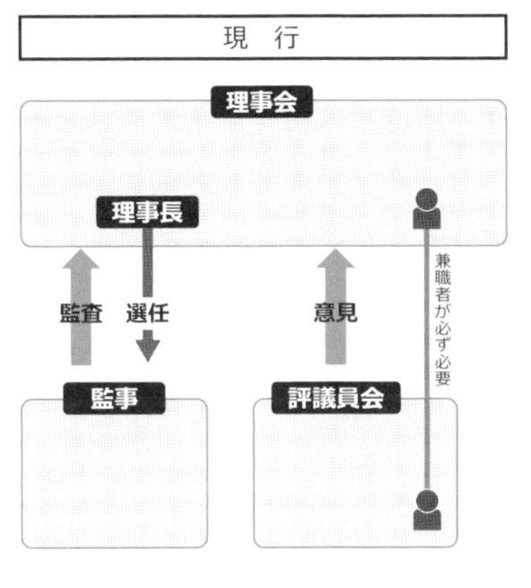

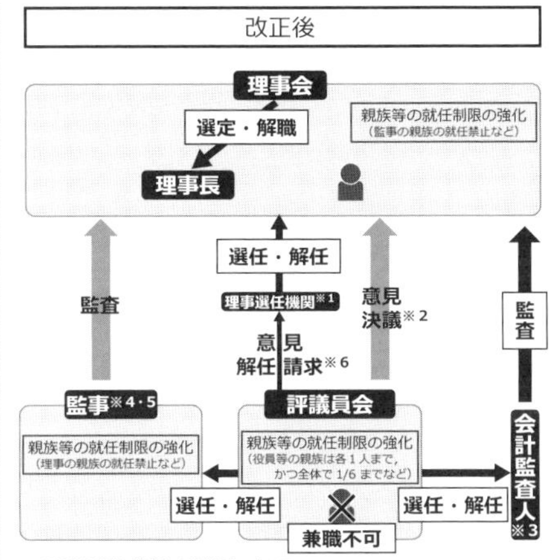

※1　理事選任機関の構成等は寄附行為で定める
※2　大臣所轄学校法人等については，解散・合併・重要な寄附行為の変更に評議員会の決議が必要
※3　大臣所轄学校法人等は会計監査人が必要
※4　大規模な大臣所轄学校法人等は常勤監事が必要
※5　監事の監査の対象には理事・理事会のみならず，評議員・評議員会も含まれる
※6　理事の不正行為等の重大事実があったにもかかわらず，解任請求が認められなかった場合，評議員は裁判所に対し，解任の訴えを提起することができる

（出典）　文部科学省（2023）「私立学校法の改正について」（令和5年12月12日更新），p.5

学校種ごとに学校教育法等に定められており，例えば大学であれば，学長，教授，准教授，助教，助手及び事務職員，並びに教授会を置かなければならない[5]。このように，学校法人においては，理事長を核とする経営面と，学校長を核とする教育面のガバナンスが協調的に併存している。

12.2　会計基準等の概要

12.2.1　会計基準設定主体

(1)　会計基準の設定主体

学校法人会計基準は文部科学省令であり，その設定主体は文部科学大臣であ

[5] 教育研究上の組織編成として適切と認められる場合には，准教授，助教または助手をおかないことができる（学校教育法92）。

る。

(2) 会計基準の制定経緯

1970年（昭和45年）に，私立大学等の経常的経費に対する国の助成制度が創設された。経常的経費に対する補助金は，施設設備費に対する補助金とは異なり，経常的経費としての申告額を補助の対象とすることから，学校法人において適正な会計処理が行われることが前提となる。これを踏まえ，経常的経費の補助を受ける学校法人には，その会計処理と計算書類の作成を文部大臣の定める基準に従って行うべき法的義務が課せられることとなった。この規定による文部大臣の定めとして，1971年（昭和46年）に制定されたのが，学校法人会計基準である。

その時点において，学校法人会計基準の適用が義務付けられたのは，あくまで経常的経費の補助を受ける学校法人であるが，大部分の学校法人が補助を受けており，また，補助を受けていない学校法人においても，学校法人会計基準以外に学校法人会計の基本的事項について体系的に整理した共通の基準は存在しなかったことから，学校法人会計基準の採用が推奨され，学校法人会計基準は広く実務に定着することとなった。

(3) 私立学校法改正に伴う会計基準の位置付けの変化

私立学校振興助成法（p.204参照）の制定以降，学校法人会計基準は私立学校振興助成法を根拠としていたが，2023年（令和5年）の私立学校法改正により，学校法人会計基準の根拠は私立学校法へ移された。これに伴い，学校法人会計基準は，私立学校振興助成法に基づく**補助金の適正配分**を主な目的とした基準から，私立学校法に基づく**ステークホルダーへの情報開示**を主な目的とする基準へと生まれ変わり，すべての学校法人を対象に整備されることとなった。

12.2.2　会計基準の基本的な考え方

私立学校は，それぞれの建学の精神に基づく教育研究活動を，将来にわたり継続的に実施していくことが求められている。このことから，その会計処理についても，学校法人の財政基盤の安定化に資するよう考慮され，計算書類は，持続的運営を可能とする**長期的視点からの収支均衡**が測られているかどうかを示すことが求められるという特性を有している。

なお，近年は，社会から一層求められている説明責任を的確に果たし，学校法人の適切な経営判断に一層資するという観点での改正が累次的に加えられてきた経緯がある。

12.2.3　会計基準等の構成

学校法人会計基準第1条第2項に「学校法人は，この省令に定めのない事項については，一般に公正妥当と認められる学校法人会計の原則に従い，会計処理を行ない，計算書類を作成しなければならない」とある。「一般に公正妥当と認められる学校法人会計の原則」とは，学校法人会計の実務において慣行として確立したもののうち，一般に公正妥当と認められているものをいい，具体的には，文部科学省の通知や日本公認会計士協会の学校法人委員会報告等が該当する。

12.3　会計基準の特徴及び財務諸表の構成と読み方

12.3.1　会計基準の特徴とその根拠

(1) 学校法人会計と収益事業会計

私立学校法第19条第3項に，**収益事業会計**は「当該学校法人の設置する私立学校の経営に関する会計から区分し，特別の会計として経理しなければならない」と規定されている。また，学校法人会計基準第3条に，収益事業会計に係る会計処理及び計算書類の作成は「一般に公正妥当と認められる企業会計の原則」に従って行わなければならないと規定されている。これらのことから，私立学校法上の収益事業を行う学校法人においては，学校法人会計の計算書類と別に，収益事業会計の計算書類を企業会計の原則に従って作成する必要がある。

(2) 基 本 金

学校法人会計基準において最も特徴的な概念として，**基本金**がある。学校

図表 12.5　基本金の仕組み

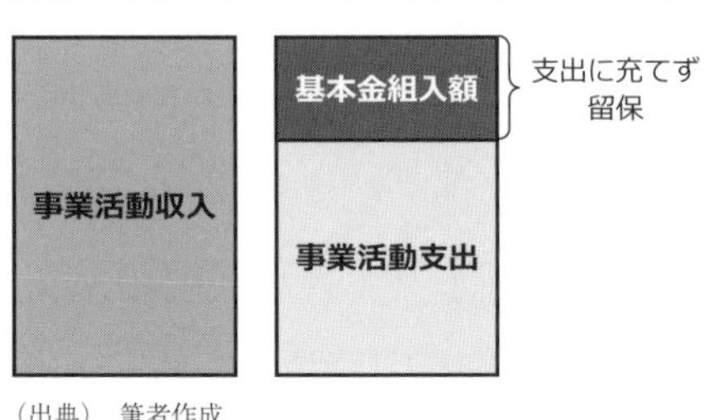

（出典）　筆者作成

図表 12.6　基本金の内容

第1号基本金	教育に供される固定資産の維持取得に係る基本金
第2号基本金	将来取得計画のある固定資産の取得資金に係る基本金
第3号基本金	基金として継続的に保持・運用する基本金
第4号基本金	必要な運転資金維持に係る基本金

（出典）　文部科学省（2022）「学校法人会計基準について」p.15

法人は，学校教育を安定的に継続していくことが使命であるから，その諸活動の計画に基づき，必要な資産を継続的に保持する必要がある。そのために必要な金額を事業活動収入のうちから留保したものが基本金である。当該金額については，事業活動支出に充てるべきではない，という考え方から，学校法人の事業活動収支計算は，事業活動収入の額から事業活動支出の額を控除し，その残額から基本金組入額を控除して行うものとされている。事業活動収入から基本金組入額を控除した額と事業活動支出の額が均衡するように運営することで，将来の資産更新（例えば老朽化による校舎の建て替え等）に備えて，必要な資金を留保することができる仕組みである。

基本金には，第1号基本金から第4号基本金まであり，それぞれの内容は**図表 12.6** のとおりとなっている。

(3) 取得原価主義

資産の評価には，**取得原価主義**が採用されており，有価証券の時価評価（強制評価減を除く）や固定資産の減損会計は導入されていない。これは，「学校法人の性格上，その所有資産の処分又は再取得を前提とする時価による評価を経常的に行う必要性が乏しいこと，取得原価主義の有する客観性，確実性の長所を重視したことによるもの」[6]と考えられている。

(4) 予算決算対比型

学校法人は，予算に基づいて運営されることから，その実施の結果を示す資金収支計算書及び事業活動収支計算書は，いずれも当該会計年度の予算の額と決算の額とを比較する様式となっている。なお，差異欄は，予算額から決算額を差し引いて，不足額が生じたら△印を付す。

12.3.2　財務諸表の構成

(1) 計算書類の体系

学校法人会計基準に従い作成しなければならない計算書類は，①資金収支計算書，②事業活動収支計算書，③貸借対照表の3表である。それぞれの附属表を含む計算書類一式の内容は，図表12.7のとおりである。

(2) 資金収支計算書（図表12.8）

資金収支計算書は，当該会計年度の諸活動に対応するすべての収入及び支出の内容並びに，当該会計年度における支払資金（現金及びいつでも引き出すこ

図表12.7　計算書類の体系

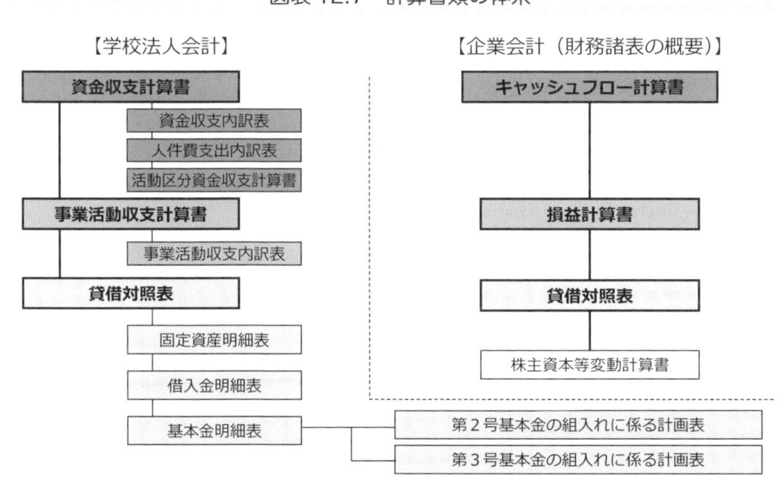

（出典）　文部科学省（2022）「学校法人会計基準について」p.7

[6] 野崎弘（編著）（1990）『新版 学校法人会計基準詳説』第一法規出版，p.92。

図表 12.8　資金収支計算書

資金収支計算書

平成X1年4月　1日から
平成X2年3月31日まで

（単位：円）

科目	予算	決算	差異
収入の部			
学生生徒等納付金収入	×××	×××	△　×××
手数料収入	×××	×××	×××
寄付金収入	×××	×××	×××
補助金収入	×××	×××	×××
資産売却収入	×××	×××	×××
付随事業・収益事業収入	×××	×××	×××
受取利息・配当金収入	×××	×××	×××
雑収入	×××	×××	×××
借入金等収入	×××	×××	×××
前受金収入	×××	×××	×××
その他の収入	×××	×××	×××
第2号基本金引当特定資産取崩収入	×××	×××	×××
第3号基本金引当特定資産取崩収入	×××	×××	×××
（何）引当特定資産取崩収入	×××	×××	×××
前期末未収入金収入	×××	×××	×××
資金収入調整勘定	△　×××	△　×××	×××
前年度繰越支払資金	×××	×××	—
収入の部合計	×××	×××	×××
支出の部			
科目	予算	決算	差異
人件費支出	×××	×××	×××
教育研究経費支出	×××	×××	×××
管理経費支出	×××	×××	×××
借入金等利息支出	×××	×××	×××
借入金等返済支出	×××	×××	×××
施設関係支出	×××	×××	×××
設備関係支出	×××	×××	×××
資産運用支出	×××	×××	×××
その他の支出	×××	×××	×××
[予備費]	(×××) ×××	—	×××
資金支出調整勘定	△　×××	△　×××	×××
翌年度繰越支払資金	×××	×××	×××
支出の部合計	×××	×××	×××

（出典）　文部科学省（2022）「学校法人会計基準について」p.8

とができる預貯金）の収入及び支出のてん末を明らかにするための書類である。

(3) 活動区分資金収支計算書（図表 12.9）

活動区分資金収支計算書は，資金収支計算書の内容を「教育活動による資金収支」,「施設整備等活動による資金収支」,「その他の活動による資金収支」に区分し，活動区分ごとの収支の状況を明らかにするための書類である。

(4) 資金収支内訳表

資金収支計算書の部門別の内訳表である。教育研究のための諸活動は学

図表 12.9　活動区分資金収支計算書

活動区分資金収支計算書

平成X1年4月　1日から
平成X2年3月31日まで

（単位：円）

区分		科目	金額
教育活動による資金収支	収入	学生生徒等納付金収入	×××
		手数料収入	×××
		特別寄付金収入	×××
		一般寄付金収入	×××
		経常費等補助金収入	×××
		付随事業収入	×××
		雑収入	×××
		教育活動資金収入計	×××
	支出	人件費支出	×××
		教育研究経費支出	×××
		管理経費支出	×××
		教育活動資金支出計	×××
	差引		×××
	調整勘定等		×××
	教育活動資金収支差額		×××
		科目	金額
施設整備等活動による資金収支	収入	施設設備寄付金収入	×××
		施設設備補助金収入	×××
		施設設備売却収入	×××
		第２号基本金引当特定資産取崩収入	×××
		（何）引当特定資産取崩収入	×××
		施設整備等活動資金収入計	×××
	支出	施設関係支出	×××
		設備関係支出	×××
		第２号基本金引当特定資産繰入支出	×××
		（何）引当特定資産繰入支出	×××
		施設整備等活動資金支出計	×××
	差引		×××
	調整勘定等		×××
	施設整備等活動資金収支差額		×××
小計（教育活動資金収支差額＋施設整備等活動資金収支差額）			×××

区分		科目	金額
その他の活動による資金収支	収入	借入金等収入	×××
		有価証券売却収入	×××
		第３号基本金引当特定資産取崩収入	×××
		（何）引当特定資産取崩収入	×××
		小計	×××
		受取利息・配当金収入	×××
		収益事業収入	×××
		その他の活動資金収入計	×××
	支出	借入金等返済支出	×××
		有価証券購入支出	×××
		収益事業元入金支出	×××
		小計	×××
		借入金等利息支出	×××
		その他の活動資金支出計	×××
	差引		×××
	調整勘定等		×××
	その他の活動資金収支差額		×××
支払資金の増減額（小計＋その他の活動資金収支差額）			×××
前年度繰越支払資金			×××
翌年度繰越支払資金			×××

（出典）　文部科学省（2022）「学校法人会計基準について」p.9

部・学科等の部門を単位として行われるため，その各部門別の諸活動に対応する収入支出の内容を明らかにするための書類である。計算書類の提出を受ける所轄庁としては，教育研究活動の単位ごとの収支状況を把握することで，私立学校に対する経常的経費の補助の効果を測ることに役立つ。

なお，資金収支内訳表は，現行の学校法人会計基準では計算書類として位置づけられているが，2024年（令和6年）に予定されている学校法人会計基準の改正において，計算書類の範囲から外すことが検討されている。事業活動収支内訳表も同様である。その代わりとして，計算書類に部門別の事業活動収支の概要（セグメント情報）を注記するよう義務付けることが検討されている。

(5) 事業活動収支計算書（図表 12.10）

当該会計年度の活動に対応する事業活動収入及び事業活動支出の内容及び

図表 12.10　事業活動収支計算書

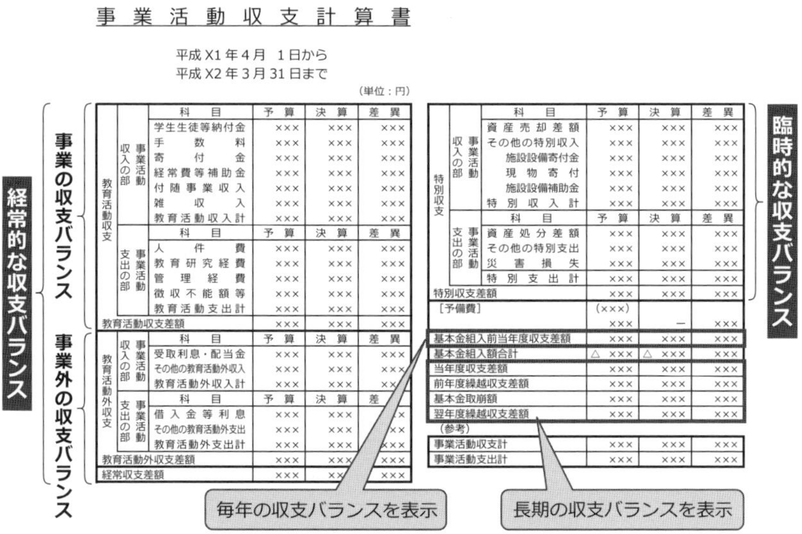

事業活動収支計算書

平成 X1 年 4 月　1 日から
平成 X2 年 3 月 31 日まで

（単位：円）

		科目	予算	決算	差異
教育活動収支	事業活動収入の部	学生生徒等納付金	×××	×××	×××
		手数料	×××	×××	×××
		寄付金	×××	×××	×××
		経常費等補助金	×××	×××	×××
		付随事業収入	×××	×××	×××
		雑収入	×××	×××	×××
		教育活動収入計	×××	×××	×××
		科目	予算	決算	差異
	事業活動支出の部	人件費	×××	×××	×××
		教育研究経費	×××	×××	×××
		管理経費	×××	×××	×××
		徴収不能額等	×××	×××	×××
		教育活動支出計	×××	×××	×××
教育活動収支差額			×××	×××	×××
教育活動外収支	事業活動収入の部	科目	予算	決算	差異
		受取利息・配当金	×××	×××	×××
		その他の教育活動外収入	×××	×××	×××
		教育活動外収入計	×××	×××	×××
	事業活動支出の部	科目	予算	決算	差異
		借入金等利息	×××	×××	×××
		その他の教育活動外支出	×××	×××	×××
		教育活動外支出計	×××	×××	×××
教育活動外収支差額			×××	×××	×××
経常収支差額			×××	×××	×××

		科目	予算	決算	差異
特別収支	事業活動収入の部	資産売却差額	×××	×××	×××
		その他の特別収入	×××	×××	×××
		施設設備寄付金	×××	×××	×××
		現物寄付	×××	×××	×××
		施設設備補助金	×××	×××	×××
		特別収入計	×××	×××	×××
		科目	予算	決算	差異
	事業活動支出の部	資産処分差額	×××	×××	×××
		その他の特別支出	×××	×××	×××
		災害損失	×××	×××	×××
		特別支出計	×××	×××	×××
特別収支差額			×××	×××	×××
［予備費］			(×××) ×××	—	×××
基本金組入前当年度収支差額			×××	×××	×××
基本金組入額合計			△ ×××	△ ×××	×××
当年度収支差額			×××	×××	×××
前年度繰越収支差額			×××	×××	×××
基本金取崩額			×××	×××	×××
翌年度繰越収支差額			×××	×××	×××
（参考）					
事業活動収入計			×××	×××	×××
事業活動支出計			×××	×××	×××

（出典）　文部科学省（2022）「学校法人会計基準について」p.10

基本金組入後の均衡の状態を明らかにするための書類である。事業活動収入及び事業活動支出には，現物寄附や減価償却などの非資金取引も含まれる。企業会計でいうと損益計算書に相当するが，決定的な違いとして，利益の算定ではなく，収支の均衡状況を示すことを目的としている（12.3.1（2）「基本金」参照）。

(6) 貸借対照表（図表 12.11）

当該会計年度末の財政状態（運用形態と調達源泉）を明らかにするための書類である。学校法人が教育活動を継続するにあたり重要な校地・校舎等を第一に示すため，固定流動配列法が採用されている。

12.3.3　財務諸表の読み方のポイント

(1) 事業活動収支計算書の分析

学校法人の長期的な収支の均衡状況を把握するためには，事業活動収支計算書が有用である（図表 12.10 参照）。

図表 12.11　貸借対照表

貸　借　対　照　表

平成 X2 年 3 月 31 日

（単位：円）

科目	本年度末	前年度末	増減
資産の部			
固定資産	×××	×××	×××
有形固定資産	×××	×××	×××
土地	×××	×××	×××
建物	×××	×××	×××
教育研究用機器備品	×××	×××	×××
管理用機器備品	×××	×××	×××
…	×××	×××	×××
特定資産	×××	×××	×××
第 2 号基本金引当特定資産	×××	×××	×××
第 3 号基本金引当特定資産	×××	×××	×××
（何）引当特定資産	×××	×××	×××
その他の固定資産	×××	×××	×××
施設利用券	×××	×××	×××
ソフトウェア	×××	×××	×××
有価証券	×××	×××	×××
…	×××	×××	×××
流動資産	×××	×××	×××
現金預金	×××	×××	×××
未収入金	×××	×××	×××
…	×××	×××	×××
資産の部合計	×××	×××	×××
負債の部			
固定負債	×××	×××	×××
長期借入金	×××	×××	×××
学校債	×××	×××	×××
退職給与引当金	×××	×××	×××
…	×××	×××	×××
流動負債	×××	×××	×××
短期借入金	×××	×××	×××
1 年以内償還予定学校債	×××	×××	×××
手形債務	×××	×××	×××
未払金	×××	×××	×××
前受金	×××	×××	×××
…	×××	×××	×××
負債の部合計	×××	×××	×××
純資産の部			
基本金	×××	×××	×××
第 1 号基本金	×××	×××	×××
第 2 号基本金	×××	×××	×××
第 3 号基本金	×××	×××	×××
第 4 号基本金	×××	×××	×××
繰越収支差額	△ ×××	△ ×××	×××
翌年度繰越収支差額	△ ×××	△ ×××	×××
純資産の部合計	×××	×××	×××
負債及び純資産の部合計	×××	×××	×××

（出典）　文部科学省（2022）「学校法人会計基準について」p.11

まず，教育活動収入と教育活動支出の差額をみることで，学校法人の本業である教育活動の収支状況を確認することができる。また，経常収支差額をみることで，財務活動による収支を含めた，経常的な収支の状況を確認することができる。さらに，基本金組入前当年度収支差額をみることで，特別収支を含めた，単年度の事業活動収支の均衡状況を確認することができる。

通常の経営状態の法人では，教育活動収支差額及び経常収支差額はプラスである。ただし，基金の運用益等が経常的かつ主要な財源である学校法人では，教育活動収支差額がマイナス，教育活動外収支差額が大幅なプラスで，結果として経常収支差額がプラスという収支構造もみられる。教育活動収支差額及び経常収支差額がマイナスの場合は，短期的な収支のバランスが崩れており，経営が苦しくなっている可能性がある。

事業活動収支計算では，基本金組入前当年度収支差額から基本金組入額を控除して当年度収支差額を算定し，前年度繰越収支差額，及び基本金取崩額を加減算して翌年度繰越収支差額を算定する。当年度収支差額や翌年度繰越収支差額を見ることで，長期的な収支の均衡状況を確認することができる。

(2) 経営判断指標

日本私立学校振興・共済事業団では，学校法人が自身で経営状態を大まかに把握するためのツールとして，「経営判断指標」を作成し，公表している

図表 12.12　定量的な経営判断指標に基づく経営状態の区分（法人全体）

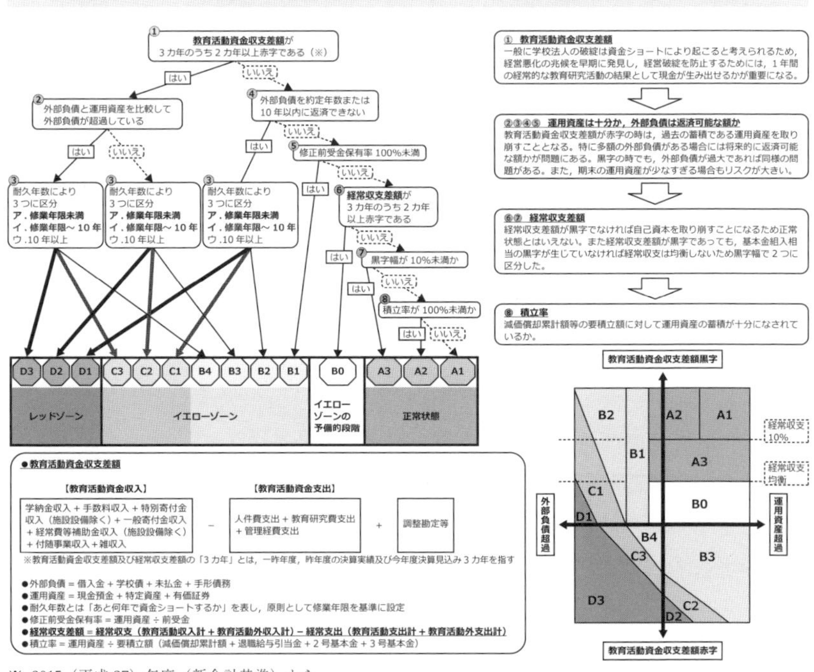

※ 2015（平成 27）年度（新会計基準）から

（出典）　日本私立学校振興・共済事業団「私立学校運営の手引き」（2023（令和 5）年 3 月改訂版），p.5

図表 12.13 財務比率の分析例

指標名	算定式	分析例
【事業活動収支計算書関係の比率】		
事業活動収支差額比率	基本金組入前当年度収支差額／事業活動収入	プラスが大きいほど自己資金が充実し,財務的に余裕がある。
人件費比率	人件費／経常収入	人件費は学校の最大の経費かつ固定的経費であることから,この比率が適正水準を超えると収支悪化の要因となる。
学生生徒等納付金比率	学生生徒等納付金／経常収入	学生生徒等納付金は学校の最大の収入かつ重要な自己財源であることから,この比率が安定的に推移することが望ましい。
経常収支差額比率	経常収支差額／経常収入	経常的な収支バランスを示す。プラスが大きいほど経常的な収支は安定していることを示す。
【貸借対照表関係の比率】		
運用資産余裕比率	(運用資産[7] − 外部負債[8])／経常支出	比率が高いほど運用資産の蓄積が良好であり，1.0 を超えている場合は，1 年間の学校法人の経常的な支出を賄えるだけの資金を保有していることを示す。

（出典） 文部科学省（2022）「学校法人会計基準について」を参考に筆者作成

（図表 12.12 参照）。

この指標の活用により，学校法人の本業である教育研究活動のキャッシュフローの動向や，外部負債と運用資産の状況を通じて，経営悪化の兆候を発見・認識することが可能となる。

(3) 財務比率による分析

図表 12.13 に財務比率の分析例を示している。

12.4 今後の課題等

少子化や物価高騰などの影響により，学校法人を取り巻く経営環境が悪化する中で，学校法人は，多様なステークホルダーとの信頼関係を深め，そのニーズを反映しつつ，健全な経営を実現し，組織目的を実現することが求められている。

学校法人に関する財務情報の利用目的を考えると，ステークホルダーのう

[7] 運用資産＝特定資産＋有価証券（固定資産）＋有価証券（流動資産）＋現金預金
[8] 外部負債＝借入金＋学校債＋未払金＋手形債務

ち，学生・保護者等は，学校法人が継続的に教育研究活動を行うことができるか，学校法人が保有する資産を効果的かつ効率的に活用し，質の高い教育研究活動を行っているかなどに関心があると考えられる。また，資源提供者（債権者，寄附者，産業界等）の観点では，債権の回収可能性や経営状態の健全性，資源の提供目的に沿った教育研究活動により価値の創造や向上が期待されるかといった点に関心があると考えられる。所轄庁にとっては，教育研究活動の継続可能性を把握するための基本的な情報となる[9]。

学校法人の財務情報は，このようなステークホルダーの情報のニーズを満たし，資源提供者などの意思決定に資する情報提供，そして情報開示を通じて学校法人が社会への説明責任を果たす機能を有するものとなるよう改善を図る必要が生じている。

また，近年は，税制優遇や経常的経費の補助に加え，国費を財源とする幼児教育・高等教育の無償化等も進展したことから，学校法人がふさわしい**ガバナンス体制**を確保することに対する社会的な要請がより強まっている。ガバナンスにおいて重要な理事会・評議員会による監督が適切に機能するためには，経営情報が役員等に適切に報告される必要があることから，学校法人会計が経営判断に資するものであることもより重要となっている。

これらを踏まえ，2024 年（令和 6 年）以降，学校法人会計基準の改正が予定されており，その改正の在り方について，文部科学省が設置する「学校法人会計基準の在り方に関する検討会」において検討が進められている。

●練習問題●

□1　学校法人会計基準の特徴を一つ，その根拠と併せて簡潔に説明しなさい。

□2　2023 年（令和 5 年）の私立学校法改正により，学校法人会計基準の位置付けがどのように変化したか簡潔に説明しなさい。

□3　近年の学校法人のステークホルダーと財務情報のニーズについて簡潔に説明しなさい。

---

[9] 文部科学省（2023）「学校法人会計基準の在り方に関する検討会 報告書（案）」pp.7–8，第 2　5. 財務報告の目的・機能。

第 13 講
社会福祉法人の会計

13.1 社会福祉法人の概要

13.1.1 設 置 法

社会福祉法人とは，「社会福祉事業を行うことを目的として，この法律の定めるところにより設立された法人」（社会福祉法 22）である。これは 1951 年（昭和 26 年）施行の社会福祉事業法（現，**社会福祉法**）**のもとに設立された非営利法人**であり，福祉国家を目指すために必要な社会福祉施設等の設立・運営を通じて，地域福祉の発展・充実に大きな役割を果たしてきた。

その目的は「**社会福祉事業**を行うこと」である。「社会福祉事業」とは社会福祉法が規定する**第一種社会福祉事業**及び**第二種社会福祉事業**の 2 種類の事業を指す（社会福祉法 2）（図表 13.1 参照）。

第一種社会福祉事業は利用者への影響が大きいため経営安定を通じた利用者保護の必要性が高い事業である。介護が必要な高齢者が入居する特別養護老人ホームのような入所施設が該当する。第一種社会福祉事業の経営主体は行政及び社会福祉法人が原則である。第一種社会福祉事業を経営しようとするときは都道府県知事等への届出が必要になる。

第二種社会福祉事業は利用者への影響が比較的小さいために公的規制の必要性が低い事業である。保育園や障害者向けの就労支援施設のような通所施設が該当する。これらの事業は経営主体の制限はなく営利法人にも運営が可

図表13.1　社会福祉法人の事業内容

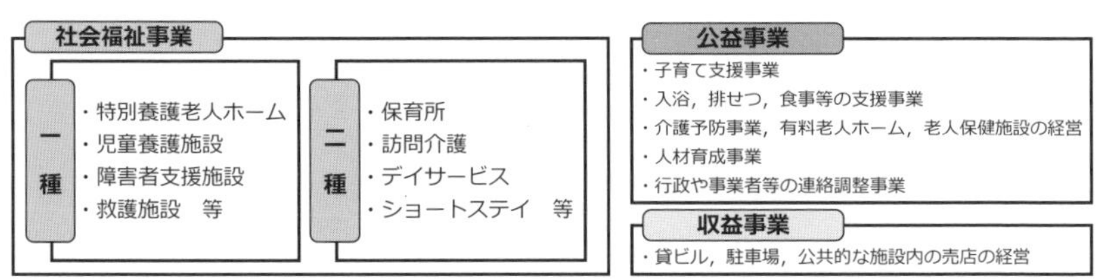

（出典）　厚生労働省「社会福祉法人の概要」 https://www.mhlw.go.jp/stf/newpage_12799.html（最終参照2023-9-12）

図表13.2　社会福祉法人の事業内容

事業区分	社会福祉事業のみ	社会福祉事業/公益事業	社会福祉事業・公益事業・収益事業	社会福祉事業・収益事業	合　計
法人数	15,846	3,429	788	607	20,670

（出典）　社会福祉法人の財務諸表等電子開示システム「社会福祉法人の現況報告書等の集約結果（2022年度版）」 https://www.wam.go.jp/content/wamnet/pcpub/top/zaihyou/zaihyoupub/aggregate_results_2022.html（最終参照2023-8-23），1-5より抜粋して筆者作成

能である。すべての主体が届出をすることで事業経営の実施が可能である。

さらに，社会福祉法人は公益事業及び収益事業を行うことができる。

設立には，社会福祉法に基づき社会福祉事業を行うことを目的に所轄庁[1]の認可を受けることが必要である。運営方法は法令で事務手続が規定され，適正な運営が求められる。法人税等は原則非課税であり，共同募金のような助成金や補助金などの優遇措置を受けている。

2022年（令和4年）4月1日現在21,053法人が存在しているが，そのうち事業区分情報が明らかなものは20,670法人で，約3/4が社会福祉事業のみを実施している（**図表13.2参照**）。

福祉事業区分で分類した場合，第二種社会福祉事業のみの法人と第一種及び第二種社会福祉事業を運営している法人がそれぞれ46%程度と9割強を占めている（**図表13.3参照**）。

---

[1] 法人の所在地等に応じて，都道府県知事または市長等。

図表 13.3　社会福祉事業区分別法人数

事業区分	第一種社会福祉事業のみ	第二種社会福祉事業のみ	第一種社会福祉事業・第二種社会福祉事業	合　計
法人数	1,556	9,610	9,504	20,670

（出典）　社会福祉法人の財務諸表等電子開示システム「社会福祉法人の現況報告書等の集約結果（2022年度版）」 https://www.wam.go.jp/content/wamnet/pcpub/top/zaihyou/zaihyoupub/aggregate_results_2022.html（最終参照 2023-8-23），1-6 より抜粋して筆者作成

13.1.2　制度変遷の経緯

当初の社会福祉事業は行政からの措置委託[2]を基本としていた。この時代，社会福祉法人等のサービス提供の仕組みは行政主体で構築され，行政がサービス内容を決定する「**措置制度**」が採用された。その後，1998 年（平成 10 円）6 月に中央社会福祉審議会が公表した「社会福祉基礎構造改革について（中間まとめ）」では，サービスの利用者と提供者との間の対等な関係の確立，質と効率性の向上，透明性の確保等を改革の理念とし，社会福祉法人は法人単位の経営と適切な経営管理が可能となるよう改める必要があるとの提言がなされた。

これを受けて 2000 年（平成 12 年）から介護保険制度が開始された。その際には，介護事業は個人が自ら選択して提供者との契約で福祉サービスを利用する「**契約制度**」が採用された。これに伴い社会福祉事業法が社会福祉法に改正・制定された。その結果，社会福祉法人等のサービス提供の仕組みは利用者主体となり，利用者が事業者と対等な関係に基づきサービスを選択する「利用制度」に変更された。さらに 2016 年社会福祉法改正では法人の**ガバナンス改善**と外部への**情報公開**に力点がおかれるようになった。

社会福祉法人会計基準の変遷としては，以下の 4 つの時代に分類できる（図表 13.4 参照）。

(1)　第 1 時代（会計要領）

この時代は 1951 年（昭和 26 年）の社会福祉事業法の成立に伴い 1953 年

[2] 社会福祉援助が必要と認められた人に対し，関連福祉関係法令に基づき必要な在宅サービスの利用，施設入所，金品給付・貸与等を行うことを行政側の要請により実施する。

図表 13.4　社会福祉法人会計基準の歴史的変遷

第 1 時代（1953 年～）	「社会福祉法人会計要領」時代
第 2 時代（1976 年～）	「社会福祉法人会計経理規程準則」時代
第 3 時代（2000 年～）	「社会福祉法人会計基準（旧基準）」時代
第 4 時代（2012 年～）	「社会福祉法人会計基準（新基準）」時代

（出典）　各種資料より筆者作成

（昭和 28 年）に厚生省（現，厚生労働省）から「社会福祉法人の会計について」が発出され，同省社会・児童局長連名で各都道府県知事あてに発出された社乙発第 32 号「社会福祉会計要領」（1954 年（昭和 29 年）3 月 18 日付）通知から始まった。

当時の会計の目的は，収入支出，財政状態とともに事業成績を明らかにすることであった。資金の増減は伴わないものの損益計算上の計測が必要となる減価償却手続は容認されていた。本要領で解釈が不足する部分は，営利企業向けの「企業会計原則」及び「財務諸表準則」に準拠することが求められていた。会計期間毎の事業成績を明らかにすることが求められた点では営利企業の会計に近く，発生主義会計をベースとした会計基準であったと考えられている。

(2)　第 2 時代（経理規程準則）

この時代は，社会福祉事業の特質に応じた会計処理が求められるようになった。社会福祉サービスの対価は措置費のように政府から預かった公金を管理する側面が強まった。特徴として，同一法人内で本部会計と施設会計という複数の会計単位を設けたこと，予算編成を要求したこと，収益事業以外では減価償却手続は行わないことなどの会計処理が行われた。

他方で，施設毎に異なる会計単位を用いるために法人全体の経営状況は把握しづらくなった。企業会計では収益獲得のために貢献した資産には費用収益対応原則によって取得原価を収益の獲得のために利用した期間にわたって費用配分するのが望ましいとされるが，この会計基準変更で損益計算の情報は必要とされなくなった。減価償却手続のような会計期間に対応した損益計算も求められなくなった。

図表 13.5　会計基準（旧基準）の基本的な考え方

① 法人単位での経営を目指し，法人全体の経営状況把握のために法人共通の会計基準であること。
② 会計基準は簡潔明瞭なものとし，損益計算の考え方を採り入れることにより効率性が反映されるものであること。
③ 会計基準は法人として高い公益性を踏まえた内容にすること。
④ 会計基準は取引を適切に記録し，経営状況を適切に表示するための基本的な事項について定めたものであり，各法人における経理処理については，この基準を基にそれぞれの法人で自主的に定めること。

（出典） 厚生労働省「社会福祉法人会計基準の制定について」（平成 12 年 2 月 17 日 社援第 310 号），概要，p.2 より筆者作成

(3) 第 3 時代（旧基準）

社会福祉基礎構造改革に伴い措置制度の資金区分は弾力化され，社会福祉法人の計算書類等は 2000 年（平成 12 年）から公開されるようになった。これに伴い会計基準も収支内訳や法人全体の財務状況，経営状況など総合的に見直しが行われた。

ここでは介護保険制度施行に合わせて 2000 年 2 月に厚生省保健福祉部長，社会・援護局長，老人保健福祉課長，児童家庭局長の連名による社援代 10 号で「社会福祉法人会計基準」（旧基準）として示された。原則としてすべての社会福祉法人を対象とするもので，その基本的な考え方として**図表 13.5** の 4 点があげられる。

主な特徴は企業会計の考え方を採り入れたことである。法人を一組織体として 1 つの会計単位にまとめること，「事業活動収支計算書」を作成するための損益計算そして**減価償却制度導入**，といった点となる。背景には，措置制度から契約制度への移行に伴い営利企業などの多様な事業者が参入して社会福祉事業が市場競争原理に晒されるようになったこと等がある。

新たに導入された「事業活動収支計算書」では事業活動で生み出された収益とそれに要した費用とを計算することで事業活動の成果，すなわち利益または損失を計算することで事業活動の成果の把握が可能になった。

(4) 第 4 時代（現行基準）

旧基準の時代になっても依然として複数の会計基準の並立が許容されていたため，煩雑な会計事務等の課題が残っていた。そこで，会計基準併存状態

解消による会計事務の簡素化や社会経済情勢の変化に対する対応を目的として，2011年（平成23年）7月に厚生労働省雇用均等・児童家庭局，社会・援護局，障害保健福祉部，老健局長の連名による第1号「社会福祉法人の新会計基準について」（現行基準）が公表され，これが現行の会計基準となった。その特徴は，次節以降で説明する。

13.1.3　運営管理体制及びガバナンス体制

2016年社会福祉法改正で法人**運営管理体制・ガバナンス体制の強化**等の改革が行われた。横領や虐待などの不祥事の多発を受け，社会福祉法人の公益性・**非営利性を確保**し，その性質に応じた**説明責任**を果たすことが社会的要請として高まった。そのため，一般財団法人・公益財団法人と同等以上の**公益性を担保**できる経営組織とするために，社会福祉法人の運営管理体制やガバナンス体制が強化された（図表13.6参照）。

次に，それぞれの機関の役割についてみていこう（図表13.7参照）。

理事会は業務執行に関する**意思決定機関**として位置付けられ，理事・理事長に対する牽制機能を働かせることで**ガバナンスが強化**された。**理事長**は法人の代表者として**職務の執行**を行い（法45の17①），理事会は業務執行の決定や理事の職務執行の監督を行う（法45の13②）。**評議員会**は諮問機関ではなく，法人運営の基本ルール・体制の決定，役員の選任・解任等を通じた事後監督といった**法人運営に係る重要事項のための必置の議決機関**となった。従来は評議員会に対し諮問された業務執行事項の意思決定は理事会で行うこととなり，評議員会の決議事項は法に規定する事項及び定款で定めた事項に限定された（法45の8②）。なお，法律で評議員会の決議を必要とする事項について，理事，理事会その他の評議員会以外の機関が決定することができることを内容とする定款の定めは無効となる（法45の8③）。**監事**には，**理事の職務執行を監査する権限，義務（理事会への出席義務，報告義務等）や責任**が法律上規定された（法45の18）。

会計監査人（公認会計士または監査法人：法45の2①）は，**計算書類等の監査を行う**（法45の19）。**一定規模以上の法人は会計監査人による監査の義務付け**が課された（法37）。会計監査人をおく法人では，計算書類等は，理事

図表 13.6　社会福祉法人の経営組織のガバナンス強化について

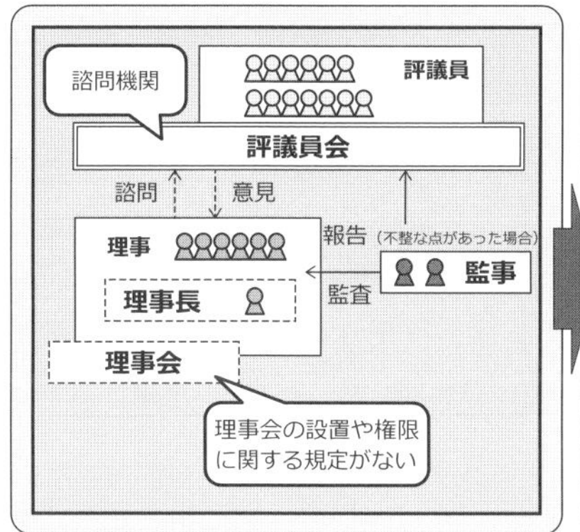

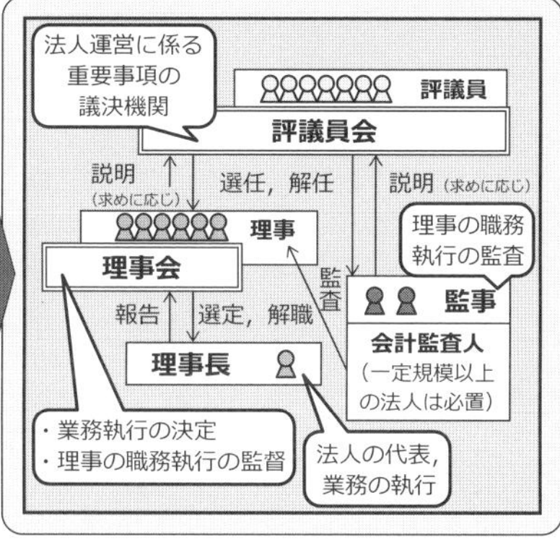

（出典）　厚生労働省「社会福祉法人制度改革について」p.8　https://www.mhlw.go.jp/file/06-Seisakujouhou-12000000-Shakaiengokyoku-Shakai/0000155170.pdf（最終参照 2023–8–22）

図表 13.7　評議会・理事会について

	理事会（必置）	評議員会（必置）
位置付け	**業務執行の決定機関** 以下の職務を行う。（法 45 の 13②） ・社会福祉法人の業務執行の決定 ・理事の職務の執行の監督 ・理事長の選定及び解職	**運営に係る重要事項の議決機関** 社会福祉法に規定する事項及び定款で定めた事項に限り，決議することができる。（法 45 の 8②）
決議事項	・評議員会の日時及び場所並びに議題・議案の決定 ・理事長及び業務執行理事の選定及び解職 ・重要な財産の処分及び譲受け ・多額の借財 ・重要な役割を担う職員の選任及び解任 ・従たる事務所その他の重要な組織の設置，変更及び廃止 ・コンプライアンス(法令遵守等)の体制の整備 ※一定規模を超える法人のみ ・競業及び利益相反取引 ・計算書類及び事業報告等の承認 ・理事会による役員，会計監査人の責任の一部免除 ・その他の重要な業務執行の決定	・理事，監事，会計監査人の選任 ・理事，監事，会計監査人の解任★ ・理事，監事の報酬等の決議 ・理事等の責任の免除（すべての免除（※総評議員の同意が必要），一部免除） ・役員報酬等基準の承認 ・計算書類の承認 ・定款の変更★ ・解散の決議★ ・合併の承認（吸収合併消滅法人，吸収合併存続法人，法人新設合併）★ ・社会福祉充実計画の承認 ・その他定款で定めた事項 ★：法第 45 条の 9 第 7 項の規定により，議決に加わることができる評議員※三分の二（これを上回る割合を定款で定めた場合にあっては，その割合）以上にあたる多数をもって決議を行わなければならない事項 ※出席者数ではなく，評議員の全体の数が基準となる。

（出典）　厚生労働省「社会福祉法人制度改革について」p.10　https://www.mhlw.go.jp/file/06-Seisakujouhou-12000000-Shakaiengokyoku-Shakai/0000155170.pdf（最終参照 2023–8–22）

会の承認を受ける前に監事と会計監査人による二重の監査を受けることになる。ただし，会計監査人による計算書類等の監査が適正に行われているときは，監事は計算書類等の監査を省略できる。

計算書類の適正さを監査するための会計監査人の導入は社会福祉法人制度改革の柱の一つである。確固とした監査体制を構築し，社会福祉法人への信頼を確立し，法人の経営力強化・効率的な経営の観点から一定の規模を超える社会福祉法人に会計監査人による監査を義務付け，ガバナンスの強化，財務規律の強化を図ることが重要であるという方針が打ち出された[3]。2017年度（平成29年度）より**一定規模以上の社会福祉法人に対する会計監査人設置が義務化**され，大規模法人については会計監査人による監査が実施されている（13.4節に関連記述）。

13.2　会計基準等の概要

13.2.1　会計基準設定主体

従前は法人の事業種毎に様々な会計ルールが併存していた。そこで，法人全体の財務状況を明らかにして経営分析を可能にし，外部への情報公開にも資することを目的に，2012年度（平成24年度）から（2015年度（平成27年度）完全移行）現行の「**社会福祉法人会計基準**」（平成28年厚生労働省令第79号）に**一元化**が図られた。

現在，社会福祉法人は，**厚生労働省が設定した社会福祉法人会計基準省令に従い会計処理を行うことが義務付け**られている（社会福祉法45の23）。社会福祉法人会計基準は，「**会計基準省令**」と**一般に公正妥当と認められる社会福祉法人会計の慣行を記載した通知**（「**運用上の取扱い**」，「**運用上の留意事項**」）によって構成されている（図表13.8参照）。

---

[3] 厚生労働省（2016）「会計監査人の設置義務法人の範囲について」第5回社会福祉法人の財務規律の向上に係る検討会参考資料1。

図表 13.8　社会福祉法人会計基準の構成

■社会福祉法人会計基準は，「会計基準省令」と一般に公正妥当と認められる社会福祉法人会計の慣行を記載した通知（「運用上の取扱い」，「運用上の留意事項」）によって構成される。

社会福祉法人基準省令

・会計基準の目的や一般原則等，会計ルールの基本原則を定めるもの
・計算書類の様式，勘定科目を規定

社会福祉法人会計基準の制定に伴う会計処理等に関する運用上の取扱いについて（局長通知）

・基準省令の解説
・附属明細書及び財産目録の様式を規定

社会福祉法人会計基準の制定に伴う会計処理等に関する運用上の留意事項について（課長通知）

・基準省令及び運用上の留意事項では定めていない一般に公正妥当と認められる社会福祉法人会計の慣行
・各勘定科目の説明を規定

（出典）　厚生労働省「社会福祉法人会計基準の構成と作成する計算書類等について」p.1　https://www.mhlw.go.jp/content/12000000/03-01.pdf（最終参照 2023–8–22）

13.2.2　会計基準等の基本的な考え方

社会福祉法人では，**法人全体，事業区分別，拠点区分別**にそれぞれ**資金収支計算書，事業活動計算書，貸借対照表の 3 つの財務諸表を作成**する必要がある。これらの書類に附属明細書及び財産目録を併せて作成した上で，毎会計年度終了後 3 カ月以内（6 月 30 日まで）に所轄庁への提出が求められている。

会計の目的は，基本的には**福祉事業の目的達成に必要な基本財産を受入れ，その財産の増減変化を正しくとらえて組織の管理責任を明らかにすること**である。そのうえで公益的な福祉目的を達成するために必要である運営資金の収入及び支出を正しくとらえて，**福祉そのものが現実に運営されているか否かを計数的に明らかにすること**が求められている[4]。

会計の役割は，社会福祉法人の**事業運営に関する計数的な情報提供機能**がある。社会福祉法人の非営利性に鑑み，会計の目指すところは寄付者から受け入れた基本財産について法人内部の理事者の管理運営の責任を明らかにし，日常の福祉目的達成のために信託された介護保険費用や措置委託費等の収入

[4] 守永誠治（1991）『社会福祉法人の会計』税務経理協会，p.19。

及び支出を明らかにして，受託財産の会計管理責任と採算に十分配慮しながら受託資金の運用に関する会計責任を明らかにする「**受託者会計**」にある。

13.2.3　会計基準等の構成

社会福祉法人会計を理解するためには，企業会計と比較することでその特徴が掴みやすくなるであろう。そこで，以下では両者を比較しながら社会福祉法人会計等の構成を見ていきたい（図表 13.9 参照）。

根拠法は，社会福祉法と会社法等のようにそれぞれ異なる。事業目的の面では，企業会計が対象とする株式会社は営利を目的とする法人であるため，会計は利益計算に主眼を置いている。他方，社会福祉法人は社会福祉事業を目的とした非営利法人であるため，**会計は事業活動の成果や資金収支を計算して事業の継続性や安定性などの情報提供に主眼**をおいている。両者の共通

図表 13.9　社会福祉法人会計と企業会計の異同

法　人	社会福祉法人	株式会社
根拠法	社会福祉法	会社法
主な事業目的	非営利	営利
出資者の持分	なし	あり
剰余金の配当	なし	あり
主な会計基準	・社会福祉法人会計基準（省令） ・一般に公正妥当と認められる社会福祉法人会計の慣行（を記載した通知「運用上の取扱い」，「運用上の留意事項」）	・会社法，会社計算規則，金融商品取引法（上場企業等） ・一般に公正妥当と認められる企業会計の基準その他の企業会計の慣行
計算書類	●財務諸表 ・資金収支計算書 ・事業活動計算書 ・貸借対照表 ・附属明細書 ・財産目録	●財務諸表 ・貸借対照表 ・損益計算書 ・キャッシュ・フロー計算書（上場企業等） ・附属明細書（上場企業等） ・株主資本等変動計算書 ・個別注記表
会計単位	法人全体，事業区分，拠点区分，サービス区分	法人全体
仕訳方法	一取引二仕訳※	一取引一仕訳

※ 1つの取引に複式簿記による仕訳と支払資金関係の仕訳を起票すること。資金収支計算書，事業活動計算書，貸借対照表の３つの計算書類の連関させるため，資産，負債及び純資産が増減する一取引に支払資金の増減が伴う場合，通常の複式簿記の仕訳の他，支払資金の増減を計上するための仕訳を起票する必要がある。なお，支払資金の増減を伴わない取引では一取引二仕訳は発生しない。

（出典）　関連法規，PCA 株式会社「社会福祉法人の会計とは？ 社会福祉法人会計基準について」（2020 年 5 月 8 日）https://pca.jp/p-tips/articles/tj200501.html（最終参照 2023-8-22）等をもとに筆者作成

点は，組織内部に自己資本を有していることである。

相違点は，企業会計の資本は利潤追求の源であり，株式会社には法的な持分があるのに対し，社会福祉法人には企業会計の資本に類似するものとして**基本金**があるが，これは社会福祉事業という非営利活動に従事するための源泉であり，**法的な持分はない**。**剰余金の配当**も同様であり，企業では分配が可能だが**社会福祉法人には禁止**されている。

計算書類の特徴として，社会福祉法人の資金収支計算書は企業会計のキャッシュ・フロー計算書に類似している点もあるが，相違点もある。キャッシュ・フロー計算書が現金や預金などの増減を表すのに対し，**資金収支計算書は流動資産と流動負債の増減を表す**。したがって，資金収支計算書は流動資産と流動負債の増減を示すことからキャッシュ・フローよりも広い範囲で資金の動きを表したものといえる。社会福祉法人会計基準は，企業会計はもちろんのことだが，公益法人会計等の他の非営利組織法人会計とは異なる別途独自の会計基準が規定されている[5]。

そこで，以下では社会福祉法人の会計基準の特徴や財務諸表をみることにする。

13.3 会計基準の特徴及び財務諸表の構成と読み方

13.3.1 会計基準の特徴とその根拠

社会福祉法人は社会福祉事業の主要な担い手として確実に効果的に適正に事業運営を行うために経営基盤強化を図ることが求められている。2016 年社会福祉法改正では**社会福祉法人全体の財務状況を明らかにし，経営分析を可能にする**とともに，**外部への情報公開にも資する**ことを目的に，現行会計基準が定められた。その基本的な考え方としては，

[5] 社会福祉法人は非営利法人の一つだが，他の非営利法人とは異なる独自の会計制度を有している。理由として，それぞれの所轄官庁が異なる点や法人毎の沿革や存在意義の違い等が影響していることがあげられる。

① 社会福祉法人が行うすべての事業（社会福祉事業，公益事業，収益事業）を適用対象とする。

② 法人全体の財務状況を明らかにし，経営分析を可能とするとともに，外部への情報公開に資するものとする。

ことが挙げられる。つまり，その特徴は，**会計基準の適用範囲の一元化，財務諸表等の体系の見直し，外部への情報公開，透明性向上のために会計処理や区分の変更等**である。提供する福祉サービスの質の向上及び事業経営の透明性の確保を図るとともに，従来は施設単位であった会計単位を**法人単位に一本化**し，法人全体での把握ができるようになった。

現行の会計基準では，社会福祉法人が行う**全事業（社会福祉事業，公益事業，収益事業）が適用範囲**となる。業務上横領などの相次ぐガバナンス不全等の会計不祥事への対処のため，外部への情報公開や比較検討のための経営分析が容易になった。なお，従前の会計基準からの主な変更点は**図表13.10**のとおりである。

以下では，会計基準の構成について説明する。

図表13.10　会計基準の主な変更点

(1) 法人全体での資産，負債等の状況を把握できるようにするため，公益事業及び収益事業を含め，法人で一本の会計単位としたこと
(2) 施設・事業所毎の財務状況を明らかにするため拠点区分を設定し，施設・事業所内で実施する福祉サービス毎の収支を明らかにするためサービス区分を設定したこと
(3) 財務諸表の体系について，資金収支計算書，事業活動計算書，貸借対照表及び財産目録としたこと
　① 資金収支計算書は支払資金の収入，支出の内容を明らかにするために作成し，事業活動による収支，施設整備等による収支及びその他の活動による収支に区分するものとしたこと
　② 事業活動計算書は法人の事業活動の成果を把握するために作成し，サービス活動増減の部，サービス活動外増減の部，特別増減の部及び繰越活動増減差額の部に区分するものとしたこと
(4) 資金収支計算書，事業活動計算書及び貸借対照表については，事業区分，拠点区分の単位でも作成するようにしたこと
(5) 従来の明細書，別表を整理したうえで，重要な資産及び負債等の状況を明確にするために，借入金，寄附金，積立金等についてその内容を明らかにする附属明細書を作成するようにしたこと
(6) 基本金の範囲を法人の設立及び施設整備等，法人が事業活動を維持するための基盤として収受した寄附金に限定し，4号基本金※を廃止したこと
(7) 引当金の範囲を徴収不能引当金，賞与引当金，退職給付引当金に限定し，その他引当金を廃止したこと
(8) 財務情報の透明性を向上させるため，1年基準，時価会計，リース会計などの会計手法を導入したこと

※ これは繰越収支差額を振り替えたものであり，1から3号基本金のように法人の基盤となる資産を形成するための寄附金を組み入れたものとは性格が異なるためとされる。

（出典）厚生労働省（2011）「社会福祉法人の新会計基準について」他，各種資料をもとに筆者作成

図表 13.11　社会福祉法人の会計基準の構成

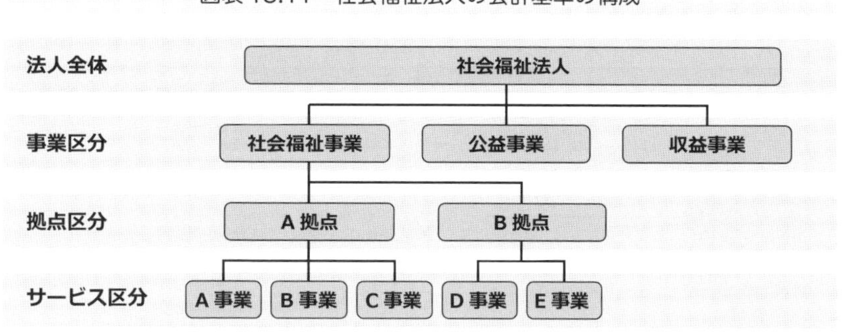

（出典）厚生労働省「社会福祉法人会計基準の構成」p.4　https://www.mhlw.go.jp/content/12000000/03-01.pdf（最終参照 2023-8-22）

13.3.2　財務諸表の構成

(1) 会計の単位

社会福祉法人会計では，**法人全体，そして実施事業に応じて，事業区分，拠点区分，サービス区分に分類**される（図表 13.11）。そのため，会計単位については「事業区分」（社会福祉事業・公益事業・収益事業），拠点区分（一体として運営される施設，事業所または事務所），サービス区分（拠点区分において実施する複数の事業について，法令等の要請により区分）の階層に分けられる。計算書類は法人全体と区分毎にそれぞれ作成されている。

(2) 財務諸表の構造

財務管理を行うために財務諸表を作成する。現行基準で作成が必要なものは「**資金収支計算書**」「**事業活動計算書**」そして「**貸借対照表**」である（第 1 章第 2）。これら 3 つの財務諸表はサービス区分，拠点区分，事業区分，法人全体という流れで集計され，**最終的に法人全体の状況が把握できる構造に**なっている（図表 13.12 参照）。

13.3.3　財務諸表の読み方のポイント

社会福祉法人では，財務諸表として「資金収支計算書」，「事業活動計算書」，「貸借対照表」の 3 つの計算書類の作成が必要である（社会福祉法 45 の 27 ②，会計基準 7 の 2）。以下では，その特徴についてみてみる。

図表 13.12　社会福祉法人の会計構造

■法人全体，事業区分別，拠点区分別に，計算書類（資金収支計算書，事業活動計算書，貸借対照表）を作成する。

	資金収支計算書	事業活動計算書	貸借対照表	備　考
法人全体	第一号第一様式 （法人単位資金収支計算書）	第二号第一様式 （法人単位事業活動計算書）	第三号第一様式 （法人単位貸借対照表）	
集計 法人全体 （事業区分別）	○◎第一号第二様式 （資金収支内訳表）	○◎第二号第二様式 （事業活動内訳表）	○◎第三号第二様式 （貸借対照表内訳表）	左記様式では事業区分間の内部取引消去を行う
集計 事業区分 （拠点区分別）	◎第一号第三様式 （事業区分資金収支内訳表）	◎第二号第三様式 （事業区分事業活動内訳表）	◎第三号第三様式 （事業区分貸借対照表内訳表）	左記様式では拠点区分間の内部取引消去を行う
集計 拠点区部 （一つの拠点を表示）	第一号第四様式 （拠点区分資金収支計算書）	第二号第四様式 （拠点区分事業活動計算書）	第三号第四様式 （拠点区分貸借対照表）	
サービス区分	☆拠点区分 資金収支明細書	☆拠点区分 事業活動明細書		各明細書ではサービス区分間の内部取引消去を行う

（出典）　厚生労働省「社会福祉法人が作成する計算書類」p.2　https://www.mhlw.go.jp/content/12000000/03-01.pdf（最終参照 2023-8-22）

（1）資金収支計算書

　資金収支計算書は，支払資金の収入及び支出の内容を明らかにするために作成される（会計基準 12，以下「基準」とする）（**図表 13.13**）。これは，「当該会計年度（4 月 1 日～翌年 3 月 31 日までの一年間）（社会福祉法 45 の 23 ②）におけるすべての支払資金の増加及び減少の状況を明瞭に表示」（基準 12）するために作成される。支払資金とは，「流動資産及び流動負債とし，その残高は流動資産と流動負債との差額」（基準 13）である[6]。

　資金収支計算書は，「**事業活動による収支**」，「**施設整備等による収支**」及び「**その他の活動による収支**」に分けられる（基準 15）。ここでは経常活動による収支，施設整備等による収支及び財務活動による収支に区分して，決算額を予算額と対比して記載する。

「事業活動による収支」とは，主として経常的な事業活動による収入及び支出（受取利息配当金収入及び支払利息支出を含む）を記載し，事業活動資金収支差額を記載する（基準 16 ①）。

「施設整備等による収支」とは，固定資産の取得に係る支出及び売却に係る収入，施設整備等補助金収入，施設整備等寄附金収入及び設備資金借入金

[6] 厳密には「1 年基準により固定資産又は固定負債から振替えられた流動資産・流動負債，引当金並びに棚卸資産（貯蔵品を除く。）を除く」（第 2 章 2 ただし書）ことに留意が必要である。

図表 13.13　法人単位資金収支計算書のひな型（第一号第一様式）

第一号第一様式（第十七条第四項関係）

法人単位資金収支計算書

（自）令和　年　月　日（至）令和　年　月　日

（単位：円）

勘定科目			予算（A）	予算（B）	差異（A）－（B）	備　考
事業活動による収支	収入	介護保険事業収入 老人福祉事業収入 児童福祉事業収入 保育事業収入 就労支援事業収入 障害福祉サービス等事業収入 生活保護事業収入 医療事業収入 退職共済事業収入 （何）事業収入 （何）収入 借入金利息補助金収入 経常経費寄附金収入 受取利息配当金収入 社会福祉連携推進業務貸付金受取利息収入 その他の収入 流動資産評価益等による資金増加額				
		事業活動収入計（1）				
	支出	人件費支出 事業費支出 事務費支出 就労支援事業支出 授産事業支出 退職共済事業支出 （何）支出 利用者負担軽減額 支払利息支出 社会福祉連携推進業務借入金支払利息支出 その他の支出 流動資産評価損等による資金減少額				
		事業活動支出計（2）				
	事業活動資金収支差額（3）＝（1）－（2）					
施設整備等による収支	収入	施設整備等補助金収入 施設整備等寄付金収入 設備資金借入金収入 社会福祉連携推進業務設備資金借入金収入 固定資産売却収入 その他の施設整備等による収入				
		施設整備等収入計（4）				
	支出	設備資金借入金元金償還支出 社会福祉連携推進業務設備資金借入金元金償還支出 固定資産取得支出 固定資産除却・廃棄支出 ファイナンス・リース債務の返済支出 その他の施設整備等による支出				
		施設整備等支出計（5）				
	施設整備等資金収支差額（6）＝（4）－（5）					
その他の活動による収支	収入	長期運営資金借入金元金償還寄附金収入 長期運営資金借入金収入 役員等長期借入金収入 社会福祉連携推進業務長期運営資金借入金収入 長期貸付金回収収入 社会福祉連携推進業務長期貸付金回収収入 投資有価証券売却収入 積立資産取崩収入 その他の活動による収入				
		その他の活動収入計（7）				
	支出	長期運営資金借入金元金償還支出 役員等長期借入金元金償還支出 社会福祉連携推進業務長期運営資金借入金元金償還支出 長期貸付金支出 社会福祉連携推進業務長期貸付金支出 投資有価証券取得支出 積立資産支出 その他の活動による支出				
		その他の活動支出計（8）				
	その他の活動資金収支差額（9）＝（7）－（8）					
予備費支出（10）			××× △×××	—	×××	
当期資金収支差額合計（11）＝（3）＋（6）＋（9）－（10）						

前期末支払資金残高（12）				
当期末支払資金残高（11）＋（12）				

※ 本様式は，勘定科目の大区分のみを記載するが，必要のないものは省略することができる。ただし追加・修正はできないものとする。

（注）　予備費支出△××× 円は（何）支出に充当使用した額である。

（出典）　厚生労働省「社会福祉法人会計基準」附則別表第一号第一様式（第十七条第四項関係）

収入並びに設備資金借入金元金償還支出等を記載し，施設整備等資金収支差額を記載する（基準 16 ②）。

「その他の活動による収支」は，長期運営資金の借入れ及び返済，積立資産の積立て及び取崩し，投資有価証券の購入及び売却等資金の運用に係る収入及び支出（受取利息配当金収入及び支払利息支出を除く）並びに事業活動による収支及び施設整備等による収支に属さない収入及び支出を記載し，その他の活動資金収支差額を記載する（基準 16 ③）。

最終的には事業活動資金収支差額，施設整備等資金収支差額及びその他の活動資金収支差額を合計して当期資金収支差額合計を記載し，これに前期末支払資金残高を加算して当期末支払資金残高として記載する（基準 16 ④）。

(2) 事業活動計算書

事業活動計算書は，企業会計における経営成果に関する損益計算書と同様に**事業活動の成果を明らかにする**ものである（図表 13.14）。これは 1 会計年度の「すべての純資産の増減の内容を明瞭に表示する」ために作成され，法人の業績を数値的に表したものである（基準 19）。**経常活動の部分**（**「サービス活動増減の部」と「サービス活動外増減の部」**），**特別活動の部分**（**「特別増減の部」**）**及び「繰越活動増減差額の部」の合計 4 区分から構成**される（基準 21）。

「サービス活動増減の部」とはサービス活動による収入及び費用によるサービス活動増減差額を記載するものである。主な収入は介護保険事業収益や保育事業収益や就労支援事業収益があげられる。費用は人件費や事務費のような事業運営活動上必要な経費がある。固定資産に係る支出は経済的価値に見合った適正な形で減価償却手続がとられる。サービス活動費用には，減価償却費等の控除項目として「国庫補助金等特別積立金取崩額」を含めるものとされている（基準 22 ①）。**国庫補助金等特別積立金**は，社会福祉法人会計では欠かせない概念である。**施設及び設備の整備のために国または地方公共団体等から受領した国庫補助金等に基づいて積み立てられたもの**である。**目的は社会福祉法人の資産取得負担を軽減し，法人経営施設等のサービス提供者のコスト負担軽減を通して利用者の負担を軽減すること**である。これは毎会計年度，国庫補助金等により取得した資産の減価償却費等により事業費用

図表 13.14　法人単位事業活動計算書のひな型（第二号第一様式）

第二号第一様式（第二十三条第四項関係）

法人単位事業活動計算書

（自）令和　年　月　日（至）令和　年　月　日

（単位：円）

勘定科目			当年度決算（A）	当年度決算（B）	増減（A）－（B）
サービス活動増減の部	収益	介護保険事業収益			
		老人福祉事業収益			
		児童福祉事業収益			
		保育事業収益			
		就労支援事業収益			
		障害福祉サービス等事業収益			
		生活保護事業収益			
		医療事業収益			
		退職共済事業収益			
		（何）事業収益			
		（何）収益			
		経常経費寄附金収益			
		その他の収益			
		サービス活動収益計（1）			
	費用	人件費			
		事業費			
		事務費			
		就労支援事業費用			
		授産事業費用			
		退職共済事業費用			
		（何）費用			
		利用者負担軽減額			
		減価償却費			
		国庫補助金等特別積立金取崩額	△×××	△×××	
		貸倒損失額			
		貸倒引当金繰入			
		徴収不能額			
		徴収不能引当金繰入			
		その他の費用			
		サービス活動費用計（2）			
	サービス活動増減差額（3）＝（1）－（2）				
サービス活動外増減の部	収益	借入金利息補助金収益			
		受取利息配当金収益			
		社会福祉連携推進業務貸付金受取利息収益			
		有価証券評価益			
		有価証券売却益			
		基本財産評価益			
		投資有価証券評価益			
		投資有価証券売却益			
		積立資産評価益			
		その他のサービス活動外収益			
		サービス活動外収益計（4）			
	費用	支払利息			
		社会福祉連携推進業務借入金支払利息			
		有価証券評価損			
		有価証券売却損			
		基本財産評価損			
		投資有価証券評価損			
		投資有価証券売却損			
		積立資産評価損			
		その他のサービス活動外費用（5）			
	サービス活動外増減差額（6）＝（4）－（5）				
経常増減差額（7）＝（3）＋（6）					
特別増減の部	収益	施設整備等補助金収益			
		施設整備等寄附金収益			
		長期運営資金借入金元金償還寄附金収益			
		固定資産受贈額			
		固定資産売却益			
		その他の特別収益			
		特別収益計（8）			
	費用	基本金組入額			
		資産評価損			
		固定資産売却損・処分損			
		国庫補助金等特別積立金取崩額（除却等）	△×××	△×××	
		国庫補助金等特別積立金積立額			
		災害損失			
		その他の特別損失			
		特別費用計（9）			
	特別増減差額（10）＝（8）－（9）				
当期活動増減差額（11）＝（7）＋（10）					
繰越活動増減差額の部	前期繰越活動増減差額（12）				
	当期末繰越活動増減差額（13）＝（11）＋（12）				
	基本金取崩額（14）				
	その他の積立金取崩額（15）				
	その他の積立金積立額（16）				
	次期繰越活動増減差額（17）＝（13）＋（14）＋（15）－（16）				

※ 本様式は，勘定科目の大区分のみを記載するが，必要のないものは省略することができる。ただし追加・修正はできないものとする。

（出典）厚生労働省「社会福祉法人会計基準」附則別表第二号第一様式（第二十三条第四項関係）

として費用配分される額の**国庫補助金等の当該資産の取得原価に対する割合に相当する額を取り崩し，事業活動計算書のサービス活動費用に控除項目として計上しなければならない**（社会福祉法人会計基準の運用上の取り扱い注解9）。国庫補助金等は長期にわたる公的助成という性質があるため，その効果が期待される期間に取り崩す形で減価償却対応をさせて助成効果を発現させているものといえる。

「サービス活動外増減の部」には，受取利息配当金，支払利息，有価証券売却損益並びにその他サービス活動以外の原因による収入及び費用であって経常的に発生するものに関する増減差額を記載する（基準22②）。

「特別増減の部」は，施設整備等の寄附金，国庫補助金等の収益，固定資産売却等に係る損益，事業区分間または拠点区分間の繰入れ及びその他の臨時的な損益（金額が僅少なものを除く）を指し，基本金の組入額及び国庫補助金等特別積立金の積立額を減算して特別増減差額を記載する（基準22④）。

「繰越活動増減差額の部」には，前期繰越活動増減差額，基本金取崩額，その他の積立金積立額，その他の積立金取崩額を記載し，当期活動増減差額に当該項目を加減したものを次期繰越活動増減差額として記載する（基準22⑥）。次期繰越活動増減差額は企業会計の当期純利益のようなものであり，福祉事業活動の結果生じた蓄積された利益に該当するものともいえる。

(3) 貸借対照表

貸借対照表は法人の会計年度末の財政状態を明らかにするために作成される。これは，「当該会計年度（4月1日から翌年3月31日までの一年間）におけるすべての資産，負債及び純資産の状態を明瞭に表示」（基準25）するために作成される（図表13.15）。**貸借対照表を用いて，法人の総資産規模や負債といった財政状態の測定**ができる。

貸借対照表の区分は，資産の部，負債の部及び純資産の部に分けられる。資産の部を流動資産及び固定資産に，負債の部を流動負債及び固定負債に区分しなければならないとされている（基準第26①）。以下ではそのうち社会福祉法人会計に特徴的な純資産部分について述べる。

純資産の内訳は「基本金」，「国庫補助金等特別積立金」，「その他の積立金」，「次期繰越活動増減差額」に区分されている（基準6）。

図表 13.15　法人単位貸借対照表のひな型（第三号第一様式）

第三号第一様式（第二十七条第四項関係）

法人単位貸借対照表

令和　年　月　日　現在

（単位：円）

資産の部	当年度末	前年度末	増減	負債の部	当年度末	前年度末	増減
流動資産				流動負債			
現金預金				短期運営資金借入金			
有価証券				事業未払金			
事業未収金				その他の未払金			
未収金				支払手形			
未収補助金				社会福祉連携推進事業短期運営資金借入金			
未収収益				役員等短期借入金			
受取手形				1年以内返済予定社会福祉連携推進事業設備資金借入金			
貯蔵品				1年以内返済予定設備資金借入金			
医薬品				1年以内返済予定社会福祉連携推進業務長期運営資金借入金			
診療・療養費等材料				1年以内返済予定長期運営資金借入金			
給食用材料				1年以内返済予定リース債務			
商品・製品				1年以内返済予定役員等長期借入金			
仕掛品				1年以内支払予定長期未払金			
原材料				未払費用			
立替金				預り金			
前払金				職員預り金			
前払費用				前受金			
1年以内回収予定社会福祉連携推進業務長期貸付金				前受収益			
1年以内回収予定長期貸付金				仮受金			
社会福祉連携推進業務短期貸付金				賞与引当金			
短期貸付金				その他の流動負債			
仮払金							
その他の流動資産							
貸倒引当金	△×××	△×××					
徴収不能引当金	△×××	△×××					
固定資産				固定負債			
基本財産				社会福祉連携推進業務設備資金借入金			
土地				設備資金借入金			
建物				社会福祉連携推進業務長期運営資金借入金			
建物減価償却累計額	△×××	△×××		長期運営資金借入金			
定期預金				リース債務			
投資有価証券				役員等長期借入金			
その他の固定資産				退職給付引当金			
土地				役員退職慰労引当金			
建物				長期未払金			
機械及び装置				長期預り金			
車輌運搬具				退職共済預り金			
器具及び備品				その他の固定資産			
建設仮勘定				負債の部合計			
有形リース資産				純資産の部			
（何）減価償却累計額	△×××	△×××					
権利				基本金			
ソフトウェア				国庫補助金等特別積立金			
投資有価証券				その他の積立金			
社会福祉連携推進業務長期貸付金				（何）積立金			
長期貸付金				次期繰越活動増減差額			
退職給付引当資産				（うち当期活動増減差額）			
長期預り金積立資産							
退職共済事業管理資産							
（何）積立資産							
差入保証金							
長期前払費用							
その他の固定資産							
貸倒引当金	△×××	△×××					
徴収不能引当金	△×××	△×××		純資産の部合計			
資産の部合計				負債及び純資産の部合計			

※ 本様式は，勘定科目の大区分及び中区分を記載するが，必要のない中区分の勘定科目は省略することができる。

※ 勘定科目の中区分についてはやむを得ない場合，適当な科目を追加できるものとする。

（出典）　厚生労働省「社会福祉法人会計基準」附則別表第三号第一様式（第二十七条第四項関係）

「基本金」とは，社会福祉法人が事業開始等に当たって財源として受け入れた寄附金の額である（基準6①）。基本金は，非営利法人会計の中でも現在は学校法人と社会福祉法人のみ用いられている用語である。これは，法人が事業を継続していくにあたり財産的基礎を形成するものとなっている。非営利法人には出資という概念がないため，法人の財産的基礎を形成する寄附金を基本金として，法人の財政的基盤の確保・充実を図っている[7]。

「国庫補助金等特別積立金」は，先述したように社会福祉法人が施設及び設備の整備のために国，地方公共団体等から受領した補助金，助成金，交付金等の額である（基準6②）。国庫補助金等特別積立金は，その他の積立金や補助金と区別されている。これは，法人の基本財産等の取得に充てられることを目的として，国等から拠出された補助金等の収入のうちから固定資産の取得に充てた額を特別積立金として積み立てた金額であり，社会福祉法人会計が施設整備に力点をおいていることが読み取れる。

「その他の積立金」とは，将来の特定の目的の費用または損失の発生に備えるため，社会福祉法人が理事会の議決に基づき事業活動計算書の当期末繰越活動増減差額から積立金として積み立てた額である（基準6③）。「次期繰越活動増減差額」とは，前期繰越活動増減差額，基本金取崩額，その他の積立金積立額及びその他の積立金取崩額を記載し，前項の当期活動増減差額にこれらの額を加減した額である（基準22⑥）。

13.4　今後の課題等

2016年社会福祉法改正を受け，2017年度（平成29年度）より一定規模以上の社会福祉法人には会計監査人設置が義務化され，今後も段階的に拡大されていく予定である（図表13.16参照）。

今後は段階施行の具体的時期及び基準については各年度の会計監査の実施

7 柴健次・國見真理子（編）（2021）『社会福祉法人の課題解決と未来展望』同文舘出版，p.120。

図表 13.16　会計監査人制度導入時期

導入時期	内　容
第1段階（2017年度，2018年度）	収益30億円を超える法人または負債60億円を超える法人（施行済）
第2段階（2023年度予定）	収益20億円を超える法人または負債40億円を超える法人
第3段階（時期未定）	収益10億円を超える法人または負債が20億円を超える法人

（出典）厚生労働省「社会福祉法等の一部を改正する法律の施行について（通知）」（社援発0331第14号，平成29年3月31日）及び厚生労働省「社会福祉法等の一部を改正する法律の施行に伴う関係政令の整備等及び経過措置に関する政令等の公布について（通知）」（社援発1111第2号，平成28年11月11日）等をもとに筆者作成

状況等を踏まえ，必要に応じて見直しを検討するとされている。実際，現場での業務負担や金銭的負担などへの懸念も根強いこともあり，会計監査人の導入時期や範囲拡大については未だ未確定な部分もある。社会福祉法人のガバナンス改善のためにどのように拡充していくかは課題となっている。

社会福祉法人には地域に根差したサービス提供主体としての役割が求められてきた。社会福祉法人は2万以上あるがその大半は中小零細法人で，赤字法人が約3割を占めている[8]。他方で，社会福祉事業への民間営利企業の進出は著しく，分野によっては寡占企業も出現してきている。社会福祉法人会計は，地域福祉を長年支えてきた社会福祉法人の事業運営を考えるために欠かせないものとして，今後も末永く存在し続けていくであろう。

●練習問題●

□1　社会福祉法人と営利企業との主な共通点や相違点について，具体的に説明しなさい。

□2　社会福祉法人の会計の目的や役割について，簡潔にその特徴を述べなさい。

□3　現行の社会福祉法人会計基準で打ち出された主な特徴について説明したうえで，なぜそのような改正がなされたのかその理由について述べなさい。

---

[8] 髙橋佑輔（2023）「2021年度（令和3年度）社会福祉法人の経営状況について」『WAM SC Research Report』福祉医療機構，p.2。

第 14 講

その他の非営利組織の会計

その他の非営利組織としては，様々な組織が存在しており，その概要を示すと図表 14.1 のとおりとなる。

以下本講では，全国各地に展開され生活環境に少なからず影響がある，消費生活協同組合（以下，「生協」という）及び農業協同組合（以下，「JA」という）を中心に記載することとする。

まず，生協や JA などの協同組合と株式会社の制度上の相違点を確認しておく（図表 14.2 参照）。

図表 14.1　その他の非営利組織の概要

	設置法	内　容	規　模
消費生活協同組合	消費生活協同組合法	同じ地域（都道府県内に限る。）に住む方々，または同じ職場に勤務する方々が，生活の安定と生活文化の向上を図るため，相互の助け合いにより自発的に組織する非営利団体	555 （組合員数 30,417 人）[1(次頁脚注)]
農業協同組合	農業協同組合法	相互扶助の精神のもとに農家の営農と生活を守り高め，よりよい社会を築くことを目的に組織された非営利団体	563 （組合員数正組合員 4,018 千人，准組合員 6,343 千人）[2]
労働組合	労働組合法	労働者が主体となって自主的に労働条件の維持・改善や経済的地位の向上を目的として組織する団体，すなわち，労働者が団結して，賃金や労働時間などの労働条件の改善を図るためにつくる団体	22,789 （組合員数 9,938 千人）[3]
特定非営利活動法人	特定非営利活動促進法	ボランティア活動をはじめとする市民の自由な社会貢献活動として，保健，医療又は福祉の増進を図る活動や社会教育の推進を図る活動などの特定の非営利活動を行う団体	所轄庁認定 1,272[4]
宗教法人	宗教法人法	教義をひろめ，儀式行事を行い，及び信者を教化育成することを主たる目的とする団体，つまり「宗教団体」が都道府県知事若しくは文部科学大臣の認証を経て法人格を取得したもの	179,339[5]
政　党	日本国憲法	政治で実現したい理念や政策について，同じ考えを持つ人々が作る政治団体（政党助成法の対象となる「政党」の定義は同法第 2 条を参照のこと）	10[6]

（出典）　筆者作成

図表 14.2 協同組合と株式会社の相違

	協同組合	株式会社
目 的	組合員の生活や文化の向上	利潤の追求
組織者	<組合員>農業者，漁業者，森林所有者，勤労者，消費者，中小規模の事業者	<株主>投資家，法人
事業，利用者	事業は根拠法で限定，利用者は組合員	事業は限定されない。利用者は不特定多数の顧客
運営者	組合員（その代表者）	株主代理人としての専門経営者
運営方法	1人1票制	1株1票制

（出典） JA グループ（2023）「JA ファクトブック 2023」p.9

14.1 生 協

14.1.1 対象法人の概要

(1) 設 置 法

前述のとおり，生協とは，**消費生活協同組合法**（以下，「生協法」という）に基づき設立される非営利法人である。生協は，同じ地域（都道府県内に限る）に住む人々，または同じ職場に勤務する人々が，生活の安定と生活文化の向上を図るため，**相互の助け合いにより自発的に組織する非営利団体**である。

---

[1] 消費生活協同組合の数は 2022 年度（令和 4 年度）現在のものである（日本生活協同組合連合会ホームページ https://jccu.coop/about/statistics/（最終参照 2023-9-30）。

[2] 農業協同組合の数は 2022 年度（令和 4 年度）末現在のものである（農林水産省「農協について」令和 5 年 12 月，p.3-4）。

[3] 労働組合の数は 2023 年（令和 5 年）6 月 30 日現在のものである（厚生労働省「令和 5 年 労働組合基礎調査の概況」，p.3）。

[4] 特定非営利活動法人の数は 2023 年（令和 5 年）8 月 29 日現在のものである（内閣府 NPO ホームページ https://www.npo-homepage.go.jp/npoportal/certification（最終参照 2023-9-30））。

[5] 宗教法人の数は 2022 年（令和 4 年）12 月 31 日現在のものである（文化庁「令和 5 年 宗教統計調査」）。

[6] 政党の数は 2023 年（令和 5 年）10 月 6 日までに公表されたものである（総務省「政治団体名簿 政党一覧」）。

図表 14.3　生協のしくみ

生協は，その参加者が組合員になり出資をすることにより，資金を持ち寄って利用・運営されており，生協に加入することでさまざまなイベントや商品開発などに参加することができる。また，店舗での商品購入や宅配，共済への加入や福祉・介護など生協が提供している様々なサービスを利用することができる。

（出典）　日本生活協同組合連合会ホームページ　https://jccu.coop/about/（最終参照 2023-9-30）

(2) 制度変遷の経緯

生協の歴史を紐解いていくと，次のようになる。

1921年　現在のコープこうべの前身となる神戸購買組合と灘購買組合設立
1926年　現在の大学生協の前身となる東京学生消費組合設立
1927年　東京に江東消費組合などが設立
1945年　日本協同組合同盟（日本生協連の前身）設立
1951年　日本生活協同組合連合会が生協法に基づき設立

(3) 運営管理体制及びガバナンス体制

生協法では「**総（代）会**」「**理事会**」「**代表理事**」「**監事**」**が機関として定められている。**

総（代）会は生協の運営に関わる重要事項を決定する最高の意思決定機関である。通常年1回開催し，その年の予算や年間の行事・活動方針，役員の選出などについて話し合われる。理事会は，総（代）会の決定に基づき，重要事項の決定と代表理事などによる業務執行状況の監督を行う。代表理事は，理事会で選定され，生協の代表者として業務を執行する。監事は，理事会や代表理事が，総（代）会で決定された事業計画及び予算に従って，忠実に職

図表 14.4 生協の管理運営体制及びガバナンス体制

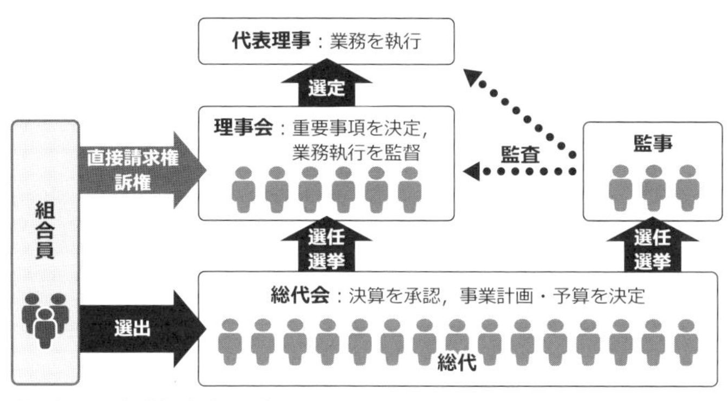

（出典） 日本生活協同組合連合会ホームページ https://jccu.coop/about/organization/（最終参照 2023-9-30）

務を遂行しているか，不正や誤りはないかを監査する機関で，会計監査及び業務監査が実施される。

14.1.2 会計基準等の概要

(1) 会計基準設定主体

生協の会計基準は生協法の体系のもとで定められている。そのため，会計基準の設定主体は当該法体系を所管する厚生労働省になる。

(2) 会計基準等の基本的な考え方

生協の会計の原則としては，一般に公正妥当と認められる会計の慣行に従うことが求められている（生協法 51 の 3③，生協法施行規則 66）。生協が行う財・サービスなど一般企業と同様の経済的事象については，企業会計と同レベルのものとなるが，生協の特性に応じて，部分的に企業会計とは異なる会計処理やディスクロージャーが求められている。

(3) 会計基準等の構成

生協が作成すべき決算関係書類を定義しているのが生協法 31 条の 9 であり，その具体的な内容については同法第 32 条により，厚生省令に委ねられている。当該省令は生協法施行規則であり，当該規則に生協が作成する会計帳簿及び従うべき会計慣行が明らかにされている。また，当該規則の定めでは不十分な点については，厚生労働省社会・援護局地域福祉課長「生協法施行規則の一部改正に伴う組合の財務処理等に関する取り扱いについて」（社援地発第 0328001 号平成 20 年 3 月 28 日）（以下，「課長通知」という）により整備されている。

ただし，中小規模の生協については，「税効果会計」「金融商品会計」「固定資産減損会計」「退職給付会計」等の難解な会計基準に関し，「中小企業の会計に関する指針」（日本税理士連合会，日本公認会計士協会，日本商工会議所，企業会計基準委員会）により，簡便な会計基準を適用することも可能とされている。なお，中小規模かどうかの判断については各生協の自治に委ねられている。

14.1.3　会計基準の特徴及び財務諸表の構成と読み方

(1)　会計基準の特徴とその根拠

生協は，「協同」という「相互扶助の精神」を基本として，「自助」「共助」「公助」が相まった理念のもとに，様々なイベント企画や商品開発，店舗での商品購入や宅配，共済への加入や福祉・介護などの事業が実施されている。このような特性から，会計基準等にも次のような特徴がある。

①　決算関係書類における事業の種類別損益の明細な開示　商品供給事業，利用事業，共済事業，福祉事業など，重要な事業ごとに区分した損益計算書を作成し開示することとされている。なお，共済事業については，保険の仕組みにより組合員の生活に関するリスクに対して助けあう制度であることから，保険会計の特性を鑑み，共済事業とその他の事業は異なる様式の決算関係書類を作成することが求められている（生協法施行規則 83，同 103）。

②　剰余の会計処理　剰余金の組合員への配当等については，**利用分量割戻しと出資配当**がある。利用分量割戻しとは，当期の組合員の生協事業の利用によって生じた剰余金の割戻しであり，当期における組合員との取引金額に係る価格の修正と考えられている。また，出資配当は，企業会計における株主への配当と類似の性格を有するものであり，繰越剰余金及び任意積立金取崩額を財源として組合員に配当されるものである。

③　組織再編時における資産及び負債の評価　企業会計では「パー

チェス法」を採用しなければならないとされているが，生協は**人的結合体**であり，買収・支配という考えがなじまないことから，生協法施行規則第150条で「持分プーリング法」によるものと規定されている。

④ 医療事業を行う生協の固定資産の減損会計　医療法人会計基準における固定資産に係る減損会計の規定は「資産の時価が著しく低くなった場合には，回復の見込みがあると認められる場合を除き，時価をもって貸借対照表価額とする」とされ，企業会計と異なっている。医療事業を行う生協においてもこれに準じ，「課長通知」において企業会計の固定資産に係る減損会計の例外規定を設けている。

⑤ 区分経理　介護保険事業等の福祉事業を行う場合，福祉事業とそれ以外の事業（購買事業等）について，**区分経理**が求められている（生協法50の3③）。具体的には，決算関係書類の附属明細書における「事業の種類ごとの損益の明細」において，福祉事業の区分記載が必要とされている。そのため，福祉事業で生じた剰余金は福祉事業以外に使用することは禁じられており，法定準備金等を積み立てた残余は福祉事業積立金として積み立てる必要がある（生協法51の2①）。

(2) 財務諸表の構成

生協における決算関係書類等は，貸借対照表，損益計算書，剰余金処分案または損失処理案，注記の他に，事業報告書，決算関係書類の附属明細書，事業報告書の附属明細書からなっている。

なお，「課長通知」では，決算関係書類の附属明細書に「キャッシュ・フロー計算書」を記載することが望ましいとされている。会社法ではキャッシュ・フロー計算書の記載は求められていないが，会社に比べ資本が脆弱な生協については，資金の流れに係る組合員への説明責任がより重要であるためである。

(3) 財務諸表の読み方のポイント

生協では事業別の損益情報が開示されていることから，事業別の損益分析が重要となる。

生協における主な収入としては**図表14.5**のようなものがある。

生協の損益計算書では，まず，主たる事業活動の成果である供給高から供

図表 14.5　生協における主な収入の内容

商品供給高	組合員に提供した商品・サービスの金額
製品供給高	生産事業を行っている場合に組合員に提供した製品の額
利用事業収入	組合員の生活に有用な協同施設を有し，組合員に利用せしめる事業による収入
福祉事業収入	介護保険制度に基づく保険料や公費による介護費等の収入である「介護報酬収入」，障害者総合福祉法に基づく給付費や公費による介護費等の収入である「自律支援費収入」等
教育文化事業収入	組合員の教育・文化活動への参加者から受け入れる参加費や会費等

（出典）日本生活協同組合連合会（編著）（2023）「【3訂版】生協の会計実務の手引き」日本生活協同組合連合会，pp.278–313 を参考に筆者作成

給原価を差し引きして，**供給剰余金**（**供給総利益**）を計算する形をとる。これは企業会計における売上総利益の計算と同様である。供給高に対する供給剰余金の比率を**供給剰余率**（**民間企業における売上総利益率または粗利率**）というが，これを民間企業における商品別粗利率の検討などの財務分析と同様に，供給種別（事業別，商品区分別等）ごとの供給剰余率を計算することで，供給種別ごとの効率性や価格設定の妥当性の判断が可能となる。さらに管理会計として，店舗別，地域別，期間別等のデータ区分に基づく比較分析，時系列分析や商品別の GMROI（商品投下資本粗利益率＝売上総利益÷(平均商品残高×売上原価率)）の計算等により，店舗運営管理がより有効になる。

また，供給剰余金から人件費と物件費で構成される事業経費を控除して，**事業剰余金**が計算される（企業会計における営業利益）。事業経費は，総（代）会で決議された予算との対比による予算実績管理が重要となる。

さらに，事業経費は供給事業との間に直接的あるいは間接的な関連を持つ固定的性格の強い費用であることから，供給原価と事業経費を事業別に固定費と変動費に分解することにより，事業別の損益分岐点分析を実施して効率的な事業別損益管理を行うことも一案であろう。

14.1.4　今後の課題等

日本生活協同組合連合会がまとめた「日本の生協の 2030 年ビジョン」によれば，①生涯にわたる心ゆたかなくらし（食を中心に，1人ひとりのくらしへの役立ちを高め，誰もが生涯を通じて利用できる事業をつくりあげる），②安

心してくらし続けられる地域社会（生活インフラの一つとして，地域になくてはならない存在となり，地域のネットワークの一翼を担う），③誰一人取り残さない，持続可能な世界・日本（世界の人々とともに，持続可能で，お互いを認め合う共生社会の実現），④組合員と生協で働く誰もが活き活きと輝く生協（未来へと続く健全な経営と，1人ひとりの組合員と働く誰もが活き活きと輝く生協の実現），⑤より多くの人々がつながる生協（より多くの人々がつながる生協をつくりあげ，連帯と活動の基盤を強化），の5つが掲げられている。

このように，生涯利用可能な生活インフラとしての地域ネットワークの一つとして，持続可能な共生社会の実現を目指し，持続的な健全経営を維持して人々の連帯と活動の基盤となることが，今後とも目指すべき生協の方向性となっている。

14.2 J A

14.2.1 対象法人の概要

(1) 設 置 法

JAとは，**農業協同組合法**により，相互扶助の精神のもとに**農家の営農と生活を守り高め，よりよい社会を築くことを目的に設立された非営利団体**としての協働組合である。

(2) 制度変遷の概要

JAと株式会社を比較すると**図表14.6**のような違いがある。

JAグループ全体の組織体系は非常に複雑である。都道府県を事業領域とするJA都道府県連合会・JA都道府県中央会，全国を事業領域とする全国連合会・全国中央会という組織がある（**図表14.7**参照）。

様々な連合会が，それぞれで役割を発揮しており，農畜産物の広域販売や生産資材の仕入れなどを担うJA全農・経済連，資金の運用などを担う農林中央金庫・信連，組合員のくらしの保障を担うJA共済連などがある。

JA中央会は，JAグループの代表・総合調整・経営相談などの機能を担っ

図表 14.6　JA と株式会社の相違

	農業協同組合	株式会社
法人格付与の根拠法	農業協同組合法	会社法
法人の性格	一定の資格要件を満たす組合員の自主的な相互扶助組織 ・1 組合員 1 票 ・加入脱退の自由（脱退時は出資金払戻） ・余剰金の配分は，利用高配当を基本 出資配当は一定率以内に制限。 これが「非営利」ということの意味	株主の出資により設立する組織 ・1 株 1 票を基本 （ただし，無議決権株式など多様な運営が可能） ・脱退は株式譲渡を基本 （ただし，譲渡制限をすることも可能） ・余剰金の配分は，出資配当 （ただし，優先株式など差をつけることも可能）
法人の事業の利用者	組合員が利用することが基本 （このため員外利用規制あり）	限定なし
法人税率	19.0%	23.2%
法人の事業の範囲	農協法に定める事業（組合員が利用する事業）の範囲で定款で定める	定款で定めれば自由 （ただし，金融，保険については種々の制限有り）
独禁法の適用	共同行為は適用除外 （不公正な取引法は適用）	全面適用

（出典）　農林水産省（2023）「農協について」（令和 5 年 12 月），p.1

図表 14.7　JA グループの組織概要

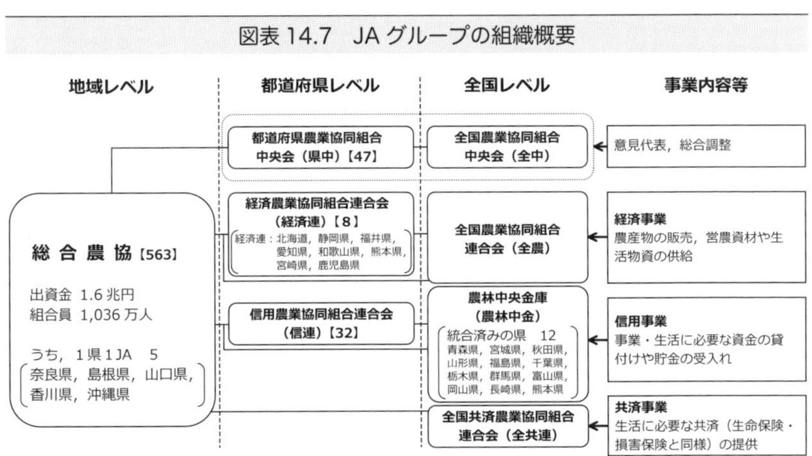

※ 農協には，上記の総合農協とは別に，専門農協（信用事業を行わず，畜産，酪農，園芸といった特定の生産物の販売・購買事業のみを行う農協）があり，専門農協統計によれば，2022 年（令和 4 年）3 月 31 日現在の専門農協数（集計農協数）は 540。組合員数は 125 千人（正：95 千人，准：30 千人）。
（注）　農林水産省「専門農協統計表」（令和 3 事業年度）

（データ出所）　1：総合農協数は，農林水産省「農業協同組合等現在数統計」（令和 4 年度末現在）
　　　　　　　2：組合員数，出資金額は農林水産省「総合農協統計表」（令和 3 事業年度）
（出典）　農林水産省（2023）「農協について」（令和 5 年 12 月），p.2

図表 14.8　JA が行う事業の内容

経済事業	生産者（組合員）が育てた農畜産物を販売し，消費者に届ける販売事業及び，生産者（組合員）が必要とする資材について，JA ができるだけ安く，良質なものを供給しようとするもので，肥料，農薬，飼料，燃料など，農業に必要な資材を供給する生産資材購買と食品や日用雑貨用品，エネルギーなど，生活に必要な品目を供給する生活資材購買がある
共済事業	組合員があらかじめ一定の資金（共済掛金）を出し合い，共同の財産を準備することで，生活を取り巻くさまざまなリスクに備える「相互扶助」（助け合い）の保障制度。病気やケガ，火災や自然災害，交通事故などの不測の事態が生じたときに，組合員やその家族に生じる経済的な損失を補い，生活の安定を図ることを目的に，組合員・利用者に保障を提供
信用事業	JA 信連，農林中金とともに「JA バンク」として一体的な事業運営が行われており，地域ごとのニーズに応えながら，様々な金融サービスを提供する事業
厚生事業	組合員や地域住民の健康を守るために，病院や診療所などを運営し，保健・医療・高齢者福祉を提供する事業
指導事業	生産者の営農の改善と地域における総合的な農業生産力の維持・向上を図っていく重要な事業

（出典）　JA グループ（2023）「JA ファクトブック 2023」，pp.13–24 を参考に筆者作成

ており，都道府県段階に JA 都道府県中央会，全国段階に JA 全中を設置している。

なお，JA・連合会・中央会に関係団体を加えた組織全体を JA グループという[7]。

JA が行う事業としては図表 14.8 のようなものがある。

また，昨今は JA 改革が進展しており，その経緯は図表 14.9 のとおりである。

2015 年（平成 27 年）の農業協同組合法（以下，「JA 法」という）改正は大きな変革であった。JA 法改正の全体像を示すと図表 14.10 のようになる。

(3) 運営管理体制及びガバナンス体制

JA グループでは，グループ全体としての運営管理体制やガバナンス体制が構築されている（図表 14.11）。経営管理委員会のもとにガバナンス委員会を設置し，業務執行の状況を点検・検証するとともに，コンプライアンス担当理事のもとにコンプライアンス委員会を設置し，コンプライアンス定着に関する取組事項の協議と推進を行っている。理事長のもとに内部監査担当部署を設置し，理事長が定める内部監査方針に基づき，法令・定款等の遵守状

[7] JA グループ「JA ファクトブック 2023」p.8。

図表 14.9 農協改革の経緯

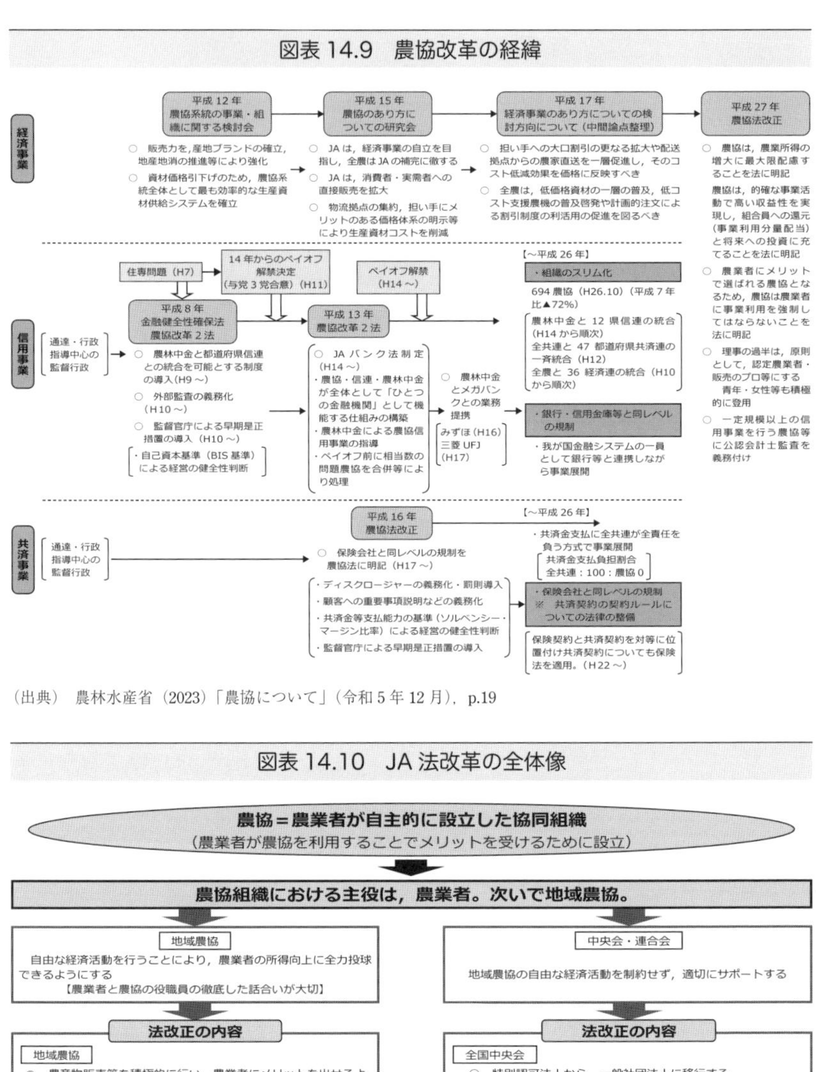

（出典） 農林水産省（2023）「農協について」（令和5年12月），p.19

図表 14.10 JA法改革の全体像

農協＝農業者が自主的に設立した協同組織
（農業者が農協を利用することでメリットを受けるために設立）

農協組織における主役は，農業者。次いで地域農協。

地域農協	中央会・連合会
自由な経済活動を行うことにより，農業者の所得向上に全力投球できるようにする【農業者と農協の役職員の徹底した話合いが大切】	地域農協の自由な経済活動を制約せず，適切にサポートする

法改正の内容（地域農協）

地域農協

- 農産物販売等を積極的に行い，農業者にメリットを出せるようにするために
  - ○ 理事の過半数を，原則として，認定農業者や農産物販売等のプロとすることを求める規定を置く【責任ある経営体制】
  - ○ 農協は，農業者の所得の増大を目的とし，的確な事業活動で利益を上げて，農業者等への還元に充てることを規定する【経営目的の明確化】
  - ○ 農協は，農業者に事業利用を強制してはならないことを規定する【農業者に選ばれる農協】
- 地域住民へのサービスを提供しやすくするために
  - ○ 地域農協の選択により，組織の一部を株式会社や生協等に組織変更できる規定を置く

法改正の内容（中央会・連合会）

全国中央会
- ○ 特別認可法人から，一般社団法人に移行する
- ○ 農協に対する全中監査の義務付けを廃止し，公認会計士監査を義務付ける

都道府県中央会
- ○ 特別認可法人から，農協連合会（自律的な組織）に移行する

全　農
- ○ その選択により，株式会社に組織変更できる規定を置く

連合会
- ○ 会員農協に事業利用を強制してはならないことを規定する

（出典） 農林水産省（2023）「農協について」（令和5年12月），p.23

図表 14.11 JA グループの運営管理体制及びガバナンス体制

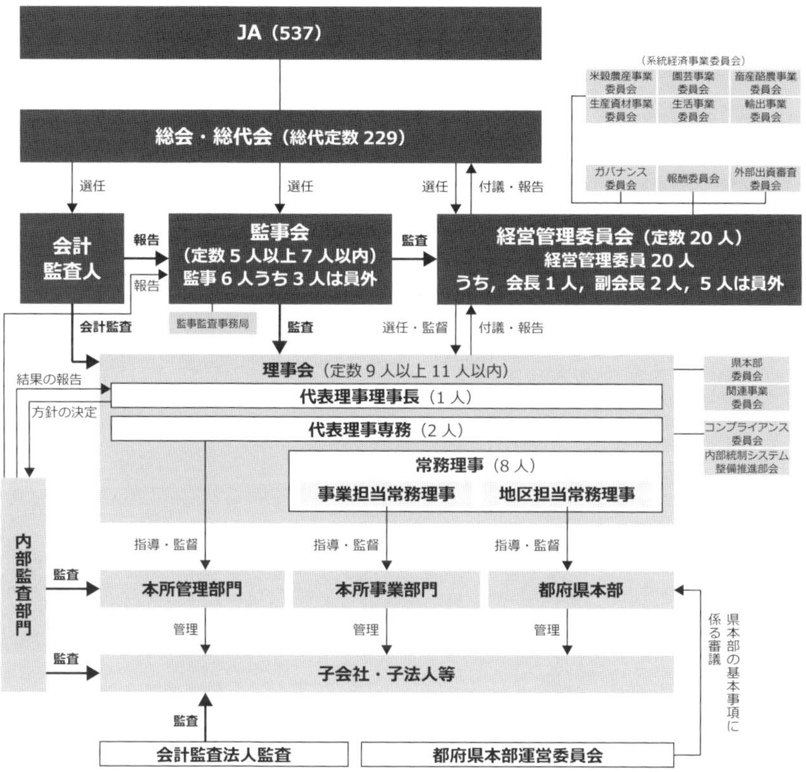

（出典） 全国農業協同組合連合会（2023）「全農リポート 2023」p.83

況及び遵守体制の有効性について監査が行われている。

なお，内部監査の結果または状況については，経営管理委員会・理事会に報告がなされる。経営管理委員会が業務の基本方針や重要事項の決定を行うとともに，理事会において業務を執行するための方針に関する事項が決定される。また，経営管理委員会・理事会での意思決定の効率化及び適正化のため，各種委員会・各種専門委員会が設置されている。

また，多数の子会社に対し必要な指導・助言，子会社の内部監査も実施され，子会社の経営状況等について定期的に経営管理委員会・理事会に報告されている。

監事による監査の実効性を高め監査職務が円滑に遂行されるために，監事の職務遂行を補助する監事監査事務局が設置され，監事は，重要な意思決定の過程及び業務の執行状況を把握するために経営管理委員会・理事会等重要な会議に出席することとされている。

14.2.2　会計基準等の概要

(1) 会計基準設定主体

JA の会計基準は JA 法の体系のもとで定められている。そのため，会計基準の設定主体は当該法体系を所管する農林水産省になる。

(2) 会計基準等の基本的な考え方

JA の会計の原則的な考え方としては，一般に公正妥当と認められる会計の慣行に従うことが求められている（JA 法 50 の 5)。これには JA における社会通念及び実務慣行，企業会計の基本原則が含まれている。ただし，JA には JA グループ内における各種の系統内における取引の存在や信用事業，共済事業，経済事業等の異なる事業を行っていることなどの特徴があることから，この点が会計処理やディスクロージャーに様々な影響を与えている。

(3) 会計基準等の構成

JA 法に大原則が定められ，JA 法施行令，JA 法施行規則に詳細な定めがなされている。理事が毎事業年度作成する計算書類等並びに事業報告及びその附属明細書の作成方法は，JA 法施行規則 4 章 3 節決算書類（JA 法 87 から同 142）に具体的に定められている。

なお研究報告レベルではあるが，JA 特有の会計に関する論点をより明確に周知することを目的として，日本公認会計士協会非営利法人委員会研究報告第 40 号「農業協同組合等の会計に関する研究報告」(2019 年 3 月 19 日）が Q & A として公表されている。

14.2.3　会計基準の特徴及び財務諸表の構成と読み方

(1) 会計基準の特徴とその根拠

これまでみてきたように，JA は協同組合として組合員のために組合員金融としての信用事業を含む様々な異なる事業を実施していること，産業としての農業の特性，JA グループ全体として有機的な組織運営がなされていることなどの組織運営上の特性を有している。JA の会計基準もこのような特性に基づき，次のような特徴があげられる。

① **部門別損益計算書の作成**　上述の計算書類等に加え，事業年度ごとに部門別損益計算書（信用事業，共済事業，農業関連事業，生活その他事業の別）を作成し，通常総会に提出しなければならないとされている（JA 法 37，JA 法施行規則 143）。これは各種の事業ごとの損益状況について，組合員の判断を仰ぎ，組合員自らが事業別の経営の内容・方法等を見直していく必要があるとの考え方によるものである。

② **一般貸倒引当金の計上方法**　農林水産省の見解として「JA にあっては，JA や農業の特徴（地域によって作付けできる作物が違うこと，各地域で特定の作物を集中して作付けしていること，原則 1 年一作で天候にも左右されること等）から，貸倒れが毎年平均的に発生せず，翌期以降に貸倒実績率に基づく一般貸倒引当金の金額を上回る貸倒れが発生するおそれがあること」から，過年度の平均的貸倒実績率をそのまま用いるのではなく，他の引当率を用いることも許容されている。

③ **固定資産の減損会計**　JA は営利目的ではない固定資産の取得・保有を行う場合がある。例えば，組合員の利用を目的とした農業関連施設（穀物貯蔵施設であるカントリーエレベーター等），地域コミュニティ施設，生活関連施設などは，農業者のための事業基盤や生活基盤を提供するものであり，利用料等を徴収していたとしても利用料等による投資額の全額回収を意図しておらず，他事業を含めた経営全体としてその回収を考えているものになる。そのため，これらは「共用資産」として，他の複数の固定資産グループを含めたより大きな単位で減損損失の兆候の判定をすることにより，減損損失の認識・測定を行うことが必要な場合が想定されている。結果的に減損処理を行わなければならない場合は限定的になっているものと考えられる。

④ **合併の会計処理**　生協と同様に，JA でも吸収合併または新設合併時において，その対象財産については，吸収合併または新設合併の直前の帳簿価額を付す「持分プーリング法」を原則としている（JA 法施行規則 192 の

2)。これは組合員が各1個の議決権を有しており，出資金の多寡に応じた剰余金への請求権は法令または定款により制限されていることに起因して，株式会社の合併のような支配・被支配の関係は成立せず，合併によっても結合当事者であるJAにおいては**持分が継続**していると判断され，**会計上においてフレッシュスタートによる必要性がない**ことによるものである。

⑤　**外部出資**　JAグループ間における系統的な関係性から，JA法施行規則第95条3項4号では外部出資等を定めている。具体的には，農林中金・連合会等への出資である「**系統出資**」，系統外の株式会社等への出資である「**系統外出資**」，企業会計と同様の支配力基準に基づく子会社や関連法人等に対する出資である「子会社等出資」の区分になる。なお，子会社株式等について，実質価額の低下等の一定の要件を満たした場合には，**外部出資等損失引当金**が計上される会計実務が行われている。

⑥　**剰余金の配当**　生協と同様に，JA法では定款の定めにより，組合員の事業利用分量の割合に応じた**事業分量配当**があり，また，年8分以内において政令で定める割合を超えない範囲内（JAは年7分以内，JA法施行令28）で払込済みの出資額に応じて出資配当をしなければならないとされている。

(2) 財務諸表の構成

JAは通常総会に提出するために計算書類等を毎年度作成する（JA法36，JA法施行規則87〜143)。具体的には，貸借対照表，損益計算書，剰余金処分案又は損失処理案，注記表，附属明細書からなっている。

また，JAは，行政庁が組合の経営を常に把握できるように，事業年度ごとに業務報告書を作成し，行政庁に提出しなければならないとされている（JA法54の2)。業務報告書は，事業概況書，貸借対照表，損益計算書，キャッシュ・フロー計算書，注記表，附属明細書，剰余金処分計算書または損失金処理計算書，部門別損益計算書，単体自己資本比率の状況，その他参考となるべき事項からなり，子会社等を有する場合には連結業務報告書の提出も求められる。

さらに，信用事業及び共済事業を行うJAは業務及び財産の状況を説明したディスクロージャー誌を作成・公表しなければならないとされており（JA法54の3)，キャッシュ・フロー計算書や部門別損益計算書を含む決算の状況，経営指標や資金運用収支の状況などの損益の状況，各事業別の概況，自己資本の充実度や信用リスクに関するリスク管理体制等，子会社等の連結情報等が公表されている。

(3) 財務諸表の読み方のポイント

JAの財務諸表を理解するためには，その前提となる事業内容及びJAグループ内の系統関係を理解すること，事業別の損益計算の概要を理解することが重要になる。

まず，JAにおける収益内容は以下のようになる。

① **信用事業**　JAグループではJAバンクとして一体的な事業を行い，各種金融サービスを行っている（図表14.12参照）。JAでは組合員貸出，有価証券運用（基本的には国債，地方債，政府保証債等の安全資産による運用が中心）が行われている。貸出金等の債権については，銀行や信用金庫等と同様に，金融商品会計基準等を踏まえた自己査定が行われており，それに基づく貸倒引当金等の計上が行われている（図表14.13参照）。

信用事業収益としては，有価証券運用に伴う有価証券利息配当金，組合員貸出に伴う貸出金利息等が収益として計上されている。

② **共済事業**　JA共済は，生命保険・損害保険を兼営する保障範囲として「ひと・いえ・くるまの総合保障」の提供，及び農業リスクへの対応活動を通じた組合員・利用者への保険サービスの提供をしている。JAはJA共済の窓口であり，全国のJA窓口を通じて徴収された共済掛金が全国共済JA連合会（全共連）に集約され，全共済が掛金の資産運用業務や支払共済金にかかる準備金の積み立て，事故の際の共済金返戻金のJAへの支払いなどを行っている。JAと全共連は共同元受方式を採用しており，JAでは共済掛金のうち一部を共済付加収入として受け取るとともに，窓口業務の保険代理店手数料が共済事業収益として計上されている。

③ **経済事業**　経済事業には，購買事業，販売事業，加工事業，利用事業等がある。購買事業の主な科目は「購買品供給高」（肥料，農機具等組合員への売上）「購買手数料」（共同購買に伴う手数料），販売事業の主な科目は「販売品販売高」（組合員等の生産した農作物等の販売高），加工事業の主な科目は「加工事業収益」（各地域の特産物を活かした農畜産物の加工事業に伴う収

図表 14.12　JAグループ組織内の資金の流れ（2023年(令和5年)3月31日現在）

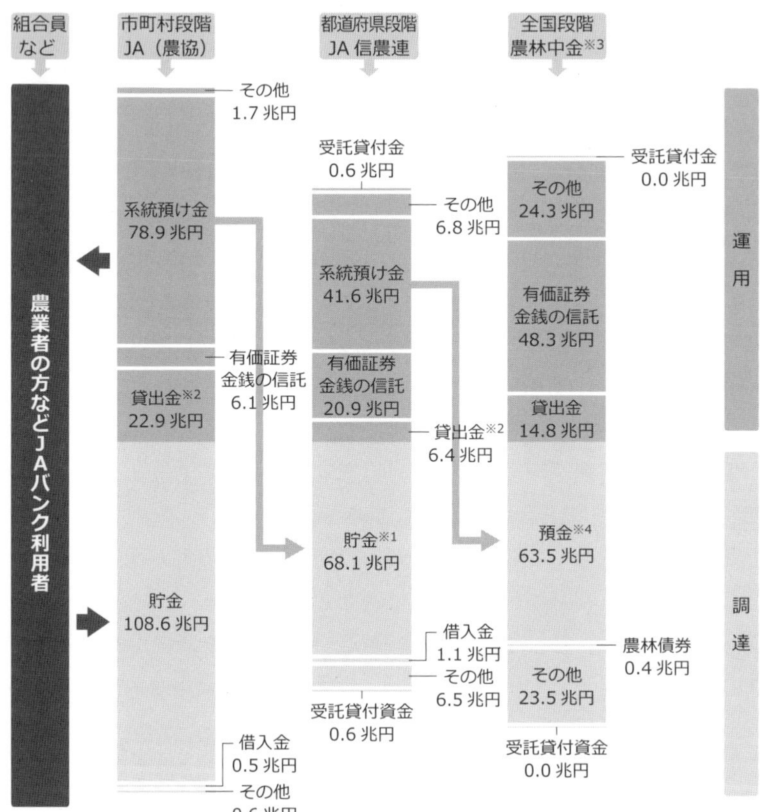

●単位未満を処理した結果，運用と調達の計が一致しない場合があります。
※1　一部の県域では，JA（農協）が農林中金に直接預金を預け入れる場合もあります。
※2　JA（農協）及びJA信農連の貸出金には金融機関向け貸出金は含んでいません。
※3　農林中金の残高は，海外勘定を除いています。
※4　農林中金の預金は，JAグループ以外にも，JF・JForestグループ及び金融機関等からの預金も含みます。
（出典）　農林中央金庫（2023）「統合報告 ディスクロージャー誌 2023年度版」p.27

益），利用事業の主な科目は「利用事業収益」（共同施設等の施設利用者から収受する利用料等）がある。また，経済事業から生じる組合員・生産者等との債権・債務は「経済事業未収金」「経済事業未払金」で表示される。

④　**損益計算書上の留意点**　JAの損益計算書（図表14.14）は事業総利益

図表 14.13 貸出金等の債権に係る債務者区分と保全状況の開示事例

⑧リスク管理債権の状況

（単位：千円）

区　分	令和３年度	令和４年度	増　減
破綻先債権額	―	―	―
延滞債権額	645,073	587,347	▲57,726
３カ月以上延滞債権額	―	―	―
貸出条件緩和債権額	16,873	7,380	▲9,493
合　計	661,946	594,727	▲67,219

（注） 1. 破綻先債権

元本または利息の支払の遅延が相当期間継続していることその他の事由により元本または利息の取立てまたは弁済の見込みがないものとして未収利息を計上しなかった貸出金（貸倒償却を行った部分を除く。以下「未収利息不計上貸出金」という）のうち，法人税法施行令第 96 条第 1 項第 3 号のイからホまでに掲げる事由または同項第 4 号に規定する事由が生じている貸出金）をいいます。

2. 延滞債権

未収利息不計上貸出金であって，破綻先債権及び債務者の経営再建または支援を図ることを目的として利息の支払を猶予したもの以外の貸出金をいいます。

3. 3 カ月以上延滞債権

元本または利息の支払が約定支払日の翌日から 3 カ月以上延滞している貸出金で，破綻先債権および延滞債権に該当しないものをいいます。

4. 貸出条件緩和債権

債務者の再建または支援を図ることを目的として，金利の減免，利息の支払猶予，元本の返済猶予，債権放棄その他の債務者に有利となる取決めを行った貸出金で，破綻先債権，延滞債権及び 3 カ月以上延滞債権に該当しないものをいいます。

⑨金融再生法開示債権区分に基づく保全状況

（単位：千円）

債権区分		債権額	保全額			
			担保	保証	引当	合計
破産更生債権及びこれらに準ずる債権	令和３年度	203,976	46,623	56,360	100,993	203,946
	令和４年度	217,196	43,380	84,508	86,308	217,196
危険債権	令和３年度	441,096	211,455	88,542	141,098	441,096
	令和４年度	370,151	218,478	18,113	133,558	370,151
要管理債権	令和３年度	16,873	13,574	499	1,128	15,202
	令和４年度	7,380	4,962	―	1,033	5,996
小　計	令和３年度	661,946	271,653	154,402	243,220	660,276
	令和４年度	594,727	266,821	105,621	220,901	593,344
正常債権	令和３年度	32,635,172				
	令和４年度	32,534,829				
合　計	令和３年度	33,297,119				
	令和４年度	33,129,557				

（注） 上記の債権区分は，「金融機能の再生のための緊急措置に関する法律」（平成 10 年法律第 132 号）第 6 乗に基づき，債務者の財政状態及び経営成績等を基礎として，次のとおり区分したものです。

①破産更生債権及びこれらに準ずる債権

法的破綻等による経営破綻に陥っている債務者に対する債権及びこれらに準ずる債権

②危険債権

経営破綻の状況にはないが，財政状況の悪化等により元本及び利息の回収ができない可能性の高い債権

③要管理債権

3 カ月以上延滞貸出債権及び貸出条件緩和貸出債権

④正常債権

上記以外の債権

（出典） JA みなみ魚沼（2023）「ディスクロージャー誌 2023」（2023 年 2 月現在），p.94

図表 14.14　JA の損益計算書のひな型

〈農協法施行規則別紙様式第１号の２（２）〉（抄）

科　目	金　額		
1　事業総利益（又は事業総損失）			×××
事業収益		×××	
事業費用		×××	
（1）　信用事業収益		×××	
資金運用収益	×××		
（略）			
役務取引等収益	×××		
その他事業直接収益	×××		
その他経常収益	×××		
（2）　信用事業収益			
資金調達費用	×××		
（略）			
役務取引等費用	×××		
その他事業直接費用	×××		
その他経常費用	×××		
（うち貸倒引当金繰入額）	（×××）		
（うち貸倒引当金戻入額）	（△×××）		
（略）			
信用事業総利益（又は信用事業総損失）			×××
（3）　共済事業収益		×××	
（略）			
（4）　共済事業費用（略）		×××	
その他の費用	×××		
（うち貸倒引当金繰入額）	（×××）	×××	×××
（うち貸倒引当金戻入額）	（△×××）		
（略）			
共済事業総利益（又は共済事業総損失）			
（5）　購買事業収益		×××	
（略）			
（6）　購買事業費用		×××	
（略）			
購買事業総利益（又は購買事業総損失）			×××
（7）　販売事業収益		×××	×××
（略）			
（8）　販売事業費用		×××	
（略）			
販売事業総利益（又は販売事業総損失）			×××
（9）　保管事業収益		×××	
（10）　保管事業費用		×××	
保管事業総利益（又は保管事業総損失）			×××
（11）　加工事業収益		×××	
（12）　加工事業費用		×××	
加工事業総利益（又は加工事業総損失）			×××
（略）			
2　事業管理費			×××
（1）　人件費		×××	
（2）　業務費		×××	
（3）　諸税負担金		×××	
（4）　施設費		×××	
（5）　その他事業管理費		×××	
事　業　利　益（又は事業損失）			×××

（略）

（出典）日本公認会計士協会（2019）非営利法人委員会研究報告第 40 号「農業協同組合等の会計に関する研究報告」（2019 年 3 月 19 日）

図表 14.15 部門別損益計算書の開示事例

区 分		合 計	信用事業	共済事業	農業関連事業	生活その他事業	農業指導事業	共通管理費等
事業収益	①	8,888,123	1,123,738	810,832	3,501,377	3,421,430	30,774	
事業費用	②	5,021,790	111,744	40,040	2,231,146	2,530,478	108,380	
事業総利益 (①−②)	③	3,866,332	1,011,994	770,792	1,270,230	890,952	▲77,636	
事業管理費	④	3,648,872	807,407	448,737	1,227,172	979,713	18,584	
(うち減価償却費	⑤)	(289,677)	(30,986)	(14,274)	(192,978)	(49,067)	(2,370)	
(うち人件費	⑤′)	(2,463,065)	(532,789)	(364,831)	(708,146)	(690,018)	(167,280)	
※うち共通管理費	⑥		168,177	93,245	195,249	146,529	11,334	▲614,526
(うち減価償却費	⑦)		(8,947)	(5,198)	(7,649)	(5,670)	(447)	(▲27,914)
(うち人件費	⑦′)		(60,991)	(33,889)	(104,187)	(78,516)	(6,012)	(▲283,597)
事業利益 (③−④)	⑧	217,460	204,587	322,054	43,057	▲88,761	▲263,477	
事業外収益	⑨	185,367	24,590	13,159	112,112	33,056	2,448	
※うち共通分	⑩		23,717	13,159	40,200	30,440	2,246	▲109,764
事業外費用	⑪	74,869	1,744	1,008	64,771	7,241	103	
※うち共通分	⑫		1,744	1,008	1,791	1,339	103	▲5,987
経常利益 (⑧+⑨−⑪)	⑬	327,958	227,433	334,205	90,398	▲62,947	▲261,132	
特別利益	⑭	98,501	18,961	10,552	38,369	28,790	1,826	
※うち共通分	⑮		18,961	10,552	31,719	26,238	1,826	▲89,299
特別損失	⑯	381,224	137,138	62,906	96,810	81,836	2,532	
※うち共通分	⑰		67,468	37,648	13,626	11,428	662	▲130,835
税引前当期利益 (⑬+⑭−⑯)	⑱	45,235	109,256	281,852	31,957	▲115,993	▲261,838	
営農指導事業分配賦額	⑲		4,137	3,704	249,468	4,528	▲261,838	
営農指導事業分配賦後 税引前当期利益 (⑱−⑲)	⑳	45,235	105,118	278,148	▲217,510	▲120,521		

※⑥,⑩,⑫,⑮,⑰は各事業に直課できない部分

(注)

1. 共通管理費等及び営農指導事業の他部門への配賦基準等
   (1) 共通管理費等
   (人頭割+人件費を除いた事業管理費割+事業総利益割)の平均値により配賦割合を算出
   (2) 営農指導事業
   (部門均等割+事業総利益割)の平均値により配賦割合を算出
   ※指導日配賦において,生産調整改善費・教育情報費は全部門配賦とし,それ以外は農業関連事業に全額配賦
2. 配賦割合(1の配賦基準で算出した配賦の割合)

区 分	信用事業	共済事業	農業関連事業	生活その他事業	営農指導事業	合 計
共通管理費等	27.37%	15.17%	31.77%	23.84%	1.84%	100.00%
営農指導事業	1.58%	1.41%	95.28%	1.73%		100.00%

(出典) JAみなみ魚沼(2023)「ディスクロージャー誌2023」(2023年2月現在),p.85

（企業会計における売上総利益）までは各事業別に区分して表示されているが，人件費・業務費等の事業管理費（企業会計における一般管理費に相当）は事業別に区分されていない。そのため，別途「部門別損益計算書」が作成・開示されている。その際，各事業の共通費は，現業部門に対する内部サービスの提供として位置付けられることから，サービスのアクティビティに応じて配賦することとされている。具体的な配賦基準の例としては，「（人頭割＋人件費を除いた事業管理割）の平均値」「（人頭割＋人件費を除いた事業管理割＋事業総利益割）の平均値」などがあげられる。

また，部門別損益計算書の例としては**図表14.15**のようなものがあり，これらについて地域環境を考慮した他のJAとの比較分析，同一JAの時系列分析などの分析を実施するうえでは，各事業の現況や今後の業績予測などに役立つ情報であると考えられる。

14.2.4　今後の課題等

JAは，農産物の販売等の経済事業を適切に行い，組合員の農業所得を向上させていくことが最大の使命である。しかしながら，多くのJAは本来の事業である経済事業が赤字である一方，信用・共済事業が黒字という状況となっている。また，経済事業等も黒字のJAの数は，全国では全体の約2割，北海道では約8割を占めるなど，地域やJAごとに状況は大きく異なる状況である（**図表14.16**）。

したがって，JAは今後とも，販売力の強化など農業経営支援機能の強化が必要であり，信用・共済事業に頼ることなく，経済事業の赤字額の段階的な縮減が極めて重要な経営課題であると考えられる。

また，金融業界は，継続的な低金利環境，フィンテックの進展，地域金融機関再編など極めて難しい時代となっており，信用事業を今後どのような方向としていくかも非常に大きな経営課題と考えられる[8]。

---

[8] 農林水産省（2023）「農協について」（令和5年12月），pp.17-18。

図表 14.16　JA の部門別損益の状況

農協の部門別損益（1組合当たり）

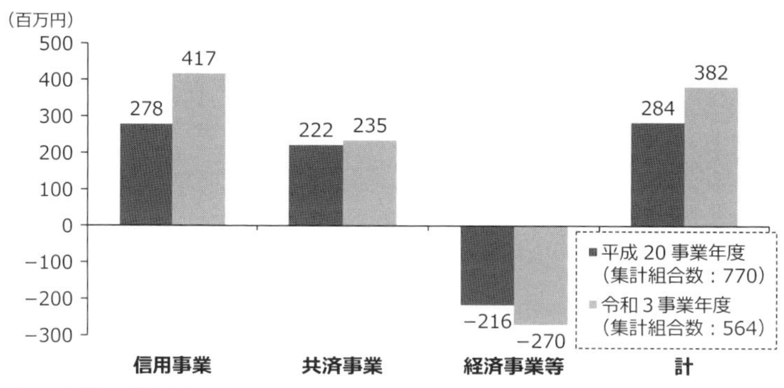

（注）　税引前当期利益を使用

各部門別損益の黒字農協と赤字農協の数

（令和 3 事業年度）

		信　用	共　済	経　済	全体損益
全　国	黒字	545	559	123	541
	赤字	19	5	441	23
北海道	黒字	100	101	81	101
	赤字	1	0	20	0

（注）　農林水産省調べ

（出典）　農林水産省（2023）「農協について」（令和 5 年 12 月），p.17

●練習問題●

□1　生協の会計基準の特徴について説明しなさい。

□2　JA の会計基準の特徴について説明しなさい。

□3　生協や JA の事業別損益情報の経営管理上での活用方法について説明しなさい。

第 15 講
非営利会計の講義を終えるにあたり―ラップアップ―

15.1　政府・非営利会計組織及び非営利会計制度のまとめ

前講まで，政府・非営利組織や非営利会計の現状をみてきた。それぞれに特徴があり，企業会計とは異なる様々な考え方があることが理解できたのではないかと思う。このような多様性について，再度確認し理解を深めることに資するように，財務諸表の内容，会計基準の考え方やその特徴等を付録に一覧でまとめているので，各自確認をされたい。

15.2　政府・非営利組織会計の将来展望

ここで，各講で検討した政府・非営利組織及び非営利会計制度の今後の方向性のポイントをまとめてみたい。

15.2.1　中央政府に係る会計の将来展望

(1) 国

公的部門のガバナンスの観点から，財政・会計制度は国民に対する情報公開と透明性を保証することが重要であり，具体的な対策としては次のようなことが考えられる。

① 日本版独立財政機関の設立と，議会，財務省，会計検査院の相互協調　独立財政機関が財政の長期推計を国民や議会に提示することにより，政治的なサイクルを超えた長期的な財政の在り方を考えさせることができる。これにより，国民に対して，世代間負担の衡平性を評価できる財政情報が提供され，国民が政策の意思決定に参画するという行動の連鎖が起きることが期待できる。

② 財務報告の法制化と監査の適用　財務報告制度を法制化して，監査を義務化することにより，財務情報の透明性と説明責任を向上させて，国民の財政への信頼性を高めることができる。

③ 国と地方の会計基準の統合と IPSAS の活用　国と地方公共団体の会計基準を統合して，IPSAS を参考にして，国際的にも比較可能性があるものに改善を進めていくべきである。

> キーポイント――国
>
> 公的部門のガバナンスの観点から，財政・会計制度は国民に対する情報公開と透明性を保証すること

(2) 独立行政法人/特殊法人等

独立行政法人の機能を強化するため，自律的，効率的な運営を確保することが重要であり，具体的な対策としては次のとおりである。

① 「区分経理」は業務上の意思決定までも「区分」されることにつながりかねず，独立行政法人という単一の主体の中に複数の疑似的な法人があるかのような運営がなされ，区分経理間の経営管理上のシナジーが機能しないというリスクが存在していること。

② インセンティブ制度としての目的積立金が十分に機能していない実態に対し，目的積立金の情報作成・説明等に係る「シグナリングコスト」+「モニタリングコスト」を上回るような「ベネフィット」を生じさせるような制度改善を進展させるべきであること。

③ 国の官庁会計である現金主義会計（予算会計）と発生主義会計（財務会計）の二重会計構造のもと，現金主義会計（予算会計）が優先され，

発生主義会計（財務会計）が形骸化しているため，これらを調和して有効に活用すべきであること。

また，特殊法人等については，完全民営化の方向にあるものの，特殊法人等は国の重要な社会的インフラの運営を担う法人が多いことから，一定の国の関与が必要であるが，グローバルな企業間競争下における国の制約が特殊法人等の競争阻害要因にならないよう，バランスを考えるべきである。

キーポイント――独立行政法人/特殊法人等 　自律的，効率的運営を確保していくこと同時に，公共性の観点からの一定の国の関与のもと，グローバル競争下の観点からの自律的な運営とのバランスを考えるべきであること

(3) 国立大学法人

戦略的な経営により，世界最高水準の教育・研究の先導，イノベーションや知の多様性の源泉となる学問分野の継承・発展，全国的な高等教育の機会均等を実現することや，公共を担う経営体として全国の知的インフラネットワークの集積機能を活かした，我が国の成長戦略の切り札としての新たな役割が期待されている。そのため，法人としての機能を拡張して公共を担う経営体へ転換し，経営裁量の拡大を可能とする規制緩和策が行われていくべきであり，これらのダイナミックな動きに対応して，国立大学法人会計基準も順次検討・修正されていくべきである。

キーポイント――国立大学法人 　教育の機会均等等の公共性保持と知的インフラの活用による成長・グローバル戦略に対応するイノベーションの実現等のため，効果的な運営を拡充していくこと

(4) 中央政府の会計に係る今後の方向性（まとめ）

国家財政の悪化，国際的な地位の相対的な低下，グローバル競争環境下でイノベーション創出の必要性などの観点から，公共性の確保に留意しつつ，自律的・効率的・効果的な運営が求められている。

このような運営を確保するため，公的部門のガバナンスの観点からは，国民に対する徹底した情報開示と透明性を保証するような中央政府の財政・会計制度の在り方が重要となる。

15.2.2 地方政府に係る会計の将来展望

(1) 地方公共団体

地方公共団体に係る統一的な基準に基づいて地方公会計を活用していくことにより，地方公共団体の経営改革を進展することが重要であり，具体的な対策としては次のとおりである。

① 小規模自治体でも作成可能な財務書類の公表

② 複式簿記の活用による財務マネジメントの改善

③ 事業別フルコスト情報の活用による事業評価や予算編成への活用

地方団体の個々の組織目標と，予算・決算・評価を統合した業績評価の仕組みと連動させるためには，例えば複式簿記の導入・事業別フルコスト情報の活用などの地方公会計の導入による成果を予算編成に活用していくことが重要であり，それにより経営改革を進展させ，その取組みを住民に情報開示することでアカウンタビリティの充実へとつなげるべきである。

キーポイント――地方公共団体
地方公会計の活用による経営改革の進展と住民に対するアカウンタビリティを充実させていくこと

(2) 地方公営企業/地方独立行政法人

少子高齢化，人口減少など，地方公共団体が抱える社会的，経済的，財政的な課題から，地方における様々な公共サービスの提供や公共インフラの維持が限界まできている。具体的な対策としては次のとおりである。

① 地方公営企業の経営形態の見直しによる経営改革　事業廃止，民営化・民間譲渡，公営企業型地方独立行政法人化，広域化・広域連携，指定管理者制度，包括的民間委託，PPP/PFI などの地方公営企業の経営改革のために，経営形態の見直しや，より一層の経営合理化が重要となる。

② 地域における各種機関のネットワーク化　地域における独立した各種機関の継続が困難になってきているため，例えば効率的・効果的な地域医

療体制の実施，複数の地方公共団体の行政サービスの共通化による事務効率化のため，地方独立法人制度の活用などの検討が必要となる。

③　**地方創生の拠点**　　公立大学法人や公設試験研究機関は，地方における知の拠点として，その研究開発成果を社会実装すべく，産官学連携を推進することが求められる。

④　**各種公的施設における収益性の強化と補完**　　地方における各種の公的施設の収益性・経営効率の改善のために地方独立行政法人制度を活用することや，逆に，公共的観点から，私立大学を公立大学法人化することにより，地方公共団体が一定の財源を負担し，収益性を補完していくことも考えらえる。

> キーポイント――地方公営企業/地方独立行政法人
> 　環境変化に対応した経営形態の見直しと経営合理化，地方公共団体間のネットワーク化の進展や地域における知の拠点としての機能を発揮していくこと

(3)　地方公社

①　**土地開発公社**　　土地開発公社の社会的役割は低下しているが，経営改善の継続のためには，民間企業への積極的な土地売却の推進，負債の適正な償還と圧縮による借入コストの削減，保有地の有効活用による借入金の削減などの経営合理化対策を行っていくことが課題である。

②　**地方住宅供給公社**　　少子高齢化を見据えた高齢者や子育て世代の入居機会の拡大，コロナ禍後の新しい日常に対応した取り組みの推進，環境志向や健康志向など多様なニーズへの対応が求められており，収益力のより一層の強化や負債の適正な償還と圧縮が経営上の課題である。

③　**地方道路公社**　　有料道路のより積極的な利用を促す広報活動の促進，道路の維持管理費の確保，効率的・効果的な道路管理のため，通行料金水準の公正妥当主義，償還主義による適正な償還準備金の積立てが経営上の課題である。

キーポイント――地方公社

土地・住宅・道路等の公共インフラ資産の適正規模の維持のため，収益力の向上と負債の適正な償還と圧縮をしていくこと

(4) 地方政府の会計に係る今後の方向性（まとめ）

少子高齢化，人口減少など，地方公共団体が抱える社会的，経済的，財政的な課題を背景に，地方における様々な公共サービスの提供や公共インフラの維持が限界まできている。対策としては，収益力の向上と負債の適正な償還と圧縮による財務構造の改善，環境変化に対応した経営形態の見直しや経営合理化，地方公共団体間のネットワーク化や地域における知の拠点としての機能の発揮により，地方創生・地域活性化を進展していくことが重要となる。

これらを実現していくためには，会計情報の活用により経営改革を進展してくとともに，その成果を住民に対して説明していくアカウンタビリティの充実が重要となる。

15.2.3 非営利組織の会計に係る将来展望

(1) 公益法人

公益的活動の自由な展開・伸長の制約となっている諸課題を克服し，新しい資本主義の下に，社会の変化等に柔軟に対応し多様な社会的課題解決に向けて民間の力を引き出していくための制度改革が必要である。そのためには，①事業の適正な実施を確保，②公益的活動の持続性・発展性や法人の経営戦略を積極的に後押しするという発想の転換，③法人が柔軟・迅速で効果的な公益的活動を展開していけるような自主的・自律的な経営判断が尊重される仕組み，が必要である。

このような制度改革に伴い，公益法人のガバナンスや説明責任の充実を図り，国民からの信頼をより強いものにしていくべきである。

キーポイント――公益法人

法人の経営戦略の実施により持続性・発展性を拡充し，社会的課題の変

化に対応した，柔軟・迅速で効果的な公益的活動を展開していくこと

(2) 医療法人

高齢者人口の増加や医療の高度化などによって，国民医療費が増加の一途をたどり，今後は生産年齢人口の急激な減少や医療資源の地域格差などの課題が一層顕著になる見込みであり，具体的な対策としては次のとおりである。

① **統一的な会計基準の適用**　医療法人会計基準は一部の法人のみに適用されており，財務データの比較可能性・利用可能性を低減させる要因となっているため，統一的な会計基準を適用すべきである。

② **地域医療連携推進法人の活用**　複数の法人が参加し，各々独立した立場を維持しながら，ヒト，モノ，カネ，情報といった経営資源の集約，共有によってスケールメリットを享受できるため，地域医療連携推進法人制度を活用すべきである。

③ **データの利活用**　医療法人が運営する病院や診療所に関する経営情報をデータベース化し，当該情報を活用して，効果的な政策策定や資源の適切な配分を行うことで，持続可能な医療体制の構築に寄与すべきである。

キーポイント――医療法人

会計基準の統一的な適用による比較可能で利用可能な会計情報のデータベース化，地域医療連携推進法人制度の活用により，持続可能な医療体制を構築すること

(3) 学校法人

少子化や物価高騰などの影響により，学校法人を取り巻く経営環境が悪化する中で，多様なステークホルダーとの信頼関係を深め，そのニーズを反映しつつ，健全な経営を実現し，組織目的を実現することが求められている。

また，税制優遇や経常的経費の補助，国費を財源とする幼児教育・高等教育の無償化等も進展していることから，それにふさわしいガバナンス体制の確保に対する社会的要請がより強まっている。そのため，学校法人会計基準はステークホルダーへの説明責任を果たような一般的でわかりやすい形となる改善が必要であり，同時に財務情報が学校法人の経営判断に資するような

ものにしていくべきである。

> キーポイント――学校法人
>
> 各種の国費補助等の受領を契機として，適正なガバナンス体制や経営の健全性の判断に資する，わかりやすい会計情報をステークホルダーに提供して説明責任を果たし，信頼関係を構築すること

(4) 社会福祉法人

社会福祉法人には，地域福祉増進のため，地域に根差したサービス提供主体としての役割が求められているが，大半は中小零細法人であり，赤字法人が全体の3割を占めている。他方で，社会福祉事業への民間営利企業の進出は著しく，分野によっては寡占企業も出現してきている。そのため，具体的な対策としては次のとおりである。

① **社会福祉法人の会計監査人制度の拡充**　会計監査人設置が義務化され，今後も段階的に拡大されていく予定であり，社会福祉法人のガバナンス改善のためにも，これを拡充していくべきである。

② **社会福祉法人連携推進法人制度の活用**　社会福祉連携推進法人は，社会福祉法人を中心に異なる事業体同士が協力・連携することを促進させるための制度である。社会福祉法人の生き残りのため，本制度を利用して，人材確保，ノウハウ共有，事務コスト削減などを図っていくべきである。

> キーポイント――社会福祉法人
>
> 大部分が中小零細法人である社会福祉法人の状況に鑑み，ガバナンス改善のための会計監査人制度等の拡充と，福祉連携推進法人制度を活用した連携強化によって経営を高度化・合理化すること

(5) 消費生活協同組合/農業協同組合

消費生活協同組合は，生涯利用可能な生活インフラとしての地域ネットワークの一つとして，持続可能な共生社会の実現を目指し，持続的な健全経営を維持して人々の連帯と活動の基盤となることを，目指すべき方向性としている。

JAは，本来の事業である経済事業が赤字である組合が多い一方，信用・

共済事業が黒字という状況となっている。したがって，JA は今後とも，販売力の強化など農業経営支援機能の強化が必要であり，信用・共済事業に頼ることなく，経済事業の赤字額の段階的な縮減が極めて重要な経営課題である。また，金融業界は，継続的な低金利環境，フィンテックの進展，地域金融機関再編など極めて難しい時代となっており，信用事業を今後どのような方向としていくかも非常に大きな課題である。

キーポイント――消費生活協同組合/農業協同組合

組合員が利用可能な生活インフラであり続けるために，地域ネットワークとしての持続的な健全経営を維持しつつ，社会環境や金融環境の変化に対応した経営の高度化を図っていくこと

(6) 非営利組織の会計に係る今後の方向性（まとめ）

非営利組織を取り巻く社会的課題の変化に対応した，柔軟・迅速で効果的な公益的活動を展開していくため，ステークホルダーとの信頼関係の構築・強化，生活インフラ・医療・福祉サービス等を提供するための地域ネットワークを活用した連携強化，組織自体のガバナンス体制の高度化や収益力の向上が必要となる。

そのためには，住民や非営利サービス利用者等の意思決定に資するべく，比較可能性が高く，かつ，わかりやすい会計情報を提供していくことが重要となってくる。目的や機能が異なる業務を実施している各種の非営利組織間においては，とりわけ，その比較可能性を保持することが重要であり，そのような観点から，共通のルールのもとで開示情報を提供することが，スタークホルダーの理解を得やすいものと思われる。そこで現状においては統一感が欠如している我が国の非営利組織の会計について，非営利組織全体の共通的な基盤となる「非営利会計モデル会計基準」を基本としたうえで，各種の非営利組織の各会計基準を今後検討し，統一的な観点から会計基準を整備していくことが重要となる。

15.3　非営利会計研究に係る若干の方向性

最後に，非営利会計研究の将来展望についても，簡単に触れておきたい。今後の非営利会計の研究は，「**非営利会計情報のマネジメント活用重視から非営利会計自体の会計理論的研究へ**」と進化させることが重要であると考えられる。すなわち，**プラグマティックな発想から理論的発想への転換**をしていくことが必要である。

マネジメントへの活用のための会計情報という発想からでは，会計が単なる技術論に陥ってしまう。非営利会計に対する会計学の学術的スタンスとしては，**第1講**で述べたように，セクター分離論の立場から，政府会計・非営利組織会計に共通する概念フレームワークや認識・測定・開示に係る基礎的な会計理論をより一層発展させることが重要である。企業会計の概念を基礎として非営利会計に適用していくことで本当によいのかどうか，それを批判的に検討しながら，政府組織・非営利組織が置かれている環境や行動規範を意識しつつ，非営利会計独自の会計理論を展開していく，研究の深化が求められるべきであろう。

また，昨今の企業会計では，企業価値評価において，財政状態・経営成績・キャッシュ・フローの状況などの財務情報以外に，非財務的な要因に係る情報の影響が大きくなってきている。非営利会計では，財務情報以外の**非財務情報の重要性**は従前から識別され，非財務情報が意思決定に果たす影響に着目されてきた。このような側面を鑑みるならば，**非営利会計と企業会計の融合的な学術研究**が，今後はより一層有用で意義のあるものになると考えられる。

●練習問題●

□1　政府会計の将来展望について，簡潔に述べなさい。

□2　非営利会計の将来展望について，簡潔に述べなさい。

□3　非営利会計の研究は今後どうあるべきと考えるかについて，あなたの意見を述べなさい。

参考文献

第 1 講　非営利会計の講義を始めるにあたり―スタートアップ―

IPSASB（2014）The Conceptual Framework for General Purpose Financial Reporting by Public Sector Entities.（日本公認会計士協会（2015）「国際公会計基準審議会『公的部門の主体による一般目的財務報告の概念フレームワーク』の仮訳について」日本公認会計士協会公会計委員会訳）。

Osborne, Stephen P.（2010）"*The New Public Governance? Emerging perspective on the theory and practice of public governance*", Routledge.

R. マテシッチ，越村新三郎（監訳）（1972）『会計と分析的方法（上巻）』同文舘出版。

井尻雄士，日本語版協力 菊地和聖（1975）『会計測定の理論』東洋経済新報社。

岩崎勇（2019）『IFRS の概念フレームワーク』税務経理協会。

大住莊四郎（1999）『ニュー・パブリック・マネジメント――理念・ビジョン・戦略』日本評論社。

大住莊四郎（2002）『パブリック・マネジメント――戦略行政への理論と実践』日本評論社。

白川一郎・㈱富士通総研研究所（2001）『NPM による自治体改革～日本型ニューパブリックマネジメントの展開～』経済産業調査会。

西岡晋（2006）「パブリック・ガバナンス論の系譜」岩崎正洋・田中信弘（編）『公私領域のガバナンス』東海大学出版会。

野呂充・岡田正則・人見剛・石崎誠也（2019）『現代行政とネットワーク理論』法律文化社。

第 2 講　政府会計の基礎概念と今後の方向性

IFAC（International Federation of Accountants）Public Sector Committee（2000）Study11-Government Financial Reporting：Accounting Issues and Practices.（日本公認会計士協会公会計委員会訳「政府の財務報告――会計上の課題と実務」。）

IFAC（2004）：Research Report：Budget Reporting.

IFAC（2021）：International Public Sector Financial Accountability Index, 2021 Status Report.

財務省（2003）「公会計に関する基本的考え方」（平成 15 年 6 月）。

総務省（2014）「今後の新地方公会計制度のあり方」（平成 26 年 4 月）。

総務省（2023）「統一的な基準による財務書類の作成状況等に関する調査（令和 5 年 3 月 31 日時点）」（令和 5 年 5 月）。

山本清（2005）『「政府会計」改革のビジョンと戦略――会計なき予算，予算なき会計は虚妄』中央経済社。

第3講　非営利会計の基礎概念と今後の方向性

内閣府公益認定等委員会（2020）公益法人の会計に関する研究会公表「令和元年度報告書」。
日本公認会計士協会（2013）非営利法人委員会研究報告第25号「非営利組織の会計枠組み構築に向けて」（平成25年5月公表）。
日本公認会計士協会（2015）非営利組織会計検討会による報告「非営利組織の財務報告の在り方に関する論点整理」（平成27年5月公表）。
日本公認会計士協会（2019）非営利組織会計検討会報告「非営利組織における財務報告の検討～財務報告の基礎概念・モデル会計基準の提案～」（令和元年7月公表）。

第4講　国の会計

東信夫，山浦久司（監修）（2016）『政府公会計の理論と実務――国の予算・決算制度，財産管理，政策評価及び国際公会計基準への対応』白桃書房。
財務省（2023a）「令和3年度『国の財務書類』のポイント」。
財務省（2023b）「日本の財政関連資料」。
鈴木豊（監修・著）（2014）『公会計・公監査の基礎と実務――我が国政府・地方公共団体における公会計・公監査の理論とケースを中心に』法令出版。
日本会計士協会（2022）公会計委員会研究報告第28号「国の財務書類の課題～国際公会計基準（IPSAS）との比較～」（2022年2月）。

第5講　独立行政法人/特殊法人等の会計

緒方信一（1990）『特殊法人等における会計処理基準の解説と実務』新日本法規。
岡本義朗（2008）『独立行政法人の制度設計と理論』中央大学出版部。
岡本義朗，梶川幹夫，橋本考司，英浩道（2001）『独立行政法人会計』東洋経済新報社。
総務省行政管理局・財務省主計局・日本公認会計士協会（2022）「『独立行政法人会計基準』及び『独立行政法人会計基準注解』に関するQ&A」（平成12年8月（令和4年3月最終改訂））。
総務省独立行政法人評価制度委員会決定（2022）「独立行政法人評価制度の運用に関する基本的考え方～独立行政法人の政策実施機能の最大化のために～」（令和4年4月8日）。
独立行政法人制度研究会（編）（2015）『独立行政法人制度の解説（第三版）』第一法規。
総務省ホームページ「所管府省別特殊法人一覧」（令和5年4月1日現在）
https://www.soumu.go.jp/main_content/000876791.pdf（最終参照2023-9-30）。
総務省ホームページ「独立行政法人一覧」（令和5年4月1日現在）
https://www.soumu.go.jp/main_content/000871325.pdf（最終参照2023-9-30）。
日本政策金融公庫ホームページ「ガバナンス体制」
https://www.jfc.go.jp/n/company/governance.html（最終参照2023-9-30）。

第６講　国立大学法人の会計

国立大学法人法制研究会（2017）『国立大学法人法コンメンタール（改訂版）』ジアース教育新社。
新日本有限責任監査法人（編）（2017）『よくわかる国立大学法人会計基準――実践詳解（第8版）』白桃書房。
太陽有限責任監査法人（編）（2023）『国立大学法人会計詳解ハンドブック』同文舘出版。
文部科学省高等教育局国立大学法人支援課（2014）「国立大学法人の組織及び運営に関する制度概要について」（平成26年12月15日）。
文部科学省国立大学法人の戦略的経営実現に向けた検討会議（2020）「国立大学法人の戦略的な経営実現に向けて～社会変革を駆動する真の経営体へ～最終とりまとめ【概要】」（令和2年12月）。
東京大学ホームページ「令和3年度財務情報」
https://www.u-tokyo.ac.jp/ja/about/public-info/zaimu-2021.html（最終参照2023-9-30）。
独立行政法人大学改革支援・学位授与機構ホームページ「国立大学法人の財務等」
https://www.niad.ac.jp/support/university_finance/（最終参照2023-9-30）。
文部科学省ホームページ「令和4年度全国大学一覧」
https://www.mext.go.jp/a_menu/koutou/ichiran/mext_00006.html（最終参照2023-9-30）。

第７講　地方公共団体の会計

江戸川区（2022）「財務レポート」。
新公会計制度普及促進連絡会議（2019）「検討部会報告書」（令和元年5月21日）
鈴木豊（監修・著）（2014）『公会計・公監査の基礎と実務――我が国政府・地方公共団体における公会計・公監査の理論とケースを中心に』法令出版。
世田谷区（2022a）「令和3年度決算書」。
世田谷区（2022b）「令和3年度財務諸表」。
総務省（2014）「今後の新地方公会計の推進に関する研究会報告書」（平成26年4月）。
総務省（2019）「統一的な基準による地方公会計マニュアル」（令和元年8月改訂）。
総務省（2023）「統一的な基準による財務書類の作成状況等に関する調査」（令和5年3月31日時点）。
鷹野宏行・鵜川正樹・築田悟志（2021）『レッスン地方公会計――演習で身につく！ 自治体財務情報の活用 はじめの一歩』第一法規。
日本公認会計士協会（2023）公会計委員会研究報告第29号「地方公共団体の決算書類に対して監査を実施する場合の財務報告の枠組みの検討と想定される実務的課題」（2023年7月）。
町田市（2022）「課別・事業別行政評価シート」。
総務省「地方財政の果たす役割」
https://www.soumu.go.jp/main_content/000874396.pdf（最終参照2024-1-30）。

（統一的な基準による財務諸表のひな型は以下を参照。）

総務省「統一的な基準による地方公会計マニュアル」（令和元年8月改訂）
https:///www.soumu.go.jp/main_content\000641075.pdf（最終参照2023-9-30），pp.62-66。

第8講　地方公営企業/地方独立行政法人の会計

経済企画庁物価局（編）（1996）『公共料金改革への提言―公共料金の価格設定の在り方等について―』大蔵省印刷局。
市町村自治研究会（編）（2020）『逐条解説地方独立行政法人法（改訂版）』ぎょうせい。
総務省（2022）「公営企業における更なる経営改革の取組状況」（令和4年11月15日）。
総務省（2023）「地方財政の状況」（令和5年3月）。
総務省（2023）「地方独立行政法人の設立状況集計表」（令和5年4月1日現在）。
総務省自治行政局・総務省自治財政局・日本公認会計士協会（2022）「『地方独立行政法人会計基準及び地方独立行政法人会計基準注解』に関するQ&A」（平成16年3月（令和4年9月改訂））。
総務省自治財政局・日本公認会計士協会（2022）「『地方独立行政法人会計基準及び地方独立行政法人会計基準注解』に関するQ&A【公営企業型版】」（平成16年4月（令和4年9月改訂））。
総務省地方独立行政法人会計基準等研究会（2022）「令和3年度第3回　資料1」。
細谷芳郎（2013）『図解 地方公営企業法』第一法規。
文部科学省（2018）「国立大学の一法人複数大学制度等に関する調査検討会議（第1回）資料」（平成30年9月26日）。
山谷修作（編著）（1992）『現代日本の公共料金』電力新報社。
有限責任監査法人トーマツパブリックセクターインダストリーグループ（編）（2012）『改正省令完全対応 新地方公営企業会計の実務』ぎょうせい。
有限責任監査法人トーマツパブリックセクター・ヘルスケア事業部（編）（2018）『地方独立行政法人――制度改革と今後の展開』第一法規。
東京都公式ホームページ「人事委員会の紹介」
https://www.saiyou.metro.tokyo.lg.jp/soumuka.html（最終参照 2023-9-30）。

第9講　地方公社の会計

赤川彰彦（2021）「土地開発公社――バブル経済崩壊後の30年間の軌跡と今後の在り方（上），（下）」『地方財務』2021年4月号，6月号。
大阪府総務部市町村課財政グループ（2005）「土地開発公社経理基準要綱の改正について」『自治大阪』平成17年9月号。
国土交通省（2022）「道路データブック 2022」。
総務省（2023）「令和3年度 土地開発公社事業実績調査結果概要」。
東京都住宅供給公社（2022）「令和3年度 決算書」（令和4年7月28日）。
福岡北九州高速道路公社（2023）「令和4年度 財務の概要」。
一般社団法人全国住宅供給公社等連合ホームページ「地方住宅供給公社とは」
https://www.zenjyuren.or.jp/chihou.html（最終参照 2023-9-30）。
名古屋高速道路公社ホームページ「公社の経営」
https://www.nagoya-expressway.or.jp/kosya/annai/jigyo/manage.html（最終参照 2023-9-30）。

第 10 講　公益法人の会計

内閣府（2023）「新しい時代の公益法人制度の在り方に関する有識者会議「最終報告（概要）」」（2023 年 6 月 2 日公表）
https://www.koeki-info.go.jp/regulation/pdf/20230602_gaiyo.pdf（最終参照 2023–9–30）。
内閣府公益法人インフォメーション「移行認定（実践編①）――事業の公益性」
https://www.koeki-info.go.jp/application/pdf/04.pdf（最終参照 2024–1–30）。
内閣府公益法人インフォメーション「行政庁による監督と法人運営上の留意事項（立入検査実績を踏まえて）」
https://www.koeki-info.go.jp/administration/pdf/20190912_02_0.pdf（最終参照 2023–9–30）。
内閣府公益法人インフォメーション「公益法人の統計」
https://www.koeki-info.go.jp/outline/pdf/2021_00_gaiyou.pdf（最終参照 2023–9–30）。

第 11 講　医療法人の会計

厚生労働省（2018）医政局局長通知「医療法人会計基準適用上の留意事項並びに財産目録，純資産変動計算書及び附属明細表の作成方法に関する運用指針」（平成 28 年 4 月 20 日発出 最終改正平成 30 年 12 月 13 日）。
厚生労働省（2021）医政局局長通知「医療法人の計算に関する事項について」（平成 28 年 4 月 20 日発出 最終改正令和 3 年 2 月 26 日）。
厚生労働省（2023） 医政局局長通知「医療法人に関する情報の調査および分析等について」（令和 5 年 7 月 31 日）。
厚生労働省（2023）「医療施設動態調査（令和 5 年 6 月末概数）」（令和 5 年 8 月 31 日）。
厚生労働省医政局委託（2023） 委託先：株式会社健康保険医療情報総合研究所「医療施設経営安定化推進事業　令和 3 年度 病院経営管理指標【別冊】」（令和 5 年 3 月）。
日本公認会計士協会（2023）「監査実施状況調査（2021 年度）」。
厚生労働省「種類別医療法人数の年次推移」
https://www.mhlw.go.jp/content/10800000/001113934.pdf（最終参照 2023–9–30）。

第 12 講　学校法人の会計

学校法人のガバナンスに関する有識者会議（2021）「学校法人のガバナンスの発揮に向けた今後の取組の基本的な方向性について」（令和 3 年 3 月 19 日）。
国立教育政策研究所（2012）「我が国の学校教育制度の歴史について」。
俵正市，私学経営研究会（編）（2015）『解説私立学校法（新訂 3 版）』法友社：俵屋。
日本私立学校振興・共済事業団（2023）「私立学校運営の手引き」（2023 年 3 月改訂版）。
野崎弘（編著）（1990）『新版 学校法人会計基準詳説』第一法規出版。
文部科学省（2022）「学校法人会計基準について」
https://www.mext.go.jp/content/20220909-mxt_sigsanji-000024944-3.pdf（最終参照 2023–9–30）。
文部科学省（2022）「学校法人制度の概要及び私立学校法の改正について」
https://www.mext.go.jp/content/20220909-mxt_sigsanji-0000249944-2.pdf（最終参照 2023–9–30）。

文部科学省（2023）「学校法人会計基準の在り方に関する検討会（令和5年度）（第1回）配布資料」資料6　学校法人の財務報告に関する基本的な考え方（案）
https://www.mext.go.jp/content/20230721-mxt_sigsanji-000031070_6.pdf（最終参照 2023-09-30）。
文部科学省（2023）「私立学校法の改正について」（令和5年12月12日更新）
https://www.mext.go.jp/content/20230801-mxt_sigakugy-000021776-1.pdf（最終参照 2023-12-12）。
文部科学省（2023）「学校法人会計基準の在り方に関する検討会（令和5年度）（第9回）配布資料」資料1「学校法人会計基準の在り方に関する検討会 報告書（案）」
https://www.mext.go.jp/content/20240104-mxt_sigsanji-000033257_1.pdf（最終参照 2024-1-24）。
文部科学省ホームページ「私立学校・学校法人基礎データ」
https://www.mext.go.jp/a_menu/koutou/shinkou/main5_a3_00003.htm（最終参照 2023-9-30）。

第13講　社会福祉法人の会計

大塚宗春・黒川行治（編）（2012）『政府と非営利組織の会計』中央経済社。
國見真理子（2016）「社会福祉法人の会計制度の変遷に関する一考察——2016年社会福祉法改正を踏まえて」『田園調布学園大学紀要』第11号（2016年3月），pp.95-111。
厚生労働省（2011）「社会福祉法人の新会計基準について」（平成23年7月27日）。
厚生労働省（2016）「社会福祉法等の一部を改正する法律の施行に伴う関係政令の整備等及び経過措置に関する政令等の公布について（通知）」（平成28年11月11日）。
厚生労働省（2017）「社会福祉法等の一部を改正する法律の施行について（通知）」（平成29年3月31日）。
柴健次・國見真理子（編）（2021）『社会福祉法人の課題解決と未来展望』同文舘出版。
髙橋佑輔（2023）「2021年度（令和3年度）社会福祉法人の経営状況について」『WAM SC Research Report』福祉医療機構，pp.1-8。
非営利法人会計研究会（編）（2012）『非営利組織体の会計・業績および税務』関東学院大学出版会。
守永誠治（1989）『非営利組織体会計の研究——民法34条法人・社会福祉法人・宗教法人を中心として』慶應通信。
守永誠治（1991）『社会福祉法人の会計』税務経理協会。
PCA株式会社「社会福祉法人の会計とは？ 社会福祉法人会計基準について」
https://pca.jp/p-tips/articles/tj200501.html（最終参照 2023-9-30）。
厚生労働省「会計監査人の設置義務法人の範囲について」第5回 社会福祉法人の財務規律の向上に係る検討会 参考資料1（2016-10-21）
https://www.mhlw.go.jp/file/05-Shingikai-12201000-Shakaiengokyokushougaihokenfukushibu-Kikakuka/0000140716.pdf（最終参照 2023-09-20）。
厚生労働省「社会福祉法人会計基準」
https://www.mhlw.go.jp/stf/newpage_13319.html（最終参照 2024-1-30）。
厚生労働省「社会福祉法人会計基準の構成と作成する計算書類等について」
https://www.mhlw.go.jp/content/12000000/03-01.pdf（最終参照 2023-8-22）。
厚生労働省「社会福祉法人会計基準の構成」
https://www.mhlw.go.jp/content/12000000/03-01.pdf（最終参照 2023-8-22）。

厚生労働省「社会福祉法人会計基準の制定について」
https://www.ipss.go.jp/publication/j/shiryou/no.13/data/shiryou/syakaifukushi/783.pdf（最終参照 2024–1–30）。
厚生労働省「社会福祉法人が作成する計算書類」
https://www.mhlw.go.jp/content/12000000/03-01.pdf（最終参照 2023–8–22）。
厚生労働省「社会福祉法人制度改革について」
https://www.mhlw.go.jp/file/06-Seisakujouhou-12000000-Shakaiengokyoku-Shakai/0000155170.pdf（最終参照 2023–8–22）。
厚生労働省ホームページ「社会福祉法人の概要」
https://www.mhlw.go.jp/stf/newpage_12799.html（最終参照 2023–9–12）。
財務省「これからの日本のために財政を考える」
https://www.mof.go.jp/zaisei/aging-society/society-security.html（最終参照 2023–03–17）。
社会福祉法人の財務諸表等電子開示システム「社会福祉法人の現況報告書等の集約結果（2022 年度版）」
https://www.wam.go.jp/content/wamnet/pcpub/top/zaihyou/zaihyoupub/aggregate_results_2022.html（最終参照 2024–1–30）。

第 14 講　その他の非営利組織の会計

JA グループ（2023）「JA ファクトブック 2023」（令和 5 年 3 月）。
JA みなみ魚沼（2023）「ディスクロージャー誌 2023」（2023 年 2 月現在）。
全国農業協同組合連合会（2023）「全農レポート 2023」。
日本公認会計士協会（2019）非営利法人委員会研究報告第 40 号「農業協同組合等の会計に関する研究報告」（2019 年 3 月 19 日）。
日本生活協同組合連合会（編著）（2023）『【3 訂版】生協の会計実務の手引き』日本生活協同組合連合会。
農林水産省（2023）「農協について」（令和 5 年 12 月）。
農林中央金庫（2023）「統合報告 ディスクロージャー誌 2023 年度版」。
みのり監査法人（編著）（2020）『JA の会計実務と監査～会計処理・開示実務編～』経済法令研究会。
厚生労働省「令和 5 年協同組合基礎調査の概況」
https://www.mhlw.go.jp/toukei/itiran/roudou/roushi/kiso/23/dl/gaikyou.pdf（最終参照 2024–1–30）。
総務省ホームページ「政治団体名簿　政党一覧」
https://www.soumu.go.jp/main_content/000717993.pdf（最終参照 2024–1–30）。
内閣府 NPO ホームページ
https://www.npo-homepage.go.jp/（最終参照 2024–1–30）。
日本生活協同組合連合会ホームページ「生協って？」
https://jccu.coop/about/（最終参照 2024–1–30）。
文化庁ホームページ「宗教統計調査」
https://www.bunka.go.jp/tokei_hakusho_shuppan/tokeichosa/shumu/index.html（最終参照 2024–1–30）。

付　録

付録１　政府会計比較対照表
付録２　非営利組織会計比較対照表

付録 1　政府会計比較対照表

	国	独立行政法人/特殊法人	国立大学法人
定　義	日本の政府は憲法の下に設置されている。法令上は「国」と称される。 国（中央政府）は，経済の様々な分野で多くの活動をしており，一般的な行政事務や，国防，外交，治安維持などのほか，社会資本の整備，自然環境の保全，教育，社会保障などの活動が含まれる。	（独立行政法人） 国の各府省の行政活動から，政策実施部門のうち一定の事務・事業を分離し，これを担当する機関に独立の法人格を与えて行政活動を行うことを目的とする法人 （特殊法人） 政府が必要な事業を行う場合に特別の法律によって設置する独立の法人	独立行政法人法を準用して制定された国立大学法人法に基づき設置される法人
各制度上の特徴	一会計年度における国の収入支出の見積りである予算に基づくなど，予算管理が重視される。 行政サービスに必要な財源は税金等で徴収される。	（独立行政法人） ・目標評価制度が導入され，主務大臣から独立行政法人に対して中長期目標等が指示され，それらに基づき，中長期計画等を作成し，運営する。 ・財産的基礎として政府からの出資金があり，原則として長期借入金及び債券発行による資金調達は禁止されている。 ・毎年度の運営に係る財源は運営費交付金として国から予算措置がなされる。	・主たる業務が教育・研究である ・附属病院収入を始めとする多額の自主的財源を有する ・ベンチャーキャピタル等への出資が認められている。
団体数	1（国家）	（独立行政法人） 87 法人（令和 5 年 4 月 1 日現在） （特殊法人） 34 法人（令和 5 年 4 月 1 日現在）	（国立大学法人） 82 法人（令和 5 年 4 月 1 日現在） （大学共同利用機関法人） 4 法人（令和 5 年 4 月 1 日現在）
会計基準設定主体	財務省 （以下に記載の省庁別財務書類作成基準を前提とする。）	（独立行政法人） 財務省及び総務省 （特殊法人） 財務省	文部科学省
適用される会計基準（財務報告の枠組み）	省庁別財務書類作成基準を基本とする。	（独立行政法人） 独立行政法人会計基準 （特殊法人） 特殊法人等会計処理基準 なお，参考情報としての民間仮定財務諸表の会計基準である「特殊法人等に係るコスト計算書作成指針」がある	国立大学法人会計基準
適用範囲	財務省が自主的に作成	（独立行政法人） 全ての独立行政法人 （特殊法人） 特殊法人及び認可法人のうち，国の出資または補助金等の交付がなされている法人	（国立大学法人） 全ての国立大学法人 （大学共同利用機関法人） 全ての大学共同利用機関法人

地方公共団体	地方公営企業	地方独立行政法人	地方公社
地方自治法に基づき，地方自治に関する組織及び運営に関する事項を実施する団体	地方公共団体が，住民の福祉の増進を目的として設置して経営する企業のことで，上・下水道，病院，交通，ガス，電気，工業用水道，地域開発，観光などの事業を行う法人	地方独立行政法人法の定めにより，試験研究機関，公立大学，公立病院等の地方公営企業等の地方公共団体が直接行っている事務・事業のうち一定のものについて，地方公共団体とは別の法人格を持つ法人として設立された法人	地方公共団体が公共的な事業を実施する目的で国の特別法に基づいて設立される特別の公法上の法人。 具体的には，土地開発公社，住宅供給公社，地方道路公社があり，これらは地方三公社と呼ばれる。
一会計年度における各地方公共団体の収入支出の見積りである予算に基づくなど，予算管理が重視される。 一般行政事務に要する経費が権力的に賦課徴収される租税によって賄われる。	提供する財貨またはサービスの対価である料金収入によって維持される。	・業務の内容により，一般型地方独立行政法人と公営企業型地方独立行政法人に区分され，それぞれ制度設計が異なる。 ・一般型地方独立行政法人のうち，公立大学法人については，公立大学法人の特例をもって法制度上の対応がなされている。	土地開発公社，住宅供給公社，地方道路公社，それぞれ特有の会計基準が定められている。
1,788 団体（令和5年3月31日現在）	8,108 事業数（公営企業型地方独立行政法人を含む）（令和3年度末現在）	165 法人（令和5年4月1日現在）	土地開発公社 595 法人（令和4年4月1日現在） 住宅供給公社 37 法人（令和2年4月現在） 地方道路公社 27 法人（令和4年3月現在）
総務省	総務省	総務省	（土地開発公社） 国土交通省 （住宅供給公社） 一般社団法人全国住宅供給公社等連合会 （地方道路公社） 該当なし
地方公会計の統一的な会計基準	地方公営企業会計基準	地方独立行政法人会計基準	（土地開発公社） 土地開発公社経理基準要綱（通知） （住宅供給公社） 地方住宅供給公社会計基準 （地方道路公社） 明確な個別の会計基準は存在せず，ほぼ企業会計の基準を基礎とする。
全ての地方公共団体（総務省の要請）	全部適用事業と財務規定等適用事業（病院）を運営する団体	全ての地方独立行政法人	（土地開発公社） 全ての土地開発公社 （住宅供給公社） 全ての地方住宅供給公社 （地方道路公社） 明確な個別の会計基準は存在しないため，該当なし

	国	独立行政法人/特殊法人	国立大学法人
財務書類	貸借対照表 業務費用計算書 資産・負債差額増減計算書 区分別収支計算書	(独立行政法人) 貸借対照表 行政コスト計算書 損益計算書 純資産変動計算書 キャッシュ・フロー計算書 利益の処分または損失の処理に関する書類 附属明細書 (特殊法人等) 金融商品取引法等の適用を受ける特殊法人等は原則として民間企業と同様。それ以外の法人は各法人の設置法の定めによる。その他一部の法人で民間企業仮定財務諸表が参考資料として作成される。	貸借対照表 損益計算書 純資産変動計算書 キャッシュ・フロー計算書 附属明細書
会計基準等の基本的な考え方	・国会の議決は予算の形式でなされるため，予算の執行実績を整理した決算の作成は，現金主義会計で行われる。 ・現金以外の資産及び負債については，会計記録の対象から除外され，別々の法体系で管理される。 ・従来の官庁会計は現金主義会計に基づく予算の執行状況を示すものであるが，ストック情報やコスト情報が欠如しており，そのためマネジメントやアカウンタビリティに課題がある。この課題を克服するために，発生主義会計に基づく財務書類を作成している。	(独立行政法人) ・原則として企業会計原則による。 ・営利を目的とする主体ではないため，損益が均衡するような会計処理が採用されている。 ・損益計算で生じた積立金（独立行政法人の経営努力の結果として承認されたものに限る）は，独立行政法人の判断で使途を自由に設定できる目的積立金を計上することができる。 (特殊法人) 可能な限り企業会計原則に従っている。しかし，個別の主務省令により特殊な会計処理が残存している。	・原則として企業会計原則による点，損益均衡の原則の考え方や目的積立金などの経営努力に係るインセンティブ制度が導入されている点は独立行政法人の会計と類似する。 ・国立大学法人の主たる業務が教育・研究であること，学生納付金や附属病院収入等の運営費交付金以外の多額の自主的財源を有すること，複数の国立大学法人間の統一的取扱いや比較可能性の保持が求められることから，収益性という経営成績を加味した運営状況を把握し，開示することが求められる。
会計上の特徴	・行政サービスの提供の費用を業務費用計算書で示し，それが税収等の財源によってどのように賄われているかを資産・負債変動計算書で示す。 ・純資産の変動要因を超過費用（財源と業務費用の差額）と資産評価差額等で表示する。 ・有形固定資産の金額は，公有財産（庁舎等）は国有財産台帳（時価評価）に基づいており，公共用財産（インフラ資産）は過去の事業費による推計値（原価評価）となっているため，精度に課題がある。 ・出納整理期間の現金の受払いを含める。 ・財務業績（収入と費用の対比）を表す計算書がない。	(独立行政法人) 損益均衡とするため，運営費交付金，補助金等，寄附金，自己収入などの財源別，もしくは財源措置の有無によって，特有の会計処理が定められている。 (特殊法人) 民営化が進展し，企業会計と同様の方向性になってきている。	・運営費交付金，補助金等，寄附金，自己収入などの財源別，もしくは財源措置の有無によって，特有の会計処理が定められている（ただし，独立行政法人のような損益均衡の考え方からは分離してきている)。 ・目的積立金以外に，資金を留保の観点から，留保しようとする資金を減価償却引当特定資産及び国立大学法人等債償還引当特定資産とすることが認められている。 ・ベンチャーキャピタル等への出資に関して，特有の会計上の取扱いが定められている。

地方公共団体	地方公営企業	地方独立行政法人	地方公社
貸借対照表 行政コスト計算書 純資産変動計算書 資金収支計算書	貸借対照表 損益計算書 剰余金計算書 キャッシュ・フロー計算書	貸借対照表 損益計算書 行政コスト計算書（公立大学法人を除く） 純資産変動計算書 キャッシュ・フロー計算書 附属明細書	（土地開発公社） 貸借対照表，損益計算書，キャッシュ・フロー計算書 （住宅供給公社） 貸借対照表，損益計算書，剰余金計算書，キャッシュ・フロー計算書，附属明細表，財産目録 （地方道路公社） 貸借対照表，損益計算書，財産目録
・従来の官庁会計は現金主義会計に基づく予算の執行状況を示すものであるが，ストック情報やコスト情報が欠如しており，そのためマネジメントやアカウンタビリティに課題がある。この課題を克服するために，発生主義会計に基づく財務書類を作成している。 ・将来の公共施設等のマネジメントへの活用を念頭に固定資産台帳を財務書類作成の補助簿としている。 ・国の会計と異なり，原則的には複式簿記の導入を推奨しているが，簡便的な組替方式も認めている。	・最大限，企業会計原則の考え方を取り入れる。 ・公営企業型地方独立行政法人会計基準の考え方も必要に応じ参考とし，新地方公会計モデルにおける一般会計等との連結等にも留意されている。	異なる業務を一つの会計基準としてまとめており，また，独立行政法人会計基準，国立大学法人会計基準，地方公営企業会計基準との整合性を確保する必要性から，以下の通り，非常に複雑な状況となっている。 （一般型地方独立行政法人） 国の独立行政法人会計と同類型 （公立大学法人） 国立大学法人会計基準と同類型 （公営企業型地方独立行政法人） 地方公営企業会計基準と同類型	（土地開発公社） 保有土地に係る会計上の測定（評価）をどのように行うかを重視する。 （住宅供給公社） 公社法の目的に沿って実施された事業の成果と，継続的な事業実施能力（財政基盤の安定性）等を開示することを重視する。 （地方道路公社） 有料道路制度における資金の回収状況を示すような会計を基本的な考え方とする。
・行政サービスの提供等にどの程度の経常的な費用が必要であったかを行政コスト計算書で示し，それが税収等の財源によってどのように賄われているかを純資産変動計算書で示す。 ・純資産の変動要因を固定資産の形成分とその他に区分するという表示方法が採用されている。 ・有形固定資産の評価基準は取得原価とする。ただし，道路資産の土地について，地方債の償還期間（30年）が経過したもの（昭和59年以前のもの）や，取得価額が不明なものは1円で評価するという簡便な方法を採用している。 ・出納整理期間の現金の受払いを含める。	・独立採算部分以外は，公営企業型地方独立行政法人との整合性の観点から，損益均衡とするための特有の会計処理が一部導入されている。 ・総括原価方式により公共料金を決定している地方公営企業では，再投資財源としての利益に相当するものとして事業報酬が想定されている。	・独立行政法人会計基準，国立大学法人会計基準，地方公営企業会計基準の各会計基準の改正が生じた場合に影響を受ける。 ・設立団体の数の増減に伴う会計処理及び合併に伴う会計処理が，地方独立行政法人会計基準の特有の会計処理として規定されている。	（土地開発公社） 貸借対照表の流動資産に計上されている「公有用地」勘定を，土地開発公社の事業の進捗プロセス等に応じて「特定土地」「代替地」「完成土地等」「開発中土地」に区分する。 （住宅供給公社） 事業種類別の経営成績の明確化するため，事業別分類を詳細に位置付ける構成となっている。 （地方道路公社） 借入金の償還状況を適切に把握することを重要する観点から，償還主義・公正妥当主義の考え方が採られており，減価償却費を計上しない。

	国	独立行政法人/特殊法人	国立大学法人
財務諸表の読み方のポイント	・資産負債差額の大部分は，過去における超過費用の累積であり，概念的には，将来負担の作送りである特例国債の残高に近い。 ・資産の大半は，インフラ資産，行政目的の資産，出資金であり，売却処分して他の財源に充てることができない。 ・原則として，公的年金は会計上の負債として認識していない。	(独立行政法人) ・行政コストは，独立行政法人が国民に対する行政サービスとしてのアウトプットを産み出すために使用したインプットとしてのコストである。 ・独立行政法人は効果的かつ効率的な業務運営が求められるため，業務に必要のない財産（不要財産）については，国庫に返納する必要がある。 ・独立行政法人の業務の効率化に対するインセンティブを機能させるため，独立行政法人の経営努力により生じた目的積立金については，自主的に業務に使用することができる。 (特殊法人) 民営化が進展し，企業会計と同様の方向になってきている。	・各法人間における比較可能性の確保の観点から，学部，研究科，附属病院，附属学校等を共通に開示すべきセグメント区分とされ，それぞれの損益及び帰属資産を開示する。 ・同種の業務を実施する国立大学法人が複数存在することから，独立行政法人大学改革支援・学位授与機構が定める財務指標などを活用した比較分析手法が経営管理上有用となる。
課　題	・国の財政状況を客観的に判断する独立財政機関が存在しない。 ・会計検査院の監査を受けていない。 ・国の財務書類の会計基準は，財務省の「省庁別財務書類作成基準」に基づき，他方，地方公共団体の財務書類の会計基準は総務省の「統一的な会計基準」に基づくなど，その考え方や表示様式が統一されていない。国際公会計基準（IPSAS）とも整合していない。	(独立行政法人) ・区分経理ごとに別々に運営される結果，区分経理間の経営管理上のシナジーが機能しないというリスクが存在している。 ・インセンティブ制度としての目的積立金が十分に機能していない。 ・二重会計構造となっている結果として，発生主義会計である財務会計が形骸化している。 (特殊法人) ・特殊法人等は国の重要な社会的インフラの運営を担う法人が多いことから，一定の国の関与は必要である。 ・特殊法人等もグローバルな企業間競争の中にあり，国の制約の存在がこのような特殊法人等の競争阻害要因にもなりかねず，このバランスを考えることが重要である。	・これまでの国との関係を自律的な契約関係へと転換し，経営裁量の拡大を可能とする規制緩和策が行われていくことが求められている。 ・戦略的な経営を実現することにより，世界最高水準の教育研究の先導，イノベーションや知の多様性の源泉となる学問分野の継承・発展，全国的な高等教育の機会均等などの普遍的使命が求められている。 ・公共を担う経営体として全国の知的インフラのネットワークの集積機能を活かし，我が国の成長戦略の切り札としての新たな役割が期待されている。
純資産	資産・負債差額として計算されるが，その増減は世代間負担の公平性を表す	(独立行政法人) 公共上の見地から独立行政法人が確実に業務を実施するため，ストック面での健全性を確保する「財産的基礎」を表す。 (特殊法人) 基本的には民間企業における純資産と同様である。	公共上の見地から国立大学法人が確実に業務を実施するため，ストック面での健全性を確保する「財産的基礎」を表す。 なお，昨今は企業会計と同様とする方向性の影響もある。

地方公共団体	地方公営企業	地方独立行政法人	地方公社
・財務書類と財務的指標が行政と深く関係し，世代間負担の衡平性や財政の持続可能性を示す指標となる。 ・自治体間における財務諸表の比較・分析手法を検討することによって，アカウンタビリティの充実とマネジメントの強化を図ることができる。 ・事業別コスト計算書の作成により，行政評価と連動して事業の効率性・有効性を評価することができる。また，予算編成への活用も可能になる。	・公共インフラ資産を維持している地方公営企業では，減損会計の判断などの際に，固定資産の利用状況や老朽化状況の把握に会計情報が利用される。 ・公共料金に係る多くの未収金について，未収金などの債権管理体制の構築・見直しに関する検討の土台として活用される。 ・公共料金の見直しの際の基礎データとして原価情報が利用される。 ・経営計画の見直しに関する検討のスタート時点での財務情報として利用される。	・一般型の地方独立行政法人の財務諸表は，国の独立行政法人や国立大学法人と同様である。 ・地方公営企業型地方独立行政法人の財務諸表は地方公営企業と同様である。	(土地開発公社) 土地開発公社の事業の進捗プロセス等に応じて「特定土地」「代替地」「完成土地等」「開発中土地」に区分された土地には，時価評価の考え方が取り入れられ，土地開発公社の経営状況が適切に表示される。 (住宅供給公社) 貸借対照表，損益計算書，キャッシュ・フロー計算書において，事業の種類別の財務情報が明確に表示される。 (地方道路公社) ・道路の資産を形成するのに要した費用を積み上げた「道路資産」と借入金の返済に充てる「償還準備金」とを対比することにより，借入金の償還状況が明確に把握できる。 ・災害や経済事情の変動等に対応するため，料金収入（消費税等を除く）の10％相当額が「道路事業損失補てん引当金」として引き当てられる。
地方公会計の小規模自治体等への段階的な整備とともに，地方公会計の財務マネジメントや事業評価や予算編成へのさらなる活用が期待される。	環境変化に合わせて，経営改革を進展させるためには，多様な経営形態の選択肢を含む，事業戦略が重要となる。	地方における様々な公共インフラの維持に関する課題を解決するため，地域における各種機関のネットワーク化，地方創生の拠点，各種公的施設における収益性の強化と補完としての役割を果たすことが期待されている。	(土地開発公社) 常時の経営改善のために，民間企業への積極的な土地売却の推進，借入コストの削減，適切な事業計画の策定，借入金の削減などの対策が必要である。 (住宅供給公社) 環境志向や健康志向など多様なニーズへの対応するサービスをいかに効率的に実施し低廉な価格で住宅サービスを提供できるかが業務上の課題である。 (地方道路公社) 有料道路の積極的な利用を促すための広報促進活動への取組みと，道路の適正な維持管理費の確保と効率的・効果的な道路管理に努める経営の合理化が業務上の課題である。
資産・負債差額として計算されるが，その増減は世代間負担の公平性を表す。	基本的には民間企業における純資産と同様である。	・一般型の地方独立行政法人の財務諸表は，国の独立行政法人や国立大学法人と同様である。 ・地方公営企業型地方独立行政法人の財務諸表は地方公営企業と同様である。	(土地開発公社) 基本的には民間企業における純資産と同様である。 (住宅供給公社) 基本的には民間企業における純資産と同様である。 (地方道路公社) 道路建設のための借入金の未償還額を表す。

付録２　非営利組織会計比較対照表

	公益法人	医療法人	社会福祉法人
定　義	一般社団法人または一般財団法人が，内閣府または都道府県に設置された第三者の有識者会議体である公益認定等委員会（または審議会）により公益法人として認定された法人。志ある人の集まりとしての団体である社団法人と財産の集まりとしての団体である財団法人の２種類がある。	診療所，介護老人保健施設または介護医療院を開設することを目的として設立される法人。法人類型として，社団，財団がある。	社会福祉事業を行うことを目的として設立された法人
各制度上の特徴	公益法人の認定基準として，目的及び事業の性質，内容に関するもの等のほか，財務に関するものとして，収支相償，事業比率，遊休財産額規制（財務三基準）が定められている。	約８割が一人医師医療法人と小規模な法人が多数を占める。	大半は社会福祉事業のみを実施している法人である。
団体数	9,640 法人（令和３年 12 月現在） 内訳は公益社団法人 4,174 法人，公益財団法人 5,466 法人	58,005 法人（令和５年３月 31 日現在）	21,053 法人（2022 年４月１日現在）
会計基準設定主体	内閣府公益認定等委員会	厚生労働省	厚生労働省
適用される会計基準（財務報告の枠組み）	公益法人会計基準	医療法人会計基準（厚生労働省令）	社会福祉法人会計基準（厚生労働省令）
適用範囲	すべての公益法人におけるすべての事業	以下の基準のいずれかに該当する医療法人 ・最終会計年度に係る貸借対照表の負債の部に計上した額の合計額が 50 億円以上または最終会計年度に係る損益計算書の事業収益の部に計上した額の合計額が 70 億円以上である医療法人 ・最終会計年度に係る貸借対照表の負債の部に計上した額の合計額が 20 億円以上または最終会計年度に係る損益計算書の事業収益の部に計上した額の合計額が 10 億円以上である社会医療法人 ・社会医療法人債発行法人である社会医療法人	すべての社会福祉法人におけるすべての事業

学校法人	消費生活協同組合	農業協同組合	モデル会計基準
私立学校の設置を目的として設立される法人	同じ地域（都道府県内に限る）に住む方々，または同じ職場に勤務する方々が，生活の安定と生活文化の向上を図るため，相互の助け合いにより自発的に組織する非営利団体。通称，生協。	相互扶助の精神のもとに農家の営農と生活を守り高め，よりよい社会を築くことを目的に組織された非営利団体。通称，農協もしくはJA。	—
学校法人制度は，私立学校の特性にかんがみ，その自主性を重んじ，公共性を高めることによって，私立学校の健全な発達を図ることを目的としている。学校法人を取り巻く急激な社会状況の変化に適切に対応し，様々な経営課題に対して主体的，機動的に対応していくため，その体制を強化する必要性が高まったことから，近年，累次の制度改正が行われた。	参加者が組合員になり出資をすることにより，資金を持ち寄って利用・運営される。	・JAグループ（JA・連合会・中央会に関係団体を加えた組織全体）全体の組織体系は非常に複雑であり，それぞれで役割を発揮する。 ・一般的な経済活動のほか，共済事業，信用事業，厚生事業，指導事業を事業として実施する。	—
7,623法人（令和3年現在）	552団体（令和4年度現在）	563団体（令和4年度末現在）	—
文部科学省	厚生労働省	農林水産省	—
学校法人会計基準（文部科学省令）	一般に公正妥当と認められる会計の慣行	一般に公正妥当と認められる会計の慣行	—
・改正私立学校法施行前（～令和6年度決算）：私立学校振興助成法第四条第一項または第九条に規定する補助金（経常的経費の補助金）の交付を受ける学校法人 ・改正私立学校法施行後（令和7年度決算～）：すべての学校法人（準学校法人を含む。）	中小規模の生協以外の消費生活協同組合	すべての農業協同組合	—

	公益法人	医療法人	社会福祉法人
財務書類	貸借対照表（及び貸借対照表内訳表） 正味財産増減計算書（及び正味財産増減計算書内訳表） キャッシュ・フロー計算書 注記 附属明細書 財産目録	貸借対照表 損益計算書 注記 財産目録 純資産変動計算書 附属明細表 キャッシュ・フロー計算書（社会医療法人債発行法人である社会医療法人である場合に限る）	資金収支計算書 事業活動計算書 貸借対照表 附属明細書 財産目録
会計基準等の基本的な考え方	・公益法人制度上，要求されている事項を取り入れている（公益目的の事業と収益目的の事業を行う場合には，事業ごとに区分経理を行う等） ・事業対価収益よりも寄付金や補助金，助成金等を主な財源としているため，収益計上に特有の会計処理がある。 ・株式会社と異なり，株主に相当する公益法人の所有者がいないため，純資産に特有の会計処理がある。	・原則として企業会計原則による。 ・民間非営利法人であることから，企業会計の手法，公益法人等の他の民間非営利法人の会計基準で取り入れられている範囲に限定する。 ・小規模な法人が多いため，一定規模に満たない法人の場合，簡便的な会計処理を認められている。 ・社団と財団，双方の法人形態に則った勘定科目，会計処理が規定されている。	・社会福祉法人が行うすべての事業（社会福祉事業，公益事業，収益事業）を適用対象とする。 ・法人全体の財務状況を明らかにし，経営分析を可能なものとする。 ・外部への情報公開に資するものとする。 ・既存の公益法人会計や企業会計原則等を参考として作成する。
会計上の特徴	・資産の部には，流動・固定分類に加えて，目的別区分表示がある。 ・正味財産の部は，指定正味財産と一般正味財産に区分して表示される。	小規模法人であることを要件とした特有の簡便的な会計処理が認められている。	・事業年度毎に，法人全体，事業区分別，拠点区分別に，それぞれ資金収支計算書，事業活動計算書，貸借対照表という3種類の財務諸表を作成する。

学校法人	消費生活協同組合	農業協同組合	モデル会計基準
現行学校法人会計基準（令和５年９月時点）： 資金収支計算書 活動区分資金収支計算書 資金収支内訳表 人件費支出内訳表 事業活動収支計算書 事業活動収支内訳表 貸借対照表 固定資産明細表 借入金明細表 基本金明細表	貸借対照表 損益計算書 剰余金処分案または損失処理案 注記 附属明細書	貸借対照表 損益計算書 剰余金処分案または損失処理案 注記表 附属明細書	貸借対照表 活動計算書 キャッシュ・フロー計算書 注記
・学校法人の財政基盤の安定化に資するよう考慮され，長期的視点から収支の均衡が測られているかどうかを示すことが重視される。 ・近年，社会から一層求められている説明責任を的確に果たし，学校法人の適切な経営判断に一層資するという観点での改正が加えられている。	・原則として企業会計原則による。 ・「自助」「共助」「公助」が相まった理念のもと事業を実施する特性を踏まえて，部分的に企業会計とは異なる会計処理やディスクロージャーが求められている。	・原則として企業会計原則による。 ・各種の事業ごとの損益状況について，組合員自らが事業別の経営の内容・方法等を見直していく必要があるとの考え方を前提とする。 ・信用事業を含む様々な異なる事業を実施していること，産業としての農業の特性，JA グループ全体として有機的な組織運営がなされていることなどの組織運営上の特性を踏まえた特有の会計処理が定められている。	民間非営利組織の開示情報を非営利組織に共通のルールのもとで提供することが，ステークホルダーの理解を得やすいと考え，共通の枠組み及び会計基準として広く利用されることを期待して提案している。
・私立学校法上の収益事業を行う学校法人は，学校法人会計の計算書類と別に，収益事業会計の計算書類を企業会計の原則に従って作成する必要がある。 ・学校法人の財政基盤の安定化に資するため，独自の基本金制度が採用されている。 ・資産の評価として取得原価主義が採用され，有価証券の時価評価や固定資産の減損会計が導入されていない。 ・予算が重視され，資金収支計算書及び事業活動収支計算書は，いずれも当該会計年度の予算の額と決算の額とを比較する様式である。	・商品供給事業，利用事業，共済事業，福祉事業など，重要な事業ごとに区分した損益計算書を作成し開示する。 ・剰余金の組合員への配当等として，利用分量割戻しと出資配当があり，特有の会計処理が定められている。 ・組織再編時における資産及び負債の評価は，生協が人的結合体であり，買収・支配という考えがなじまないことから，「持分プーリング法」によるものと規定されている。 ・医療事業を行う生協には，企業会計の固定資産に係る減損会計の例外規定を設けている。 ・介護保険事業等の福祉事業を行う場合，福祉事業とそれ以外の事業（購買事業等）について，区分経理が求められる。	・事業年度ごとに部門別損益計算書を作成する。 ・農業の特徴から，過年度の平均的貸倒実績率をそのまま用いるのではなく，他の引当率を用いることも許容されている。 ・固定資産への減損会計の適用上，農業者のための事業基盤や生活基盤を提供する資産は，「共用資産」として取扱う。 ・組織再編時における資産及び負債の評価は，生協と同様，「持分プーリング法」を原則とする。 ・外部出資等が認められ，農林中金・連合会等への出資である「系統出資」，系統外の株式会社等への出資である「系統外出資」がある。後者は企業会計と同様の支配力基準に基づく子会社や関連法人等に対する出資である「子会社等出資」の区分になる。 ・生協と同様に，組合員の事業利用分量の割合に応じた事業分量配当がある。	・貸借対照表における純資産に「基盤純資産」，「使途拘束純資産」，「非拘束純資産」がそれぞれ区分して表示される。 ・活動計算書は活動別，拘束区分別に区分して表示される。 ・固定資産の減損は，資産を資金生成資産と非資金生成資産に分けて，それぞれ特有の会計処理を提案している。

	公益法人	医療法人	社会福祉法人
財務諸表の読み方のポイント	・貸借対照表における資産の部では，基本財産区分に法人が定款で定めた基本財産が形態別（土地，建物など）に表示される。正味財産の部では，一般正味財産が，毎年度の正味財産増減計算書の当期正味財産増減額の累積分として，指定正味財産の額が，法人が寄付者等から受託した財産でこれからその目的に沿って費消していく金額として表示される。 ・正味財産増減計算書は，一般正味財産増減の部と指定正味財産増減の部に区分され，企業会計における損益計算書には，一般正味財産増減の部がおおよそ相当し，指定正味財産増減の部は，資金提供者が寄贈する金銭等の使い道を指定している場合に，受取寄付金などの科目により正味財産の増加が表示される。	・同種同業態の事業を行う法人が多く，通常，会計年度によって事業を大きく変えることがないため，損益計算書や事業費用明細表を活用し，人件費比率，材料費比率を算出し，自法人の過去の数値または他法人の数値と比較することで，経営管理上の課題を把握することができる。 ・貸借対照表，損益計算書を活用することで，債権管理，在庫管理に関する財務指標を算定することが可能であり，当該算定結果と診療報酬制度または自法人の管理上から推測されるあるべき数値を比較することで，異常を検知することが可能である。	・資金収支計算書は，支払資金の収入及び支出の内容を明らかにするために作成される。 ・事業活動計算書は，事業活動の成果を明らかにするために作成され，企業会計における損益計算書に相当する。 ・貸借対照表は法人の会計年度末の財政状態を明らかにするために作成され，法人の総資産規模や負債といった財政状態を測定できる。
課　題	民間による公益活動を活性化する視点からの公益法人制度改革が行われ，「公益充実資金の積立て及び取り崩し」，「指定正味財産の指定の範囲の見直し」，「貸借対照表項目の内訳表の作成」，「財産目録等の開示（努力義務）」，「定期提出書類の廃止や記載事項の簡素化」，「公益信託制度における収支相償，遊休財産規制及び会計基準等」が会計に関する検討課題として挙げられている。	・医療法人会計基準を適用する法人は，一定の基準を満たす法人のみであり，医療法人全体のごく一部の適用に留まる。 ・地域医療連携推進法人の活用が，医療法人の総数からみればごく一部の活用に留まっている。 ・医療法人が運営する病院や診療所に関する経営情報の収集，データベース化が進んでいない（令和5年8月決算以降の会計年度を対象として実施される予定である）。	会計監査人の設置義務対象法人の範囲は今後，段階的に拡大されていく予定である。しかし，現場の業務負担や金銭的負担などへの懸念が根強く，具体的実施スケジュールが未確定な部分が残る。
純資産	・純資産に相当する正味財産は，指定正味財産と一般正味財産に区分して表示され，資金提供者がお金の使途目的を指定せずに寄贈される場合は，一般正味財産の受け入れの会計処理を行うことになるが，指定して寄贈された場合は，指定正味財産の受け入れの会計処理を行い，使途目的に沿って費消された場合に，指定正味財産から一般正味財産へ財源を振替処理して，費消する。	・医療法人の類型にあわせて勘定科目が設定されている。 ・出資金は，持分の定めのある社団法人において，社員等が実際に払込みをした金額が計上される。 ・基金は，社団たる医療法人で計上される勘定科目であり，財団たる医療法人で計上されることはない。	社会福祉事業の継続性を重視した純資産である。その内訳は，「基本金」，「国庫補助金等特別積立金」，「その他の積立金」，「次期繰越活動増減差額」に区分されて計上される。

学校法人	消費生活協同組合	農業協同組合	モデル会計基準
・事業活動収支計算書の当年度収支差額や翌年度繰越収支差額を見ることで，長期的な収支の均衡状況を確認することができる。 ・日本私立学校振興・共済事業団が作成・公表する「経営判断指標」の活用によって，財務情報から経営悪化の兆候を発見・認識することが可能である。	・事業別の損益分析が重要であり，供給種別ごとの効率性や価格設定の妥当性の判断が可能となる。 ・事業経費は，総（代）会で決議された予算との対比による予算実績管理が重要となる。 ・事業経費を事業別に固定費と変動費に分解することにより，事業別の損益分岐点分析を実施して効率的な事業別損益管理を行うことも可能となる。	（信用事業） 貸出金等の債権については，銀行や信用金庫等と同様に，金融商品会計基準等を踏まえた自己査定が行われ，それに基づく貸倒引当金等の計上が行われている。 （共済事業） 各種保険サービスの提供をしており，JA と全国共済 JA 連合会（全共連）は共同元受方式を採用し，JA では共済掛金のうち一部を共済付加収入として受け取るとともに，窓口業務の保険代理店手数料を共済事業収益として計上する。 （経済事業） 経済事業から生じる組合員・生産者等との債権・債務は「経済事業未収金」「経済事業未払金」で表示される。 （事業別損益計算） 事業総利益（企業会計における売上総利益）までは各事業別に区分して表示されるが，人件費・業務費等の事業管理費（企業会計における一般管理費に相当）は事業別に区分されない。	・活動計算書は非拘束純資産，使途拘束純資産の増減を示す収益及び費用を各区分で表示し，収益及び費用の種類は，活動区分に分けて表示する。 ・非営利組織の特徴的な活動である無償または低廉な価格での人的サービスの提供等の情報を脚注記載する。
財務情報の情報提供機能の強化，法人ガバナンスの強化に対するステークホルダーのニーズ，期待に対応するべく，令和 6 年以降，学校法人会計基準の改正が予定され，改正の在り方について，現在，文部科学省が設置する「学校法人会計基準の在り方に関する検討会」において検討が進められている。	今後の経済環境の変化の中で，生活インフラとしての地域ネットワークの一つとして，持続的な健全経営を維持して人々の連帯と活動の基盤とならなければならない。	・多くの JA は本来の事業である経済事業が赤字である一方，信用・共済事業が黒字という状況であり，経済事業の赤字額の段階的な縮減が必要である。 ・黒字の信用事業についても金融界の厳しい環境を踏まえ，今後どのような方向としていくか検討が必要である。	目的や制度設計に違いのある各法人形態に対し，共通のルールの適用への理解を求めていく必要がある。
学校教育を安定的に継続するためには，その諸活動の計画に基づき，必要な資産を継続的に保持する必要がある。そのために必要な金額を事業活動収入のうちから「基本金」として留保する。	基本的には民間企業における純資産と同様であるが，剰余金の組合員への配当等のうち，出資配当は，企業会計における株主への配当と類似の性格を有するものであり，繰越剰余金及び任意積立金取崩額を財源として組合員に配当される。	基本的には民間企業における純資産と同様であるが，生協と同様に，組合員の事業利用分量の割合に応じた事業分量配当がある。	・貸借対照表における純資産は「基盤純資産」，「使途拘束純資産」，「非拘束純資産」，「評価・換算差額等」として区分して表示される。 ・使途拘束純資産の解除，または，使途拘束純資産への振替があった場合，活動計算書における「純資産間の振替区分」で内容，金額が明示される。

索　引

さ 行

た 行

な　行

は　行

ま 行

や 行

ら 行

欧 字

編著者紹介

白山　真一（しらやま　しんいち）

【編者，第1・5・6・8・9・14・15講執筆】

上武大学ビジネス情報学部教授。公認会計士・中小企業診断士・日本証券アナリスト協会認定アナリスト。

1985年慶應義塾大学商学部卒業，中央大学専門職大学院国際会計研究科国際会計専攻（専門職修士課程）修了，慶應義塾大学大学院商学研究科（後期博士課程）単位取得後退学。1995年公認会計士第3次試験合格，中央青山監査法人，みすず監査法人パートナー，有限責任監査法人トーマツ パートナーを経て現職（財務諸表論，簿記論，管理会計論等担当）。現在，国立研究開発法人日本医療研究開発機構監事，JICベンチャー・グロース・インベストメンツ株式会社監査役，公益財団法人プラン・インターナショナル・ジャパン監事，一般社団法人日本STO協会監事を兼職。

政府関係では，内閣府，国土交通省，総務省，外務省，文部科学省等の各種委員等を務める。日本公認会計士協会では，公会計委員会委員長，公会計委員会独立行政法人・国立大学法人等専門部会副専門部会長，公会計委員会公営企業・公営企業型地方独立行政法人分科会会長，公会計委員会独立行政法人評価対応専門部会委員，公会計委員会国立大学法人会計専門部会委員等を歴任。

公的機関等に対する会計監査責任者として，独立行政法人，国立大学法人，特殊法人等，地方独立法人，公益法人などにおいて従事。また，地方公共団体包括外部監査にも従事し，公的機関・非営利組織の監査経験を豊富に有する。

【専門領域】 政府機関および非営利機関の財務会計・管理会計・経営管理・ファイナンス等の学際的研究等。

【主要著書】『独立行政法人会計基準の完全解説』（共著，中央経済社，2004），『Q&A公会計読本――理論と実例で見る改革の論点』（共著，ぎょうせい，2004），『すぐに役立つ公会計情報の使い方』（共著，ぎょうせい，2010），『社会福祉法人の課題解決と未来の展望』（共著，同文舘出版，2021），等。

【主要論文】『独立行政法人の二重会計構造を前提とした業績測定の考え方――独立行政法人会計基準改訂による業務達成基準の原則適用に係る検討』（一般社団法人行政管理研究センター『行政管理研究』Vol.151，2015），『取得原価会計の公会計への適用に係る命題の研究』（国際公会計学会誌『公会計研究』，Vol.20，No.1，2019），『国立研究開発法人の研究開発費に係る考察（1）（2）（3）』（慶應義塾大学商学会『三田商学研究』，第64巻第5・6号，第65巻第1号，2021・2022），『売却時価会計の公会計への適用に係る命題の研究――スターリング及びウィッテイントンの所説をもとに――』（国際公会計学会誌『公会計研究』Vol.23，No.2，2023），等。

執筆者紹介

鵜川　正樹（うかわ　まさき）

【第 2・4・7 講執筆】

所属：監査法人ナカチ

公認会計士・税理士。博士（会計学）。

1977 年慶應義塾大学経済学部卒業。中央大学専門職大学院国際会計研究科修了，中央大学大学院商学研究科博士後期課程修了。大手監査法人，外資系信託銀行，青山学院大学大学院会計プロフェッション研究科特任教授，武蔵野大学経営学部会計ガバナンス学科教授を経て現職。

政府・地方自治体の会計・監査の研究を行う。東京都会計基準委員会委員長，総務省「今後の新地方公会計の推進に関する研究会」委員，財務省「財政制度等審議会財政制度分科会法制・公会計部会」臨時委員等を歴任。

著書に『自治体経営と機能するバランスシート』（共著，ぎょうせい，2001），『すぐに役立つ公会計情報の使い方』（共著，ぎょうせい，2010），『公会計・公監査の基礎と実務』（共著，法令出版，2014），『レッスン地方公会計』（共著，第一法規，2021），『公会計論の研究』（武蔵野大学出版会，2023），等。

國見　真理子（くにみ　まりこ）

【第 13 講執筆】

所属：田園調布学園大学人間福祉学部准教授

ミシガン大学日本研究センターアフィリエイト

法務博士。

1994 年慶應義塾大学経済学部卒業。同大学院法学研究科前期博士課程修了（法学修士），法務研究科修了（法務博士）及び商学研究科後期博士課程単位取得退学。（財）国際貿易投資研究所公正貿易センター客員研究員，日本学術振興会特別研究員，ミシガン大学ロースクール客員研究員等を経て現職。消費者庁，金融庁等の委託研究調査経験や日本ディスクロージャー研究学会（現，日本経済会計学会）幹事等を歴任。

専門領域は，非営利組織経営および各種サービス分野の規制を巡る学際的研究等。

著書には，『社会福祉法人の課題解決と未来の展望』（共著，同文舘出版，2021）等がある。

松前　江里子（まつまえ　えりこ）

【第 3 講・第 10 講執筆】

所属：さくら公認会計士事務所

公認会計士。

1992 年中央大学理工学部卒業。みすず監査法人（旧：中央青山監査法人）及び新日本有限責任監査法人のパブリックセクターにて，独立行政法人，公益法人等の会計，監査に従事。2007 年から内閣府公益認定等委員会事務局に出向，公益法人会計基準の策定，審査等に従事。2018 年から日本公認会計士協会非営利グループのテクニカルディレクター（非営利担当）として，非営利法人全般について共通の会計基準等の研究，開発に従事。内閣府公益法人の会計に関する研究会専門員，内閣府新しい時代の公益法人制度の在り方に関する有識者会議専門委員，国立研究開発法人量子科学技術研究開発機構部会評価委員にも就任している。

金野　綾子（かねの　あやこ）

【第 12 講執筆】

所属：有限責任監査法人トーマツ

公認会計士。

2006 年大阪大学法学部卒業。有限責任監査法人トーマツのパブリックセクター・ヘルスケア事業部にて，学校法人を始めとして，非営利法人の会計，監査業務に従事している。2020 年 8 月から 2023 年 6 月まで文部科学省高等教育局私学部参事官付に専門職として出向し，学校法人会計基準（文部科学省令）の改正作業に携わった。日本公認会計士協会における令和 5 年私立学校法改正等対応専門委員会の専門委員に就任している。

川本　寛弥（かわもと　ひろや）

【第 11 講執筆】

所属：有限責任監査法人トーマツ

公認会計士。

2004 年関西大学経済学部卒業。有限責任監査法人トーマツのパブリックセクター・ヘルスケア事業部にて，社会福祉法人を始めとする非営利法人の会計，監査業務に従事している。日本公認会計士協会，こども家庭庁における各種検討委員会等の委員にも就任している。

ライブラリ　会計学15講―10

非営利会計論15講

2024年2月25日 ©　　　初　版　発　行

編著者　白山真一　　　発行者　森平敏孝
　　　　　　　　　　　印刷者　小宮山恒敏

【発行】　　**株式会社　新世社**

〒151-0051　東京都渋谷区千駄ヶ谷1丁目3番25号
編集☎(03)5474-8818(代)　　サイエンスビル

【発売】　　**株式会社　サイエンス社**

〒151-0051　東京都渋谷区千駄ヶ谷1丁目3番25号
営業☎(03)5474-8500(代)　振替　00170-7-2387
FAX☎(03)5474-8900

印刷・製本　小宮山印刷工業(株)
《検印省略》

ISBN 978-4-88384-380-0
PRINTED IN JAPAN

サイエンス社・新世社のホームページのご案内
https://www.saiensu.co.jp
ご意見・ご要望は
shin@saiensu.co.jp　まで．